U0933147

大宋帝国三百年系列

载入史册的驴车

Donkey Carts That Made History

金纲 著

下

江苏凤凰文艺出版社
JIANGSU PHOENIX LITERATURE AND ART PUBLISHING

图书在版编目（CIP）数据

载入史册的驴车. 下 / 金纲著. -- 南京 : 江苏凤凰文艺出版社, 2023.4
（“大宋帝国三百年”系列）
ISBN 978-7-5594-7213-7

Ⅰ. ①载… Ⅱ. ①金… Ⅲ. ①中国历史 - 宋代 - 通俗读物 Ⅳ. ①K244.09

中国版本图书馆CIP数据核字（2022）第183887号

载入史册的驴车. 下

金　纲　著

责任编辑　刘洲原
选题策划　刘玉浦
特约编辑　岳明园
责任校对　孔智敏
出版统筹　孙小野
出版发行　江苏凤凰文艺出版社
　　　　　南京市中央路165号，邮编：210009
网　　址　http://www.jswenyi.com
印　　刷　河北鹏润印刷有限公司
开　　本　880毫米×1230毫米　1/32
印　　张　14.25
字　　数　312千字
版　　次　2023年4月第1版
印　　次　2023年4月第1次印刷
书　　号　ISBN 978-7-5594-7213-7
定　　价　118.00元

目录

壹 皇弟之死

贰 赵普与卢多逊

叁 文治

肆 法制

伍 名臣·名流

捌 失踪的李顺

玖 太宗之死

壹

皇弟之死

宋太祖围困金陵旷日持久，还是不愿意无辜杀人；宋太宗攻取太原，契丹随时可能来援，看到将士争奋登城，他还是担心城破之后，将士不受控制而屠城，竟下令攻城稍缓。富有如此这般圣贤气象的人物，会谋于密室，暗中策划，杀害自家骨肉？

“金匮之盟”的“再传”版本

太宗赵炅，一生吞咽了三大苦果：高梁河之败，岐沟关之败，皇弟赵廷美之死。这最后一个苦果，让恪守“兄友弟恭”伦理大义的士大夫侧目，有一种诛心的说法甚至认为是他暗算了兄弟赵廷美。

赵弘殷和杜太后生有五个儿子。赵匡胤是家中老二，老大早夭；赵炅是老三，赵廷美是老四，还有一个老五，也早夭。按照以杜太后为主角的“金匮之盟”说法，赵匡胤之后，帝位传兄弟赵光义，而不传儿子赵德昭。这样，执掌乾纲者在二代之后，还是成年君主，不至于出现后周柴荣之后孤儿寡母无法控制最高权力那种弱势格局，大宋似可因此避免因权力失衡导致的国家动乱。

太宗之后呢？于是，“金匮之盟”的故实中，又有了另外一个“再传”版本。也即由太祖传太宗，太宗再传兄弟赵廷美，赵廷美再传太祖之子赵德昭，由此大宋帝王重新回到太祖谱系。

这个说法来自时人王禹偁。

王禹偁是太宗、真宗两朝的文人，有一部传为他所著的《建隆遗事》，“再传”说，就是由此书发端。

书中讲述了一个近于传奇的故实。

说赵匡胤对杜太后非常孝顺，对兄弟非常友爱，这种孝顺和友爱，几乎“旷古未有”。

有一次，赵匡胤在“万机之暇”，抽空召来晋王赵光义、秦王赵廷美，皇子南阳王赵德昭、东平王赵德芳，以及皇侄、公主等，到杜太后的房阁饮宴。书中有解释说，秦王赵廷美，乃是宣祖赵弘殷的第三子，也是杜太后亲生。有传言认为赵廷美是太祖的乳母所生，从王禹偁的说法来看，显然不是。

一家人聚会非常和睦。“酒酣”，太祖对杜太后说：

“我百年之后要传位给晋王，让晋王百年后再传位给秦王。”

杜太后闻言大喜，说：“我久有此意，但不愿意说出来。我要万世之下，人们会传颂一个妇人生了三个天子！你这番话真是大孝，‘成吾之志’！”说罢，让晋王、秦王赶紧离席，拜谢大哥。太后又对太祖两个兄弟说：“今天的皇上，过去以布衣身份侍奉周室，曾经多次力战争取功名，那真是‘万死而遇一生’，这才做到节度使。等得到天命，做了皇上，这么多年来，几乎没有一天不在征讨，没有一个月不在打仗，真可以说是‘历尽艰危，方成帝业’。你们俩没有功劳却安享尊荣，成就大的爵赏，应该知道幸运。以后，各自都不得有负于陛下！”然后，对秦王赵廷美说：“我不知道秦王百年后，又将基业托付何人？”

秦王当即回答：“愿立南阳王赵德昭。”

杜太后闻言又是一喜，道："是了！是了！"又说："传位事，陛下能有此意，我能料到，但这也是天意！他日，你们各自都要按照今天说的这个约定做，不得逾越——逾越这个约定，'罪同大逆，天必殛之'！"

赵匡胤听到这里，马上要儿子赵德昭来拜谢杜太后。

在一场家宴中，"再传"模式被建构起来后，杜太后还不放心，又对赵匡胤说："可以替我将赵普呼来，令他以今天的约定写一篇《誓书》，与你们兄弟依次传而收藏。还要选择一个吉日，将这个约定上告天地、宗庙。陛下认为是否可行？"

赵匡胤答应下来，当即召赵普入宫，让他来草拟这篇《誓书》。但赵普推辞说自己不善于作文，于是又召翰林承旨陶谷前来拟文。

王禹偁书中说，这篇《誓书》交给晋王赵光义也即太宗赵炅收藏；等到赵匡胤驾崩，赵炅又将《誓书》交付秦王赵廷美收藏。但后来赵廷美"谋不轨"，"幽死"（幽囚或幽愤而死），《誓书》藏于禁中，最后不知道下落。太祖之子南阳王赵德昭也因为犯事，被"逼令自杀"，于是"传袭之约绝矣"。

这个传奇故实，讲述的"赵匡胤—赵光义—赵廷美—赵德昭"再传模式，有很多漏洞，与后来发生的"史实"，有难于理清逻辑的地方。譬如，让陶谷来草拟《誓书》，天下几乎无人相信。陶谷有躁进之习，品德不佳，乃是太祖太宗都不喜欢的人物，怎么会召他来做如此机密大事？此外，赵普也并非不能拟文，他有若干上疏，文辞典雅丰赡，也是一才子，如有这大功勋，他更不当推让。此外，陶谷若做此事，他留下的各类传世文件中，当有透露，但迄今找不到星点蛛丝马迹。故陶谷拟文事，必假。

传奇故实中还说秦王赵廷美先“幽死”，南阳王赵德昭后“自杀”，这个时间就不对，因为赵德昭自杀在太平兴国四年（979）八月；赵廷美出事被罢官是在赵德昭自杀三年后的三月。《建隆遗事》记录的这个故实，在时间、人物、身份说明上，都有令人生疑的地方，所以此事历来被人打量，不敢肯认。《续资治通鉴长编》作者李焘就在引用这个故实后说，书中语言有很多鄙陋之处，不像王禹偁的风格，因此“不可据信”。但李焘也同时认为：史上记录太宗之事，赵廷美做开封尹、赵德昭领贵州防御使，正与太祖传太宗之前，让太宗先领睦州防御使，后又做开封尹的行迹一样。先领一个防御使，而后再做开封尹，这样经由历练，就可以顺利接近帝位。因此李焘说：“恐昭宪及太祖意或如此，故司马《记闻》亦云太后欲传位二弟。盖当时多有是说也。”恐怕昭宪太后也即杜太后和太祖当时的本意确实如此，所以连司马光《涑水记闻》也说太后要太祖传位给两个弟弟，那是因为当时很多人听说过这样的传说。

李焘的结论性意见是：虽然这个传奇故实不可据为信史，但也“不可全弃”。他给出的方法就是“两存其说”，并且相信太祖太宗的盛德，自能在后世为人明了，哪里是诬言，应该有人知道。

我的结论性意见是：“金匮之盟”可信。杜太后确有赵匡胤之后传赵光义之提议；而赵光义传赵廷美，再传赵德昭，这个约定，则未必为真；但一定是有一种宫内说法，涉及这个模式。而赵廷美、赵德昭也应该知道有此一说。比较有意味的是：赵廷美可能在认真期待此说的实现，在后来的记录中，他甚至也有推演此说成真的努力。这样，就有了觊觎皇位进行权力再分配的心思和动作。按照后来的逻辑倒推，赵廷美可能做事不谨慎，且有被他人“阴谋拥戴”的绝大可能性。但故实逻辑开始有了起点的时候，那就只能走向一个个节点,最后走向终点。逻辑起点,是“业”是“因”,节点与终点,是“果”，一个个“果”。

赵廷美“觊觎”是“造因”之始,“幽死”是“结果”之终。

而太宗赵炅，最终没有保全兄弟赵廷美，必与“大事不糊涂”的吕端有关。作为内定为太宗未来继承者的赵廷美，理当行使“太子”职能,这职能之一就是：皇帝外出时,太子负有“监国”的责任。而太宗当年北伐契丹，本来是留下赵廷美监国的，结果赵廷美被吕端一番劝导,竟跟从太宗一起北上了。这事不合帝王家事之习惯法。有此一变，太宗应该对“太子”人选有了不一样的感觉和心思。这个应该是太宗没有保全赵廷美的最隐秘的动力。

而赵普与卢多逊，这两位大宋名相，则是赵廷美“幽死”的大力推手。

《建隆遗事》中的顾命大臣

还是要说到王禹偁和传为他著的《建隆遗事》。

他的书中，赵普和卢多逊几乎相当于赵匡胤的“顾命大臣”。那又是一个近于传奇的故实。

说赵匡胤似乎知道自己就要“晏驾”，此前一天，就派中使宦官“急召”两位名相入宫。在皇上寝阁，二位到了皇上病榻前。赵匡胤说：“我知道我这病肯定是不能医治了。我要见二位爱卿没有别的，因为有几件事还没有来得及施行，你们拿笔墨来，记录我的话，我死后你们一定要尽力施行，如此，我‘瞑目无恨’了。”赵普等记录的几件事，都关系“济世安民之道”，赵普、卢多逊二人看后，不禁呜咽流涕说：“这些事，我们都会依照圣君您的宏谟来执行，但有一件大事，还没有看到陛下指示。”老赵问何事，赵普等回道：“大宋还没有立太子，陛下如果有万一，诸王之中应该立谁啊？”赵匡胤说：“可立晋王。”赵普二人说：“陛下艰难创业，最后国家有了升平气象；如此，自应由圣子受命为帝，不可从诸兄弟间论此事啊！臣等担心一旦如陛下决定，大事一去，那可就不好回旋啦。请陛下考虑成熟。”赵匡胤说：“我不忍违背太后的‘慈训’。太后的意思是海内已经小康，但更应选一位‘长君’而不是‘幼君’来管理天下。我意已决，请诸公好好为我辅佐晋王。”说罢，令人取出御府的珠玉金器等赐给赵普、卢多逊，让他们回到自己府邸去了。第二天，太祖崩。

此后，太宗知道赵普等人有这样一番不利于自己践祚的议论，对这二人就有了不满。等到正式继位后，就因为卢多逊与秦王赵廷美“谋逆”事有牵连，将他贬死在岭表之地；赵普则因为有宫中妇人的暗中相助，免予一死。

大意如是。

《续资治通鉴长编》的作者李焘不信这个说法，认为这个“顾命”说法与前面的“再传”说法，文字间相矛盾，好像赵普不知道有个“再传”的说法似的。另外，太祖驾崩时，赵普已经罢相，正在外地做节度使，不可能与卢多逊同时为相。

李焘的结论性意见是：这一段故实，大有“污蔑君父”之恶，很有可能是卢多逊亲党干的活儿。因为赵普得罪人多，更与卢多逊不和，故“卢党”大肆诋毁赵普，托名王禹偁，将这些事窜入《建隆遗事》中。王禹偁乃是直言人物，多次遭遇太宗贬黜，所以“卢党”群小借机来做此事，扩大影响，耸动视听，嫁祸赵普。

我的结论性意见是：确如李焘所论，但赵普劝谏太祖不要传弟而传子，也即改变“兄终弟及”模式，回复“嫡子继承”模式，应确有此事；卢多逊在心理天平上倒向赵廷美，并与之密切来往，商讨大计，也应属实；赵普与卢多逊关系恶化，更是实有其事。不同的是：一系列事件发生的时间、地点，已难考证，但根据后来史实倒推，则不难看到，这一段“顾命”故实，有与史实呼应的情节关系，就事件逻辑而不是具体细节而言，并非向壁虚造。

为赵炅辩诬：太宗不会谋害亲侄

赵匡胤的两个儿子都不幸早死。

赵德昭，太平兴国四年（979），太宗“乘胜取幽蓟”不利，不予颁赏，他劝谏叔父要及时颁赏，遭遇太宗冷嘲训斥，自杀，年三十二岁。南宋时，他的九世孙是宋理宗，十世孙是宋度宗，十一世孙是宋末三个幼主。

赵德芳，太平兴国六年（981）病逝，年二十二岁。南宋时，他的六世孙是宋孝宗、七世孙是宋光宗、八世孙是宋宁宗。坊间往往称赵德芳为“八贤王”“八千岁”，事实上不确。他死得太早了。

南宋，从孝宗开始，帝王谱系回归到太祖一支。这是后话不提。

但是因为太祖这俩儿子都在青年时期死去，于是，赵廷美有了不安。

按照古来帝王辣手传统，父子相残、兄弟互害的故实太多了。唐太宗一手导演的“玄武门之变”，更是人所熟知，赵廷美也应该不陌生。他在不安中有些不知所措，一些动作也往往令人生疑。

赵廷美不安，可以理解。但将赵匡胤两个儿子之死理解为太宗所害，此事在大宋朝很难定谳——没有真实证据，不合推演逻辑。

我不信太宗谋害侄子说，认为这类说法还在“阴谋论”窠臼中打转。“阴谋论”中，最常见的一个说法就是：赵德昭、赵德芳，如果不是被谋害，怎么会那么年轻就死掉？

读五代史、读宋史，会发现，那个时代，早夭的人物太多了。就这个问题，我愿意为赵炅辩诬。看看赵炅他自己的儿子，就知道，宋初，早夭几乎是一个常见的生命现象。

太宗有九个儿子，长子元佐，次元僖，次即真宗皇帝，次元份，次元杰，次元偓，次元偁，次元俨，次崇王元亿。

长子赵元佐疯癫半世，却获长寿，到仁宗天圣五年（1027）去世，年六十二岁。

太宗二子赵元僖，是太宗非常喜爱的一个儿子，年纪轻轻时，就被任命为检校太保、同平章事，封广平郡王，后又进封陈王，改名赵元佑。赵元佐疯癫后，太宗已经有意要他来继承皇位。雍熙二年（985），以赵元僖为开封尹兼侍中，进封许王，加中书令。这是立为太子的节奏。淳化三年（992）的一个冬天早晨，元僖早入朝，正坐在大殿旁的一个庐幕中等待上朝，忽然觉得身体不适，就直接回府邸了。太宗知道消息后，赶紧起驾去看望儿子，但元僖病已重。太宗呼叫他，还能勉强应答，一会儿工夫，薨，年二十七岁。

史称“上哭之恸，废朝五日”，太宗哭泣得十分悲痛，五天没有上朝。

元僖“姿貌雄毅，沈静寡言”，他做京兆尹五年，“政事无失”。他死了以后，太宗一直追念不已，常常“悲泣达旦不寐”，成宿地痛哭，以至于不能入睡。甚至，还专门写了《思亡子诗》给近臣们看。

元僖之死，还有另一种说法。

说元僖尹开封府时，太宗选了一批名士如吕端、张去华等人辅佐他，又为他娶了功臣李谦溥的女儿为妻。但元僖不喜欢李氏，却迷恋侍妾张氏。张氏绰号“张梳头”，应该是一个讲究发型的美女。但这个女子心肠狠毒，智商不高，很想谋害李氏，自己来做夫人。淳化三年太宗生日前，家人要做寿礼。张氏预先花了万金请人制作了一个带有机关的黄金酒壶，一部分装美酒，一部分装毒酒。到了早上入朝见太宗时，元僖夫妇要率先上寿，张氏就为二人斟酒，先给元僖倒了美酒，又给李氏倒了毒酒。但没有料到的是，夫妇二人无意中临场互相调换了杯中酒。张氏躲在屏风后观看，急得揪耳朵跺脚丫，但已经无济于事。元僖饮酒后，到庐幕中，就觉得不适，已经昏愦不省人事，来不及正式贺寿，就被人扶上马往府中走去，走在东华门外，还从马上掉落下来，被人扶着勉强回到家中。回去后，就死了。太宗知道后，当即命人调查，很快破案。当事人都受到了极为严厉的惩罚：张氏和制作酒壶的匠人等，在冬至日被“脔钉”于东华门外，元僖府中的辅佐们都被贬官。

记录这件事的是南宋文人王铚，在《默记》一书中。书中言，张去华的孙子张景山曾经说过这件事，张去华也因此事而贬官，所以张景山知道得很详细。王铚看到的北宋国史记录，说到此事，认为多有“微辞”，也即隐晦之词。他认为张景山说的可能更真实。

史上记录，往往有采自“坊间想象”者。关于赵元僖，就有另外一个记录。

说寇准通判郓州时，被太宗召见。太宗对他说：“知道爱卿深谋远虑，你试着来为朕决断一事——但这事不要惊动朝廷内外。此事，我已经与大臣议论很久了。”寇准问什么事，太宗说：“东宫赵元僖经常做不法之事，他日一定会有桀、纣般的恶行。打算废了他，但东宫也有兵甲，我又担心因此而招来祸患。”寇准说：“可以选一个日子，要东宫到某处去主持行礼大典，其左右侍卫都要跟着他去。陛下可以派人搜查东宫，如果真有不法之事，等他回来给他出示，隔开左右不要让他人进来，这时，就是一个宦官的力量也可以做得。”太宗认为他说得对，就按这法子，在赵元僖的王宫搜查出了很多滥刑之器，有剜眼、挑筋、摘舌等刑具。赵元僖伏罪，这才选了后来的真宗皇帝为太子。

据说，这是宋人张唐英所著《仁宗政要·寇准传》中的文字。

但这个记录，与其他史实记录差异太大，内中漏洞太多，很少有人相信。

太宗三子，就是宋真宗，平安一生，享年五十五岁。

太宗四子赵元份，死时年三十七岁。

他的儿子赵允让，后来封为濮安懿王，其子就是后来即位的宋英宗。大宋曾有一场著名的“礼仪之争”，史称“濮议”。这一场争论旷日持久，成为耸动朝野的文化大事件，过程复杂而又生动，简言之，就是宋仁宗无子，而以濮安懿王之子赵曙为子并即位，那么，应该以濮王为皇考，还是以仁宗为皇考？卷入这一场争论的有当时的著名大臣韩琦、吕诲、欧阳修、范纯仁等，朝中分为两派，各执一词，各自有理。在礼制和礼治天下的文明邦国，这类出于孝道的争论，就是天大的事件。这是后话，容当后表。

元份这个人很宽厚，守礼，气度不凡，有一种典雅昂然之姿。但他娶了个厉害夫人李氏。史称李氏“悍妒惨酷”，骄悍、妒恨、残忍、酷毒，宫中女婢有人小不如她心意，不是鞭打就是杖打，有时甚至将人活活打死。太宗赏赐礼物给诸子时，往往告诉要“均给”，也即府邸中人都有份，但李氏常常都收归己有，不给他人。她对元份似也无情。元份生病卧床时，太宗亲自来看，发现左右居然没有人侍奉汤药。元份死的时候，李氏一点忧戚之容都看不出。大宋皇室，男儿往往心地柔软，身居帝王、亲王、皇胄之贵，却鲜有暴戾恣睢之人。

“但见血山耳，安得假山！”

太宗五子赵元杰，真宗咸平六年（1003）的一个夏天，“暴薨”，忽然死亡，年三十二岁。死因不明。

这是太宗的一个有才的儿子，至道二年（996），授扬州大都督、淮南忠正军节度使，封吴王；真宗时又授徐州大都督、武宁泰宁等军节度使，改封衮王，大多为武职，但他骨子里却是个文人。史称元杰“颖悟好学”，他有诗词天赋，还有书法天赋，草书、隶书、飞白书法都有不俗的成就。他还很年轻的时候，在自家府邸建楼，藏书两万卷。又建造大园子，内有亭台楼阁，且安放了很多假山，作为游乐休憩的所在。大园子建好后，他很得意，置办大型酒会，约请僚属参观、助兴。

有一位府中的翊善名叫姚坦，在一片叫好声中，独自低头不看那些假山。元杰就强令他看看，发表点意见。

姚坦说：“但见血山耳，安得假山！”我只看到血山，哪里有什么假山。

元杰惊问何故，姚坦回答：“在乡下田舍时，看见州县衙役们来催缴赋税，有人暂时凑不齐斤两，就抓人家父子兄弟，送到县里鞭笞，只见流血遍体。这些假山都是小民租税所为，不是血山是什么？”

元杰闻言，很是不快，但也拿他没有办法。

当时太宗也正在苑囿之内做假山，听到这事后，赶忙叫人停工，将假山全部毁掉，不敢再建。

翊善，词义是辅佐人善言善行，唐代开始为太子设赞善大夫，宋改为翊善。主要职责是侍从讲授。相当于太子老师，是个很有尊荣的职务。

姚坦初入赵元杰府邸时，太宗就曾召见他和其他翊善们，很诚恳地说：

“我这些儿子生长在深宫，不懂世务，所以一定要选择优秀的士大夫作为辅佐导师，要让他们每天都能听到忠孝之道。你们这些翊善，都是朕千挑万选出来的，各自要勉力做好这件事。”

姚坦的故实，是思想史一大关节，理清个中委曲，对理解中国传统文人“以讦为直”的特点是一把秘钥，值得说说。

史称姚坦性情“木强固滞”，像木石一样坚硬、固执，不太懂圆通。但这是史上评价，太宗对他的评价却经历了一个过程。看清这个过程，可以了解宋代文人性格的复杂与丰富。

赵元杰虽然堆垒假山，不免靡费，但是并不一味搜刮民脂民膏，也并不过分放纵，但是只要稍稍有点“佚豫”，悠闲安乐，姚坦就要“丑诋”，用一些过分的难听的话矫正他，而且还常常“暴扬其事”，到处传播赵元杰的“佚豫”。元杰不喜欢这个“老师”，认为他太过分。太宗也渐渐了解到姚坦的“直言”有很大程度的攻讦成分，就劝导姚坦说：

“元杰啊，也算是知书好学的人啦，也差不多算一个贤良的亲王啦。即使他有不合于礼法之处，您也应该婉辞规劝开导；何况他并没有大的过错，您这么诋毁他攻讦他，这难道是辅佐赞助之道吗？”

赵元杰的左右也不喜欢姚坦，就教元杰装病不上朝。太宗每天让人来看望他，过了一个多月，“病”还没有好，太宗很是忧虑，于是召来乳母问元杰的病情。这个乳母正是教他装病的人，就对太宗说：“王爷本来没有病，但是这个姚坦总是挑刺，弄得王爷日常活动也不自由，不爽，所以生了病。”太宗一听这话来了气，他不是气姚坦，而是气儿子和儿子的左右。太宗说：“我好不容易选了端正之士，辅佐儿子为善，儿子不能用师傅的劝谏，现在又装病！这是要让我剔除端正之士，你们好放纵自便！做不到！况且我儿年少，一定是你们这些老家伙出的馊主意！”于是让人将乳母带到后苑，打了一顿板杖。随后，又召来姚坦，安慰他说：“爱卿居住在王宫里，能以正派被群小嫉恨，实在不易。爱卿就这样，不要担心别人进谗言，朕必不听！”

太宗此举，就叫明察，看上去很简单的事，但不是人人都能做到的。仁宗朝有个名相吕夷简评论此事说：

> 爱憎之不察，为害深矣。妹喜恶鄂侯，谗于桀而脯之。妲己恶比干，谗于纣而剖之。骊姬恶申生，谗于献公而杀之。靳尚恶屈原，谗于楚而逐之。绛、灌恶贾谊，谗于文帝而疏之。甚者李林甫谗杀太子，二王及其朝臣韦坚、李邕辈，又逐太子妃韦氏、良娣杜氏。呜呼！爱憎之不察，为害如此。且小人之心险如山川，毒如豺虎，微失其意，则无所不至。人君不能明之，则谗人得行，善人罹患，可为痛惜者也。太宗明宫人之诈计，知姚坦之见憎，虽尧舜之聪明，殆不过是。

如果不能明察人之爱憎，作为君王，为害就太深了。夏王朝的妹喜憎恶鄂侯，就向君王桀进谗言，结果将鄂侯做成了肉酱。殷王朝的妲己憎恶比干，就向君王纣进谗言，结果将比干剖了心。晋国的骊姬憎恶申生，就向献公进谗言，结果将申生逼得自杀。楚国靳尚憎恶屈原，向楚王进谗言，结果将屈原驱逐流放。汉代的周勃、灌婴憎恶贾谊，就向文帝进谗言，结果将贾谊外放疏远了他。更有甚者，唐代的李林甫还进谗言杀害太子、二位亲王以及朝臣韦坚、李邕，驱逐太子的妃子韦氏和良娣杜氏。唉！爱憎不能明察，为害就是这样！况且小人之心倾险起伏如山川，毒辣狠心如豺虎，稍微有一点让他失意，他报复起来就没有他做不到的。人君如果不能明察这一点，则谗言就会生效，导致善人遭殃，真是可为痛惜的啊。太宗能明白洞察赵元僖东宫之人的诈计，知道姚坦被他们憎恶，即使是尧舜那样的视听聪明，也不过如此。

太宗对善于进谗言的小人似乎有一种天然的识别能力。

淳化年间，中书政事堂有一个大臣王沔，因为过错而被罢政，回到家中。正好有个小吏因为过去的罪过被人举发，小吏的事也牵连到中书人员。于是有小人就窥伺到这类机会，兴致勃勃地开始诋毁王沔。其目的一来是讨好君王——他认为王沔既然罢免，君王一定对王沔不满，正好借此迎合君王；二来是以此获得晋身的资格。太宗一眼看出这个小人乃是落井下石之辈，于是不动声色地对他说："吕蒙正有大臣之体，王沔甚为明敏。"这话将吕蒙正也拖进来，做个掩护，像是在历数大臣功过，给这个小人也留了脸面。史称"毁者惭而退”，进谗言的小人惭愧而退下。

帝制时代——事实上，任何时代——领袖人物的“明察”，是一种珍贵品格。

卖直取名

几年后，赵元杰薨，改姚坦为卫尉少卿，判吏部南曹，这是吏部下的一个中级职官。太宗因为与他是老相识，有一天召到殿中聊天。姚坦说到过去在王府中的事，说话间就流露了对诸王各种短处的批评，并自诩乃是一个“敢言”的耿直人物。姚坦退下后，太宗对左右说：“姚坦在王宫府邸，不能用正确的义理委婉劝导，诸王有点小的过失，他就批评矫正还到处传播。这种行为叫‘卖直取名’，不好。”

“卖直取名”，就是拿着忠直当作奇货，博取“直”的名声。这是古来读书人未能做到平衡之道，也即未能理会中庸精神的一种失礼行为。与此相近的一个说法就是“讦以为直”，攻击别人的短处或揭发他人的隐私，来炫耀自家的直率。《论语·阳货》中，大贤子贡明确表态：“恶讦以为直者”，厌恶用“讦”当作“直”的行为。“称人之恶”“居下流而讪上”“勇而无礼”“果敢而窒”“徼以为智”“不逊而以为勇”（传扬他人的坏事、居下位因嫉妒而谤讪上位、胆大而无礼、果敢而不通情理、剽窃而自以为聪明、不谦逊而自以为勇敢），都与“讦以为直”一样，是君子不愿意看到的，也是君子需要警惕的人类弱点。按现代交往理论，这类行为都属于“不妥当”。这并不是小事情。西方论人格成就，传统中国论修身，都需要在一种规则下行动。违背规则，就容易引发纠纷、矛盾、仇恨。所以儒学出于对天下文明的思考，有了对士大夫（而不是庶民）“以修身为本”的连绵不断的君子教诲。

王夫之有一篇著名的论文《俟解》，内中说道：“唯‘直’之一字最易蒙昧，不察则引人入禽兽。故直情径行，礼之所斥也。证父攘羊，欲‘直’而不知‘直’，堕此者多矣。”世人以讦为直，以为自己“直爽”“耿直”，却不讲“礼”之所在，此为儒学所不取。所谓“大义灭亲”，指证父亲“攘羊”，就是背礼之行。“直”，在孔子儒学那里，并不具有绝对价值。

太祖太宗之时，儒家人物往往“大醇小疵”，都有一些浮躁性质的弱点，距离圣贤人物的“恭而安”境界还有距离。

姚坦“卖直”，显然是缺乏修养的表现。太祖太宗，意欲养成文明天下，对这类不完善，负有“大祭司”式的道义担当，所以他们瞩目于此，在做着点滴努力，推进着天下的文明展开。太宗看到姚坦“卖直”，就去教导他改善方法；但是看到王府人试图除掉翊善师傅时，又惩罚了王府人；当姚坦沾沾自喜于自家的直率时，太宗有了私下的评价。这些，都可以看成是对道德天下小心翼翼的呵护。文明之邦，自有如此一大关节。这是孔子以来，传统圣贤很注重的价值方向。美国汉学家芬格莱特在他的《孔子：即凡而圣》一书中有言：“无庸置疑，孔子的主要成就之一，就是以一种在中国前无古人的方式发现并教导我们：人的存在有一种精神—道德的维度。”承认人的存在的“精神—道德的维度”，就会理解历史圣贤的用心与大义。

犬儒主义者是不可能理解这一番道理的。

“八大王”赵元俨

太宗六子赵元偓，在一场大火后，受了惊吓，暴病中风，薨，年四十二岁。

太宗七子赵元偁，体质瘦弱多病，中年而亡，年三十四岁。

太宗八子赵元俨，在太宗诸子中享年较长，他病逝时，年六十岁。

元俨，也是太宗很喜爱的一个儿子。一般儿子都早早出宫，封官，但太宗不愿意他早出宫，一直到二十岁，才给了他一个封号。宫中因此称他为“二十八太保”，因为他行八。史上又往往称他为“八大王”。戏曲中往往称太祖儿子赵德芳为“八大王”“八贤王”，其实真正的原型应该是赵元俨。

元俨长得很有威严，大脑门，方腮，这是天庭饱满地阁方圆之相。神态中更有一种凛然不可犯的宁毅之气。史称“天下崇惮之”，天下都对他有一种崇拜和敬畏，甚至“名闻外夷”，连契丹、西夏等都知道他。契丹燕冀之地，有小儿夜啼，家里人就吓唬小孩子说：“别哭啦，别哭啦，再哭，八大王来啦！”

元俨也是一个才子，平生“寡嗜欲”，没有太高的生活欲望，就是喜欢藏书，好文词，绘画有造诣，书法学王羲之王献之，工飞白——这是一种笔画中流露毛丝现象的书法艺术。太宗和五子赵元杰也善于这种书法。

他年龄大，仁宗即位时，元俨应该是赵氏家族中最为德高望重的宗亲。他担心太后猜忌，于是自我韬晦，关门在家，谢绝人事交往，甚至假装神经病，不再上朝。一直到太后病逝，他才恢复正常。当时陕西正在用兵对付西夏，他每年有一笔“公用钱”。这笔钱略似民国“特支费”，属于政策性公款，可以归主官自由支配。“滕子京谪守巴陵郡”，就与“公用钱”开支有关。这是一个有趣的话题，容后慢表。但元俨体谅国家艰难，就主动上缴五十万，用来资助西北战事。仁宗不想拒绝他，但又不想让他生活拮据，就收了他一半。

元俨曾经有一次问他的翊善师傅：“元昊平未？”西夏的那个李元昊被平定了吗？翊善师傅说：“还没有。”元俨道：“如此，安用宰相为！”这样，哪里还用得着那些宰相！此言一出，给当时朝中的参知政事、左右仆射、同中书门下平章事们，甚至枢密院枢密使、副使们带来极大压力，史称“闻者畏其言”。

庆历三年（1043）冬，中原降雪，冰冻厉害，占卜者说：“恐怕对大臣不利。”结果赵元俨就病倒了，病情凶险。仁宗很尊重也很敬爱自己的叔叔，不免忧形于色，亲自到他的卧室内，调药给他。赵元俨于是屏退左右，跟皇侄说了很多体己的话，都是一些忠言。仁宗要赐给他白金五千两，赵元俨坚决不肯接受，对仁宗说：“臣病重就要死了，哪里还要让国家如此破费！”仁宗闻言不禁流下泪来。转年正月，元俨薨。

太宗九子赵元亿，很早就夭亡了。

“驸马升行”

可以略说说太宗的七个女儿。

太宗女儿史上记载，多没有出生时日，此处年龄据一般成婚在十八岁内推算。

长女，长滕国公主，早亡。

二女，徐国大长公主，太平兴国九年（984）下嫁，淳化元年（990）薨。死时应该二十四岁。

三女，邠国大长公主，太平兴国七年（982）为尼，号员明大师。八年（983）卒。她应该比徐国大长公主小，死时二十岁不到。

四女，扬国大长公主，至道三年（997）封宣慈长公主。咸平五年（1002）出嫁，明道二年（1033）薨，无子。死时应五十岁左右。

五女，雍国大长公主，咸平六年（1003）出嫁，景德元年（1004）薨。死时估计不到二十岁。

六女，卫国大长公主，至道三年（997）封寿昌长公主，天圣二年（1024）薨，未婚，或不到三十岁。

七女，荆国大长公主。这是太宗很喜爱的一个公主，年龄最小，但享年最长，皇祐三年（1051）薨，年六十四岁。

这个公主从小就是个很严肃的女孩子，太宗曾经将各种宝藏陈列出来，让各位公主挑选，想从中观察一下女儿们的志向，这位荆国大长公主一无所取。史上讲述这个故实，是要证明：荆公主不贪。

不仅不贪，她还很贤惠，懂礼法。

按照“旧制”，公主下嫁后，驸马辈分要升格，升到与叔父一行；

或者也可以说，驸马的父辈要降格，降到与驸马一行。譬如，名流柴禹锡的孙子柴宗庆“选尚”公主之后，成为柴禹锡的儿子辈，与自己的父亲平辈。譬如，太师王溥的孙子王贻永，“选尚”公主之后，与王溥的儿子平辈。平辈的标志是改名。柴宗庆的父亲叫柴宗亮，所以他的名字也要成“宗”字行；王贻永的父亲叫王贻正，所以他的名字也要成“贻”字行。柴宗庆、王贻永，都是“选尚”公主后改的名字。这是令今人几乎无法理解的一个“规则”。

为何施行这种“驸马升行”制度？据说是为了体现皇女的尊严——为了让皇帝的女儿到了驸马家，不至于向舅姑也即公婆行跪拜礼。因为舅姑属于“臣下”，皇女代表皇室，向舅姑下拜，于礼法不通。所以，“废公主事舅姑之礼”是“驸马升行”制度的原因。但是考察下来，会发现四个疑点：

一、所谓“驸马升行”，并没有诏令、敕书等官方文献颁布。证明这不是正式的国家制度。

二、整个大宋王朝，明白记录“升行”的驸马只有少数几例。证明这不是一个普遍施行的国家制度，甚至不具有统计意义。

三、现在看到的实在案例，都发生在真宗一朝；而真宗又并不真心赞同这种制度，甚至鼓励公主们打破这种制度，老老实实地向舅姑行礼。证明是否施行这种制度，公主可以自由选择。

四、神宗时，明确废除了这个旧制。证明这种“旧制”不过是礼制演化史上的阶段性现象，影响不大。

基于以上疑点，我不得不怀疑，这种“旧制”，它的真实起源，很可能不过是由柴禹锡开其端的独立案例，被后来的驸马之家效法。

《宋史·柴禹锡传》有记录说:“景德初,子宗庆选尚,召禹锡归阙,令公主就第谒见,行舅姑礼,固辞不许。”真宗景德初年,柴禹锡的孙子“升行”为儿子,改名柴宗庆后,“选尚”公主,皇上召柴禹锡从贝州(今河北邢台)节度使驻地回到朝廷,真宗令公主到柴禹锡府上去行女儿见公婆之礼,柴禹锡坚决推辞,不允许。这个故实证明,柴宗庆已经从孙子“升”为儿子了,再由儿媳妇去见原祖父、现公公,柴禹锡都不敢接受。囿于难解的礼法关系,却将驸马的戚党关系搞得如此复杂,柴禹锡可能是始作俑者。从此以后,他人“选尚”公主,不敢不援以为例,以示对皇族的尊敬。就像很多“敬上”的规矩(不是规则)往往由下位者发端一样,“驸马升行”之“旧制”,很可能也不过是由驸马之家而不是公主之家所推行(而不是制定)。第一家推行之后,第二家跟进,于是,成为“旧制”。

荆国大长公主恪守“古礼”

荆国大长公主赶上了这个“旧制”时代,但她主动选择了不认同这个“旧制”,而是恪守比这个“旧制”更“旧”的“制度”——古礼:儿媳妇就要拜公婆。

真宗大中祥符元年(1008)冬,已故名将李崇矩的孙子李遵勖,“选尚”荆国大长公主——真宗改为万寿长公主,李遵勖“驸马升行”,以祖为父,李崇矩由“亡祖”成为“亡父”,如王贻永案例。但李遵勖的生父李继昌还健在,正好有个祝寿活动,公主准备,见到他时坚持行“见舅姑礼”，也即按照千年礼法，叩拜真实的公婆。她没有那种来自皇族的傲慢。在荒谬的“驸马升行”“旧制”中，她扼守了一点人间温情。她将这个决定告诉了真宗皇帝。

有意味的是，真宗皇帝听说自己的妹妹能行“古礼”而不行“旧制”，很高兴，当即秘密地赠送了她一批古来为舅姑祝寿的重礼，史称“助其为寿”。

公主的贤惠还体现在一些细节方面。她与李遵勖的感情看来不错，李遵勖的宾客都是当时的贤良人物，常有饮宴。每当这时，公主就要亲自下厨，检查饭菜质量。她在李府，并不颐指气使，养尊处优。

公主还很宽大。曾经有盗贼进入公主府第，真宗知道后，命令有关部门抓人审讯，必须破案。公主就要求将那些被抓来的嫌疑人全部放掉，而后用自己的私房钱悬赏，最后得到了真正的盗贼。按法此人当死，但公主知道后，“复请贯之”，又请求赦免原谅了他。

驸马李遵勖出守许州（今河南许昌），忽然得了急病。公主闻讯，当即就起身，要去看望、照料丈夫。左右说：“公主动身，按规定要报告朝廷才可以行动。”公主不听，带了五六个随从就离开汴梁，匆匆赶往许州。一百多里路，一个富贵人家的女眷，遇到盗贼不是耍的。真宗听说后，马上派出内侍乘快马督告路上诸县，要有巡逻兵护卫公主车驾。

不幸驸马病逝，公主为之按古礼居丧，规定的时期内，丧服没有离身。丧期满，从此不再身着华丽服饰。

有一次，到宫中与亲人宴饮，真宗亲自为妹妹簪花，公主推辞说："我已经发誓不做这种打扮很久了。"

公主也善良。有一次她在洗浴中摔倒，右臂摔伤。真宗跟妹妹一直关系很好，心疼妹妹，就要责罚服侍的婢女。公主说："我身体衰弱，走路困难，不是左右的过错。"于是左右没有受到责罚。

公主也有才，喜欢绘画、历史，能唱歌、作诗，尤其善于女工之事。

她恪守传统礼教，经常教育几个儿子说："你们要坚持忠义，以此自守；不要仗恃着你们的母亲是皇家公主就为所欲为，那样可能召来祸患，悔之晚矣。"

公主晚年患了眼疾，双目失明。真宗和后妃、亲族们都来看望她，真宗甚至还亲自舔舐了妹妹的眼睛，左右看到，都感动得流下泪来。真宗很悲恸地说："先帝留下我的伯仲姐妹们十四人，现在只剩下大公主了，怎么会得这种病！"然后，又问公主，子孙们有什么要求。公主说："岂可因为母亲生病而求取国家的赏赐啊？"真宗不听，还是准备送给妹妹家白金三千两，但公主根本不接受。真宗对左右说："大公主的这个病，要是能转移到我的身上，我也不推辞！"

公主虽然失明，但平时起居，姿态很是平和冲淡，不以为意。

她给儿子们留下的遗言是："汝父遗令：柩中无藏金玉，时衣数袭而已。吾殁后当亦如是。"你们的父亲临终前曾有遗令：棺柩中不得放置金银宝玉，就放几件时令的衣服。我死以后，也要这样。

统计下来，太宗八子七女十五人，元佐六十二岁，元僖二十七岁，真宗五十五岁，元份三十七岁，元杰三十二岁，元偓四十二岁，元偁三十四岁，元俨六十岁，其中一人死时二十多岁，三人死时三十多岁。显然，这类死亡与"谋害"无关。如果加上太宗的女儿，七个女儿,三人死于二十岁前,更与“谋害”无关。宋代皇族长寿者少,此事当与遗传基因有关。将唐代“玄武门之变”那种骨肉残杀的故实转移到宋代太宗与赵德芳、赵德昭，甚至赵廷美身上，可能投影错位。

我不信太宗赵炅为了巩固皇位，有意逼死赵德昭、有意害死赵德芳、有意贬死赵廷美。赵德昭之死，乃是自杀——太宗一句话，没有欲令其死的“犯罪主观动机”。赵德芳之死，乃是病逝——史料中，看不到太宗谋害的任何记录。赵廷美之死，要复杂一些，部分是他咎由自取，部分是形势所迫，太宗不得不做出严肃处理，但也不是太宗赵炅必令其死——太宗没有必要留下史上骂名，他的襟怀，比起史上诸帝来，要阔达得多。轻易不动杀念、不起杀机，是大宋帝王历来让人称奇的一个特点。宋太祖围困金陵旷日持久，还是不愿意无辜杀人；宋太宗攻取太原，契丹随时可能来援，但看到将士争奋登城，他还是担心城破之后，将士不受控制而屠城，竟下令攻城稍缓。富有如此这般圣贤气象的人物,会谋于密室,暗中策划,杀害自家骨肉？我无法相信。

了解赵廷美之死，可以看懂大宋皇室大半。

赵普失宠三案

太宗“乘胜取幽蓟”失利后很长时间，开始封赏。赵廷美因为跟从征讨太原，也是有功之人，晋封秦王。此前，赵廷美已经有了一大串官职：嘉州防御使、兴元尹、山南西道节度使、同中书门下平章事、检校太保、侍中、京兆尹、永兴军节度使、中书令、开封尹、检校太师、封齐王等。

名相卢多逊与秦王赵廷美关系良好，二人经常有来往。

太平兴国年间，卢多逊正在执掌朝政。他应该是“权臣”般的人物，史称“卢多逊专大政”，有关部门接受了群臣的奏章，如果不事先禀报卢多逊一声，都不敢直接递送太宗。

昔日名相赵普曾在太祖晚年出镇河阳（今河南孟州）三城为节度使。等到太祖驾崩，赵普来朝，被授太子少保，留在京师，但已经没有了参与军政的实际权力。

卢多逊与赵普关系一直紧张。卢多逊压制赵普，乃至于赵普多年“奉朝请”，就是上朝点卯，已经没有实权，赵普对卢多逊也有忌惮。也许卢多逊是赵普一生中，唯一有所顾忌的人物。他一直在避让。但卢多逊一步紧似一步，给赵普下绊子。赵普于是“郁郁不得志”多年。

赵普当年劝导太祖不要执行“金匮之盟”，为江山社稷计，要走回权力分配的正常模式：嫡长子继承制。这个意见，被太祖按捺住，让一场可能的权力争夺消弭于无形之中。但从此赵普的此一行迹成为太宗的心病。如果王禹偁《建隆遗事》记录的故实是真实的，卢多逊会知道得更多，很可能已经在太宗面前设法洗清了自己，将赵普打扮为一个阻止太祖施行“金匮之盟”的人；如果《建隆遗事》记录不是真实的，卢多逊也应该知道一点赵普劝导太祖“传子不传弟”的蛛丝马迹，很可能放大了事实，导致赵普在太宗面前失去了话语权。简言之：卢多逊与赵普的权力争夺一直存在；而这一场争夺的砝码与“金匮之盟”有关；争夺中，前半场赵普失利。

赵普得罪太宗，除了“兄终弟及”与“嫡子继承”之争外，还有三件事值得注意：符彦卿案、姚恕案、冯瓒案。

当初赵普辅佐太祖“削兵权”，但太祖想让宿将符彦卿来做三军副总司令，赵普多次劝谏，认为符彦卿盛名已经到达顶点，不可再委以重权。太祖不从，宣令已经写好，下发政事堂，到了赵普这里。赵普怀里揣着这份宣令，来找太祖。太祖迎着他说：“是不是为符彦卿的事来的啊？”赵普说“不是”。于是来奏其他事。其他事奏罢，还是说到了符彦卿，赵普从怀里掏出宣令给太祖，要求收回成命。太祖说：“这份宣令怎么还在你这里？”赵普说：“臣忝居中书，处分这类任命，担心有意外。请陛下深思，不要将来后悔。”太祖说：“爱卿何苦这么怀疑符彦卿？你这是为什么啊？朕待符彦卿甚为优厚，符彦卿岂能辜负朕啊？”赵普这时候说出一句狠话，直击太祖软肋。他说：

“陛下何以能负周世宗？”过去周世宗待陛下也很优厚，但陛下何以能辜负周世宗呢？

赵普的意思就是：辜负不辜负，不是符彦卿说了算的，一旦有“权反在下”士兵“阴谋拥戴”，将黄袍给符彦卿披上，那时候，不辜负你赵匡胤也得辜负了！就像当初在陈桥，辜负不辜负，也不是你赵匡胤说了算的，被人黄袍加身，你那时候，不辜负周世宗也得辜负周世宗了。

插叙一笔：此事也坐实了“陈桥兵变黄袍加身”事，太祖是不知情，并非如坊间（至今）所论是太祖阴谋策划的一件“篡逆夺权”行为。

赵普话毕，史称“太祖默然”，于是没有任命符彦卿为禁军司令。

但符彦卿的一个女儿早在后周显德年间就嫁给了赵光义，开宝八年（975）逝世，赵光义践祚后，追册她为皇后，谥“懿德”，故史称“懿德符皇后”。赵普反对赵光义的岳父符彦卿出任典军时，符皇后还在世。

此事，赵光义会怎么想？

太祖开宝四年（971）冬，黄河在澶州决口。澶州通判姚恕正负责管理地方政事，因渎职罪被正法。

当初，姚恕任开封府判官，在赵光义门下。他曾有一次来谒见赵普，正赶上赵普宴请客人，门卫不给通报，姚恕大怒而去。赵普知道后，赶紧派人去向姚恕道歉，并挽留他不要走。但姚恕还是“不顾”，不搭理赵普，拂袖而去。赵普于是知道这个人已经跟他结了梁子。等到太祖要为澶州选择一个副手，赵普就推荐了姚恕。姚恕曾经是赵光义府邸上的旧人，等到“渎职”获罪，赵普也不相救，任姚恕被杀，尸体扔到河里。

此事，赵光义会怎么想？

有一位枢密直学士冯瓒，在太祖乾德年间曾经知梓州（今属四川三台）。当时刚刚平定后蜀，川中还不平静。冯瓒也曾制止了多起兵变，很为太祖所欣赏，却遭到赵普的猜忌。于是，他开始调查冯瓒，果然发现了他的“奸事”，于是太祖紧急调冯瓒回朝，亲自审问，冯瓒认罪。

与此同时，赵普又派出亲信，到由蜀地进入中原的必经之地潼关，去清查冯瓒回朝带来的行囊，发现里面有很多从蜀地搞来的“逾制”之物，如黄金腰带等，还有很多珍玩。史称皆“封题将以赂刘嶅”，冯瓒都已经封存好，准备送给时任开封尹赵光义的幕僚刘嶅。赵普将赃物带回来讯问，冯瓒也认罪。

于是，赵普坚决主张处死冯瓒。

但太祖免其罪，流放海岛。原来规定十年不能回朝，但后来赶上大赦，还是回来了。

太宗即位，重新任命了他，还跟随太宗平定北汉，被授为大理卿，兼判秘书省。他病逝于太平兴国年间。

太宗还在做晋王、做开封府尹时，冯瓒试图经由晋王幕僚刘嶅来讨好晋王，而刘嶅正以工部郎中身份出任开封府判官，结果冯瓒被法办，刘嶅也遭到免官处理。赵普以法制裁来自晋王府的人，还隐约将贪渎之事引向了赵光义。

此事，赵光义会怎么想？

“普由是愤怒”

赵普的辣手，他人不及。

所以当卢多逊逼迫赵普，赵普一旦反击，卢多逊连招架之功也没有了。赵普绝地反击的决心，是看清了形势：我赵普的退让，在卢多逊那里赢不来丝毫善意理解，事情只能越来越糟。

后来又经历了两件事，赵普忍无可忍了。

第一件事。

赵普的妹夫，太常博士、西京洛阳的太守侯仁宝，因为他的父亲是侯益，大家族，在洛阳有豪宅，有良田，因此决意优游自适，不想再参与军政事务，落得做个散仙。但卢多逊却向皇上推荐，让侯仁宝到南边邕州去做知州，一去九年。那时的邕州，就是今天的广西南宁，对大宋来说，是一个遥远的岭外苦地。那应该是太祖年间的事了，但直到太宗太平兴国五年（980），也没有派人来替代他。

千年之前，外放官员，特别盼望的就是"回家"。"回家"是唐诗宋词的重要主题。端拱元年（988），有一位外放官员名李巨源，原来在朝中任右谏议大夫，太宗令他知朗州。朗州在哪儿？就在今天的湖南常德。今天由常德到开封，坐火车不过十几个小时；但在宋代，那就太遥远啦。这位李巨源因为与太宗有"旧恩"，从早到晚都盼着能够被召回。他对僚佐说："陛下一定会想着我，我哪能在此久居呢？"过了几年，驿站传来了"堂帖"，也即由宰辅从政事堂发出的文件（区别于禁中发出的诏令、敕令），要他乘驿站车马回京城。李巨源启封，看到这个消息，大笑而死，史称"喜极气绝而卒"。

侯仁宝与李巨源怀有同样的心思，日夜盼望回京。

他是富贵子弟，很担心这样因循下去死在岭外。

说话正赶上交州国乱，侯仁宝想想，要利用这个机会回去一趟，就上疏说："交州主帅被害，国家大乱，宋师可以偏师取之。我愿意乘驿车到朝廷来面奏交州形势，希望朝廷能因此得到详情。"

太宗闻言大喜。原来交州也称交趾，曾经管辖今天的广西、广东和今天的越南北部、中部。后来在南汉管辖时，丢失了部分。现在如果能收回，大好。于是就下诏同意他的意见，急调侯仁宝进京。

但按照规定，诏书要先到政事堂，卢多逊看到，就按下不发，然后对太宗禀奏道："交趾有内忧，这是天要灭亡它的意思啦！朝廷出其不意，起兵袭击，乃是所谓'迅雷不及掩耳之势'也。现在要是先召侯仁宝，必定会泄露我们的谋略，蛮寇知晓，就会阻山拦海，预为准备，那时，可就不容易攻取了。不如直接授侯仁宝'飞挽之任'，直接就让他来做转运勾当，经略此事。然后，我们再发荆湖士卒几万人，长驱而往。这样，势必万全，犹如摧枯拉朽也。""飞挽"，是"飞刍挽粟"的略写，意思是飞快地调集粮草，用于战争后勤供给，事实上就是任命侯仁宝为转运使。太宗那时正信任卢多逊，当即同意。

太宗了解到交趾丁朝内讧事：血腥的政变后，丁朝的六岁小皇上丁璇即位，太后杨云娥掌权。她似乎看到宋师的异动，就命令权臣和情人黎桓整备兵马以应对宋师。但黎桓兵权在手，成为交州"兵强马壮者"，于是，在太后兼情人杨云娥的怂恿下，在部下的"阴谋拥戴"中，黎桓成为皇帝，建立了前黎朝。丁璇被废，从皇帝降格为王，而杨云娥则与黎桓结为夫妇，并被黎桓立为"大胜明皇后"，而杨云娥的前夫丁先皇的称号本来就是"大胜明皇帝"。黎桓为情妇如此加封，史上认为是对杨云娥"永远的嘲笑"，但性爱心理或可以解释：男性占有欲望作祟时，荒淫也可以包装为一种庄严。

于是宋太宗以扶立丁璇复位为“出师之名”，讨伐黎桓篡位。侯仁宝被任命为交州路水陆转运使。兰州团练使孙全兴等人被任命为邕州路兵马都部署，宁州刺史刘澄等人被任命为廉州路（治所在今广西合浦）兵马都部署，水陆并进讨伐交州。宋师同时向黎桓发出国书,指责其篡位之罪。黎桓派出牙将假扮丁璇的使者,到汴梁来，要求加封黎桓为节度行军司马。这意思就相当于中原藩镇的“留后”，上书后，等待朝廷批准，赐节钺，而后即可称霸一方。但这也不过是黎桓的缓兵之计，宋师是不是批准他做藩帅，他根本不在乎。太宗也看出黎桓这步棋，于是并不停止进军，但派出使者到黎桓之处，要他交出丁璇母子,入朝受封。黎桓果然不敢来朝。于是,战争继续。

黎桓袭杀侯仁宝

这时，宋师刚刚经历了“高梁河之战”一年，但这一次，初期宋师表现不错,战争持续了半年之久,到了天平兴国六年(981)三月，交州行营在白藤江口，一战获胜，斩首千余级，击溃一万五千余人，缴获战舰两百艘，甲铠上万。

侯仁宝率军继续挺进，已经过了今天越南的谅山。但孙全兴一部却停留在一个叫花步的地区，名义是等候刘澄的水军。刘澄这时正在越过北部湾，进入交州北部地区，孙全兴在此等候了七十多天，但已经失去了战机。黎桓已经部署妥当。刘澄与孙全兴会合后，由水路而前，黎桓退入支棱江，然后派遣使者向侯仁宝投降。侯仁宝信以为真，未做防备，黎桓夜袭侯营，宋师败绩，侯仁宝战死。

宋师闻听侯帅已死，率军撤退。

这时已经进入炎暑，宋师不适应这种酷热天气，战场形势也在变化，黎桓已经做好各种战略防御，宋师已经没有胜算。转运使许仲宣经略局部战役后，向太宗上奏，告知侯仁宝阵亡，要求撤回宋师。还没有等到太宗答复，他就开始分布大军分屯诸州，保境安民，并开库颁赏，救治伤病。他对人说："如果等到朝廷答复，这几万人恐怕都要成为尸体，陈列在广野了。"于是又上章自我请罪。但太宗了解实情，下诏表彰了许仲宣。

孙全兴顿兵七十多天，严重贻误战机，被送到京师正法。其他将帅分别有赏有罚。侯仁宝被追赠为工部侍郎。

黎桓试图与宋朝修好，遣还俘虏，多次向大宋朝贡，要求承认他在越南的政治地位。到了雍熙三年（986）"岐沟关之战"后，太宗赵炅承认了黎桓，任命他为静海节度使。

侯仁宝知邕州时，有一项德政。邕州辖境的右江江畔，长有一种毒药树，当地人经常采摘了出售。侯仁宝认为此事不妥，上奏朝廷，诏令将这类树砍光了。现在考察，这类树可能属于桑科乔木，有毒，但也可以入药。树种至今还有。但侯仁宝此举应该出于仁心，值得表彰。

侯仁宝之死，让赵普的妹妹做了寡妇，于是赵普对卢多逊开始警惕：原来卢多逊不是简单的与我赵普政见不合，原来他是处处给我下绊子……

第二件事。

赵普的儿子赵承宗，与高怀德和燕国长公主的女儿订婚。当时赵承宗正在权知潭州，得到诏令，回汴梁成婚。但是还没有超过一个月，卢多逊就向太宗请奏，要求赵承宗“归任”，回到潭州任所。

这一场“新婚别”，让赵普难安。史称“普由是愤怒”，赵普从此有了愤怒。

赵普愤怒了，卢多逊的好日子也就到头了。

柴禹锡告发秦王

此时就要说到柴禹锡。

此人就是那个可能率先推演“驸马升行”的人物。

他在太宗还在做晋王时，就在府中供职。这是一个善于应对，很机敏的人物。太宗践祚，他也跟着做了官。到了太平兴国三年（978），他已经做到供奉官、翰林副使，又升为如京使，并掌翰林司。如京使，是古来即有的官职，但不是一个实权职务，属于闲职，但与一般闲职不同的是，它有备选的功能，也即如果朝廷有需要补官，可以从如京使中选任。太祖时，曾任命如京使去从事经济类工作。柴禹锡是让太宗比较信任的“旧人”。到了晚上，柴禹锡在殿里值班，太宗有时就会召他来问询宫外之事。

有一次，柴禹锡等人在太宗问询时，“告秦王廷美骄恣，将有阴谋窃发”，秘密报告说秦王赵廷美骄悍自大、暴戾恣睢，可能会有阴谋，不一定什么时候就会作乱。

这是赵廷美大案第一次浮出水面的历史记录。

但究竟是什么阴谋？柴禹锡发现了什么？证据在哪里？

都没有。没有任何记录。在那个“动则左史书之，言则右史书之”的“实录”时代，如果柴禹锡有言，说及赵廷美的“阴谋”，应该留下哪怕片言只语。现在没有，可以同情地理解为：柴禹锡等人所说的是“密言”，言说之际，很可能“屏退了左右”，连充当录音功能的史官也屏退了。

但根据后来的故实“重行推断”，这个“阴谋”是可能存在的。

此事让太宗不安。

他想起昔日好友，大宋第一谋臣、机谋善断的赵普来了。赵普一生贡献的智慧，按数量考察，并不多，但都是解决帝国一等一的重要大事，其直面问题提出的解决问题的方案或规划，都是极具“智谋”含金量的。赵廷美案，对太宗乃至于大宋帝国的国运，具有不可预测的挑战性。太宗在困惑中，要向他请教了。于是，“上诏问普”，太宗下密诏，问赵普此事该当如何应对。

赵普回答：“臣愿备枢轴，以察奸变。”

臣愿意在中央任职，来密查可能的奸佞之变。

赵普的机谋往往就在简短的言论之中。

他这句话九个汉字，却表达了至少四层或隐或显的意思，深深打动了赵炅。

第一层意思是：这是个事，我愿意来做，而我只要做，就会有结果。

第二层意思是：什么结果呢？“奸变”。

第三层意思是：我要在朝廷重要位置上，才有可能查出结果。这就等于向太宗求官，要求“复相”，再一次做宰相。我愿意为帝国效犬马之劳，但帝国也要对我有足够的信任。

第四层意思是：因为事情可能是一场“奸变”，问题很严重，如果不查清楚，会危及皇权，危及帝国。

密奏中的“权幸”

太宗在犹豫。因为他隐隐约约从几个渠道听说过赵普反对“金匮之盟”，反对“兄终弟及”……

就在太宗犹犹豫豫的几天中，赵普也感觉到了太宗为何在犹豫。于是，他不失时机地又上了一道密奏。

这一道密奏也同样或隐或显地表达了四层意思：

第一层意思是：我赵普乃是“开国旧臣”，做到宰相很正常，但是现在国家不正常，因此我没有继续在“枢轴”工作，是因为被“权幸所沮”，被权臣奸佞所坏事——而当时的“权幸”，就是卢多逊。

赵普剑锋所指，毫不客气。就像为赵廷美事先定性为“奸变”一样，这里又为卢多逊定性为“权幸”。结合后来的逻辑考察，就会知道，他先定性“权幸”之举，是打击政敌卢多逊至为锋利的一刀。赵廷美的“阴谋”与卢多逊有关，赵普有能力“察”此“奸变”，而且，最后的结局果然就是这样的“奸变”。如此，卢多逊哪里还有前途？

第二层意思是：我赵普是清白的，义理在我这一边。

说清这一层意思，要略略复杂些。

赵普在密奏中为自己辩诬，说到了"昭宪顾命及先朝自愬之事"，杜太后的"金匮之盟"和他当初向太祖的辩解。

赵普得罪人多。当初赵普反对太祖立太宗为帝，后来就有人向太祖汇报说赵普非议皇弟赵光义。

当时赵光义已经有了仅次于太祖的威望。赵普觉察到，如果赵光义将来称帝，对自己那是相当的不利。何况，即使在太祖朝，赵匡胤晚年也对赵普有了不信任，将他由朝官外放到河阳去做节度使了。于是，就在有人挑唆赵普与赵光义的关系时，赵普远在河阳，也赶紧再上一表，向太祖表明他对赵光义的崇敬之情。

表中说："外人谓臣轻议皇弟开封尹，皇弟忠孝全德，岂有间然。矧昭宪皇太后大渐之际，臣实预闻顾命。知臣者君，愿赐昭鉴。"外间有人说臣轻浮地议论皇弟开封尹赵光义。皇弟是忠孝全德的人物，臣哪里敢那般挑拨离间地议论。何况昭宪皇太后临终之际，臣确实参与了顾命活动。知道臣一片忠心的是皇上您啊！愿您能明鉴（不要受他人挑唆）。

史称太祖赵匡胤得到这封表章后，与当初杜太后的顾命"慈训"一起藏在宫中，很可能一起放在了那个"金匮"之中。

现在，时机成熟，赵普将这事的来龙去脉说给太宗听了。

太宗于是让人到宫中去找那个"金匮"，果然发现了两份文件，一份就是"慈训"，也即杜太后的临终遗言，这份遗言的关键词就是"兄终弟及"，赵匡胤之后，帝位传给赵光义。另一份就是赵普盛赞太宗，写给太祖的表章。史称太宗因此而“感悟”，知道赵普没有错——那么，错的就是卢多逊了。

太宗于是在“感悟”之后向赵普道歉，他对赵普说：“人非圣贤，孰能无过？朕不待五十，已尽知四十九年非矣！”

第三层意思是：太宗您要尽快恢复我的相位。

因为有了第一层意思和第二层意思的铺垫，让太宗“感悟”，所以，复相就顺理成章、水到渠成了。几天后，太宗“以普为司徒兼侍中”，“司徒”是国家“三公”之一，只有宰相级别的官员才可以就任；“侍中”一直是宰相级别的官员敬称。有此二职，赵普已经重回相府，再执政柄。

第四层意思是：我赵普的儿子赵承宗，还在新婚之际，暂且不要放回潭州啦！太宗于是将赵承宗留在了京师。

这样一来，熟悉赵普的人们有了不安。

雷德骧与雷有邻父子

赵普轻易不动，动就是狠招，一击致命。朝臣都知道他的厉害，甚至，如前所述，因为赵普反对北伐，而侯莫陈利用主张北伐，跟赵普唱对台戏，最后让赵普抓到把柄，将他“正法”；名相窦俨，在太祖晚年已经开始怀疑赵普的时候，也不敢讲述赵普一句坏话，宁肯失去太祖对他的信任，也不敢得罪赵普。现在，赵普再次执掌朝政，更吓坏了一个人，就是雷德骧。

雷德骧在太祖时出任御史中丞，史称“久居谏诤之任，有直名”，长久做言官，有直率的名声。他曾经依法弹劾过赵普，认为赵普容许部下官吏收受贿赂等等。不料那时赵普正在陈桥立功之后，又献策收兵权、随大军平定泽路李筠、扬州李重进，更为太祖谋划定边策，太祖正倚重赵普，所以反而被太祖训斥一顿，让人在院子里拖着拽了好几圈，还被贬官，到地方去做小官。后来雷德骧渐渐领教了赵普阴狠的一面，不免为当初的举动后怕。但当初赵匡胤如此做，也是给赵普看，兼有保护雷德骧的意思，意思是：我已经给你赵普出气了，这事就算过去了。这也是免得以后赵普搞暗算。

但雷德骧倔强，他有个儿子雷有邻更倔强。看到父亲蒙羞，也知道赵普作为陈桥兵变的第一勋臣，功高难于撼动，何况正在被太祖宠任期间，不过雷有邻不怕。为了父亲，他开始秘密调查赵普的部下官吏受贿事，调查工作很艰苦，秘密进行了一年多，最后，被他找到了证据。

于是，他使用了大宋士庶皆有的政治权利：“挝登闻鼓诉冤”，敲击登闻鼓，直接向皇上告状。“登闻鼓”，设在“登闻鼓院”，此院也叫“检院”，乃是来自唐代的官署名。唐时，在朝堂设一种叫作“匭”的东西，四面有门，可以投书其内。后来就叫放置“匭”的地方为“匭院”，宋代改称“登闻院”，后又改为“登闻检院”，简称“检院”，隶属于谏议大夫管辖。此地可以接受全国士庶投书，凡有冤屈、意见，在正常投书渠道被阻塞之后，可以到此投书。有关部门必须接纳。当然，投书不实，故意诬告，也要受罚。这是朝廷联系“下情”的重要渠道，形式上，略相当于信访局。登闻鼓一响，皇上必得认真对待了，太祖就派人按雷有邻提供的线索去调查。一查，雷德骧、雷有邻的弹劾与控诉属实。所有被审问的人都承认了自己的过错或罪行。

赵普的堂吏上蔡主簿刘伟，伪造代理官职的公文，属实，被正法；胡赞、李可度等受贿作弊，属实，挨板杖，除名，没收非法所得；其他人也多被关押、发配。赵普确有包庇事，被下放到河阳做知州兼节度使。召雷德骧官复旧职，提拔雷有邻为校书郎。

令人望而生畏胆战心惊的赵普，被雷德骧的儿子雷有邻扳倒了！

但几年之后，现在，赵普复相，又回来了。

雷德骧怎么想？

第一天上朝，赵炅宣布任命决定，雷德骧立朝，吓得手上拿着的笏板都掉落地上。然后，二话不说，马上上疏要求退休。太宗不允，他又请求太宗接见，告诉太宗，当年曾与赵普对着干，知道自己不是对手，请太宗批准退休。太宗安慰他半天，最后跟他说："卿不必多虑，朕一定会保全卿！"雷德骧连皇上的保票都不敢相信，坚决要求退休。太宗不得已，罢了他的实权，给他个虚衔，奉朝请，到朝廷上朝，不主事，并特意赐给他白金三千两，史称"以慰其心"，用来安慰他那一颗受伤而惊悸的心。

史称雷有邻"性亦刚鲠，有父风"，太宗喜欢他，曾问他："朕欲用汝父为相，何如？"雷有邻回道："臣父有才略而无度量，非宰相器。"于是太宗没有提拔雷德骧为宰相。

这件事证明，雷有邻并非只懂为父伸冤，他还有国家本位的大格局，识大体，应该是忠孝两全的优秀官员。

“金匮之盟”的悖论

赵普复相后，太宗还在“兄终弟及”的阴影中，没有走出来。

这里有一个悖论。

如果承认“金匮之盟”的关键词“兄终弟及”，那么太宗继承哥哥太祖的大宋,就有合法性；但同时,太宗之后,也要“兄终弟及”，那么就要传帝位于赵廷美，方才合法。但如果传赵廷美，现在由赵普来调查未来皇帝的“阴谋”，调查工作本身就成了“阴谋”。这一行动，以后如何昭告天下？

如果不承认“金匮之盟”的关键词“兄终弟及”，固然可以不必考虑再传位给赵廷美，但太宗自己的权力来源就有了问题——太祖凭什么不把帝位传给嫡子，而传给兄弟啊？历史，将如何讲述大宋第二代权力的合法来源？

面对这个悖论，假如是无良二世嬴胡亥、权力至上晋八王、雄猜大帝唐太宗、狠戾酷毒永乐帝，都不会有问题，他们无人会斟酌、在意“天心民意”，先把九五之尊弄过来再说；假如是轻忽价值方向的犬儒主义者，也不会成为问题，好名声，算个屁啊！做了皇上就是我说了算！

但赵炅读圣贤书，需要大宋皇室的荣誉，注重个人节操和道义，更在意历史铁笔定谳。这样，就有了焦躁、痛苦、不安。

他于是在赵普秘密调查赵廷美案件时，嗫嚅着说出了自己的隐衷。

赵普早有准备，一句话点醒迷乱中的大帝。他说：

“太祖已误，陛下岂容再误邪？”

太宗当下大悟。

他知道局势已经到了这一步，只有一条路可走：终止“兄终弟及”的权力分配游戏；重回“嫡子继承”古制——当初，太祖没有选择古制，这是一种政治失误；我，不能再失误。

“赵廷美专案组”由此有了背后法理的支持，可以继续调查下去了。

史称“于是廷美遂得罪。凡廷美所以遂得罪，普之为也”，在这种背景下，赵廷美于是有了罪名。赵廷美之所以获罪，都是赵普“调查”的结果。

史上如此记录，就有了问题：赵廷美究竟有没有“阴谋”“奸变”之罪？如果有，为何这笔账要算到赵普身上？如果没有，是赵普在罗织罪名，阴毒陷害秦王赵廷美吗？

当我这样思考并提出问题时，我意识到：我已经陷入非黑即白的坊间演义模式。显然，人性的复杂以及故实完成的耦合力量，极为丰富。非黑即白，是不足以解释历史故实，也不足以解释人性丰富的。人，如车轴，自行运转；故实，如车毂，围绕车轴运转；原因，如很多辐条，射向车毂而运转。以人为中心的故实，在诸多原因的辐辏中成为完整一轮。所以我愿意说一个自造的名词“辐辏之因”。“赵廷美案”可以解释的“辐辏之因”很多，赵普一人的推演，还不足以定谳；赵廷美自演的“阴谋”与“奸变”，也不足以锻炼为大案。

以那些野史、正史为文献资源，从中寻觅有意味的故实模块；以传统史论和圣贤意见为思想资源，从中考索落在时光那一面的人物，从中寻觅“微言大义”；以现代历史哲学为方法资源，介入思想，“重行推断”这一场“赵廷美案”，会有新的历史收获。

金明池未遂政变

赵普复相，儿子没有回潭州，又秘密调查这个“奸变”大案，种种迹象让赵廷美有了感觉。

赵廷美做出一个试探性的动作：请求立朝时，列班位置在赵普之下。按照往日规定，王，应在相之上，但他主动要求在相之下，太宗的反应是“从之”，马上答应了赵廷美的请求。

这是太平兴国六年（981）秋天的事。

在后来的一个冬季里，赵廷美应该有过思考。

太宗践祚之初，即令赵廷美尹开封，赵德昭、赵德芳，并称“皇子”，因此，外间有了“赵匡胤—赵光义—赵廷美—赵德昭”依次传位的说法。王禹偁《建隆遗事》的记录，就因此而来。但是不久赵德昭自杀、赵德芳夭折，史称赵廷美“始不自安”，开始不能自安。他感觉到太祖的两个儿子没有了，孙子还很幼小，将来帝位回归太祖一系的希望已经很渺茫。而赵普复相，已经有了不利的传言。我要求“班在赵普之下”，太宗爽快答应，这之中的逻辑是什么？

赵廷美有理由怀疑太宗将背离“金匮之盟”的“慈训”，太宗很可能要结束“兄终弟及”模式。而这是赵廷美不愿意看到的权力再分配走向。

到了太平兴国七年（982）的春天，京师汴梁郊外的金明池建成了水心殿。

金明池乃是大宋最负盛名的皇家园林（但也定期开放，每年三月到四月，大宋士庶可以自由游览）。此地规模浩大，周长达到九里开外，可以训练水军。我曾在天津原艺术博物馆看到传为张择端绘制的《金明池争标图》。图不大，一尺见方，却画有密密麻麻的人物难以计数，正是水军演练的场景。水心殿位于浩渺的水面中央，有巨大的拱桥相连。此地景色秀丽，建筑宏伟，应该是汴梁宫殿之外最重要的建筑之一。竣工后，太宗要来泛舟，参观。

这时，太宗得到了一个消息，史称“或告秦王廷美谋欲以此时窃发”，有人秘密告诉太宗，秦王赵廷美阴谋要在太宗泛舟时秘密发动政变。

这个消息，很可能就是赵普秘密调查的结果之一。

赵廷美有可能在金明池发动政变吗？

从诛心也即猜疑动机角度考虑，赵廷美假如要搞政变，此际，应该是最佳时机。因为太宗“泛舟”，有可能离开扈从，假如赵廷美确有“死士”肯于卖命，几个人劫持太宗，逼其“禅让”，是有可能性的。

从金明池地理位置和建筑格局考虑，赵廷美如果要搞政变，此地，也应该是最佳地点。因为太宗如果登上三面环水的“水心殿”，离开扈从，假如赵廷美确有“死士”肯于卖命，一部人守住拱桥，一部人劫持太宗，也是有可能性的。

这两个假设，之所以“有可能性”，是因为赵廷美此时的职务是开封府尹，首都市长。他只要愿意做，且敢于做，并忍心做，就“有可能性”。

据史料记录说，如果金明池政变不能得手，“则诈称病于府第，候车驾临省，因作乱”，那就假装生病，等到太宗车驾到赵廷美府邸看望，就在“病榻”前派“死士”劫持太宗。

假如这一切都是赵廷美的“阴谋”，太宗给予他的惩罚就是合理的。在任何一个时代，“谋逆”都会被在位者视为泼天罪恶。

但太宗对此事的处理，过程上让人生疑。

按记录中的说法，太宗知道此事后，“不忍暴其事”，不忍心暴露宣扬赵廷美的这件“谋逆”罪恶，给他的处罚只是：罢免了他的开封府尹，转授西京洛阳留守。

而赵廷美被罢开封尹，到西京赴任之前，就跟没事人一样。

太宗还在赵廷美赴西京之前，赐给他袭衣、通犀带（成套的礼服，带有犀牛角的名贵腰带）、十万钱、绢彩各万疋、银万两，还将西京一座豪宅赠送给他。甚至，跟随赵廷美赴任的留守判官、河南判官都赐钱百万。到了四月，春末夏初季节，赵廷美要赴任了，太宗还特意派出枢密使曹彬在琼林苑大摆筵席，为赵廷美饯行。

这种待遇，一点也不像“惩戒”一个“谋逆”的罪人。

但太宗赏赐了柴禹锡、杨守一等人，因为“秦王廷美阴谋事”

就是他们告发的，也许就是他们伙同赵普，一起“告发”了“金明池政变”事。

太宗还同时惩罚了枢密承旨陈从信、皇城使刘知信、弓箭库使惠延真、禁军列校皇甫继明等人，都是因为这些人“交通秦王廷美及受其私犒”，与秦王赵廷美有密切来往，并接受他的私人馈赠。这个记录，没有说他们参与了“金明池政变”阴谋。而这些官员受到的惩罚也不过是降级，连罢官都没有。只有一个叫王荣的刺史，也是赵廷美亲信，被降职后放出狂言：“我不久当得节帅。”别看我现在降职，但不久以后，我会做到节度使。意思是赵廷美即使做了西京留守，也是有能力提拔我的。此人善射，曾经挽强弓射梁木，一箭射入硬木好几寸深，人称“王硬弓”。他在抵御契丹时有功。但这番大话一出，太宗就将他“削籍流海岛”，开除出职官队伍，流放到登州沙门岛去了。但是过了几年，赵廷美大案过去后，太宗还是恢复了他的官职，此人又立了不少功。

“兄终弟及”集团

赵普复相，卢多逊也有不利的感觉。史称“卢多逊益不自安”，卢多逊更加不能心里平静。这种心理也简单，他过去变着法修理赵普，现在赵普不但没有倒，反而再次入相。这意味着什么？他明白。

赵普大权在握，开始与卢多逊较量。但他知道卢多逊也不是善茬，且党羽众多，真拼起来，伤敌一万自损八千，是可能的。于是，赵普选择了一个比较温和的方式。他多次暗示卢多逊：你要引退！赵普的意思是，如果你从权力中枢退下，我赵普可以既往不咎，从此，两清、两安。但史称卢多逊“贪权固位，不能自决”，因此，赵普多次讽喻后，卢多逊没有动作。这样，赵普就有了新发现——

卢多逊与秦王赵廷美还在“交通”来往。

太宗闻讯，有了愤怒。于是将卢多逊这位国家级领导人降职为部级领导人，同时，“下御史狱”。

赵普做得更多，还调查清楚了卢多逊的党羽在做什么、说什么。如果将这一面大网收拢来看，就会看到“赵廷美—卢多逊”乃是一个铁杆“兄终弟及”集团。他们在做一件事：拥戴赵廷美做大宋天子。如果“兄终弟及”模式无法实现，权力不能和平交接，就等待时机，以求一逞。

于是，大狱炼成。

抓捕了中书守当官赵白，秦府孔目官阎密，小吏王继勋、樊德明、赵怀禄、阎怀忠等。太宗当即下诏，命翰林学士承旨李昉、学士扈蒙、卫尉卿崔仁冀、膳部郎中知杂事滕中正等人，组成专案组，开始进一步调查取证，审理这一起大案。“赵廷美—卢多逊”，就这样成为一个案子的两个主角。

审理的结果出来，卢多逊供言如下：“我曾多次派遣赵白，到秦王府，告诉赵廷美我所掌握的中书省的机密。去年九月，还令赵白对赵廷美说：‘愿宫车晏驾，尽力事大王’，但愿当今天子早一点驾崩，我等愿意尽力侍奉秦王您。赵廷美听到我这话后，派遣樊德明回报我说：‘卢承旨您这番话正合我意。我也愿意当今皇上早点驾崩（那就省事了)。'"

《续资治通鉴长编》记录这一场大案的同案犯,他们的罪名如下:

赵廷美多次赠送给卢多逊弓箭等，卢多逊也都接受了。

阎密，当初在赵廷美左右，太宗践祚后，补殿直，但仍隶属秦王府，此人"恣横不法，言多指斥"，暴戾恣睢，长做不法之事，很多言论直接指斥今上。

王继勋，是赵廷美尤为信任的亲信。赵廷美曾让他代为寻找声妓。王继勋仗势而横行，占取他人财货，贪污腐败得一塌糊涂。

樊德明与赵白在一起交游相处，卢多逊就因为他们二人得以结交赵廷美。

赵廷美又多次派遣赵怀禄私召同母弟、军器库副使赵廷俊，在一起议论。

阎怀忠，曾经为赵廷美到淮海王钱俶那里去寻求犀玉带、金酒器，还借机接受了钱俶私自赠送的白金百两，以及金器、绢扇等。

赵廷美又曾经要阎怀忠带着从钱俶那里寻来的银碗、锦采、羊酒等，到他的岳父、御前忠佐马军都军头潘璘的军营，去宴请军校，以此收买军中人心。

这就是赵廷美的"奸变"行为。

几千个耳光

调查之后，这些当事人全都承认了罪行。

下一步，就是定罪了。

就这些罪，怎么定?

太宗召集满朝文官、武官，在朝堂“集议”，会商。

大臣王溥等七十四人研究后，得出了共同的处理意见：卢多逊及赵廷美有所冀望，乃多有诅咒，属于大逆不道，应该行使诛杀灭族之法；赵白等人斩首。王溥的女儿嫁给了赵德昭，封韩国夫人。此时，王溥正做着帝国的太子太傅，是前朝老臣，百官中德高望重。由他来领衔上奏，有权威性。

太宗赵炅在群臣议定的奏章后，做出最后处罚决定：

赵廷美，下令回归私人府邸。

卢多逊，下诏剥夺官爵，并家属流放海南崖州。

赵白、阎密、王继勋、樊德明、赵怀禄、阎怀忠，在都门之外斩首，没收家庭财产。

赵廷美的儿女都不再称爵位，可以直呼其名；但赵廷美的长子贵州防御使赵德恭仍然为皇侄。赵廷美的女儿，还是皇侄女，但去掉“云阳公主”的称号，所嫁的右监门将军韩崇业降职为右千牛卫率府率，分司西京，去掉“驸马”的称号，就到西京，跟赵廷美住在一起。

此外还有几个人，如中书舍人李穆曾与卢多逊很亲善，而赵廷美在西京留守时，很多朝奏文本都是李穆草拟。著作佐郎刘锡知粮料院，居然擅自借给赵廷美几十斛大米。这俩人都被人弹劾，降职处分。

《皇宋通鉴长编记事本末》记录刘锡的事，令人称奇。说刘锡在太宗召来询问与赵廷美的关系时，刘锡顿首称“死罪”，太宗越想越来气，就命令左右扇他的耳光，殿上应该响起了连续不断的“啪啪”声，史称“命左右批数千，委顿而止”，一直到把人扇得“委顿”，衰弱不堪，支撑不住，这才罢休。这个刑法显然不属于正刑，但对人的肉体和精神摧残几乎不亚于一顿杖刑，而且几千个耳光，那是需要时间的。太宗在这么长的时间里，听凭“啪啪”之声滔滔不绝，他为何会有此几近变态的处理？

我认为这是他在寻求一种心理补偿。

这一场大案，对人性是一个考验。在主张“兄友弟悌”伦理大义的时代，兄弟相残，是无可规避的道德伤痛。当赵炅赢得这一场大狱的胜利，并暗自庆幸由“兄终弟及”平安过渡到“嫡子继承”制度之后，他也感受到了来自骨肉同胞的仇恨式打量。这种仇恨，犹如一只令人眼晕，悬空而又不停旋转、颠簸、起伏着的巨大车轮。很慢，但在转。他没有能力置身于这一爿仇恨巨轮之外。他就在这爿巨轮之上，在旋转中，踉跄着，不断与母亲杜太后、哥哥赵匡胤、侄子赵德昭他们死后的目光相遇。他们谁也没有说话，就这么静静地看着他。一个个镜头缓缓转过，反复转过。他在跟着他们旋转时，会发现，他们的目光里，没有仇恨。这时，他试图在旋转中看看赵廷美。忽然，他发现四弟赵廷美的目光里，有一丝动人的微笑；四弟的微笑一如幼时他感受过的，那么真诚、友善，让他感到从未有过的温暖，几乎可以化解一切狠戾的温暖。他感到了弟弟的爱——四弟赵廷美，放弃了一切足以毁弃大宋荣誉、家族尊严的努力，默默地接受了三哥我的意志，在微笑中给我的意志一种世上无人能晓的祝福。赵炅能想起幼时，四弟对自己的无数次的呼唤："三哥！"……

天平兴国初，太宗刚刚践祚时，弟兄俩应该有过长谈。廷美担心北汉与契丹的勾结，太宗对弟弟说："太原，我必取之！"太宗现在应该能够记起，四弟当时看着他，那种崇拜、信任的目光。

而现在，边境已经来报：契丹正在三路南下，侵扰中原。

弟弟把一切都扛起来了，他正在用一生的所有，加持三哥驱逐契丹、恢复汉唐旧疆的努力……

于是，赵炅对自己有了痛恨。

当左右以上千个耳光，在静谧的大殿扇动起来时，赵炅正在心底流泪。他感到那些耳光一个个都扇在自己脸上。

"啪啪"，大殿的耳光声连绵不绝……

贰

赵普与卢多逊

被王夫之先生骂为“鄙夫”的赵普，晚年是否有愧对秦王赵廷美的隐秘自责？赵普不一定属于铁石心肠的残忍之徒。在他内心深处，应该对人性还保有一种天然的信任。他应该知道，如果没有他的推演，赵廷美不会获致“奸变”这一吓人的定谳。

李符与赵廷美之死

“赵廷美—卢多逊”大案已经审理、处理完毕，但后来又陆续发现赵廷美的“党羽”，赵普怂恿太宗，试图让大案继续下去。于是，西京留守判官阎矩、前开封府推官孙屿等人也被贬官，理由是：作为秦王官属，“辅导无状”，没有尽到官员下属谏诤讽喻秦王，阻止秦王搞“阴谋”活动的责任。而著作佐郎赵和、光禄寺丞赵知微，因为都是赵白的哥哥，所以连这二人的家属都发配到沙门岛禁锢起来。

赵普更认为这么大的案子，仅仅判处秦王赵廷美谪居西京洛阳府邸，太轻了。而且对以后处理可能的“奸变”不方便，于是暗示或命令开封府的李符上言说：“廷美对他的过去不悔过，还心存怨恨，请将他迁徙到遥远的州郡，以防他变。”太宗也许犹豫了两天，最后下诏，将赵廷美由“王”降格为“公”，涪陵县公，到房州安置。

房州，在今天的湖北，偏僻，但山水映带，景色优美，乃是历来王公贵族、功勋大臣犯罪后的流放地。流放房州，实际上等于网开一面的软禁。历史上有十几位皇帝失掉政权后被流放此地，皇亲国戚就更多了。大宋以来，流放房州的贵族也历历可数。太祖太宗时，就有四人被流放房州。当初太祖征泽潞，大臣中书舍人，相当于中央办公厅秘书长的赵行逢怕苦装病，被贬房州；后周柴宗训，从“帝”降格为“王”，因为毕竟属于前朝君主，被贬房州；三司副使，略相当于主管财务的国务院副总理的范旻，因为假传圣旨倒卖军用物资，被贬房州；现在则是秦王赵廷美。

几年后，到了雍熙元年（984），在房州的涪陵县公赵廷美“颇自咎责”，很是内疚、自责，终于在忧虑畏惧中因病而卒。

房州将这个消息报到朝廷时，史称“上呜咽流涕”，太宗哭着对宰臣李昉等人说：“廷美从小就刚愎自用，长大后更是凶顽。朕因为跟他是同气至亲，不忍将他正法，使他暂居房州，希望他能慢慢思过。但我心中惦念他，从未忘记。最近，正要推恩，想找个办法让他恢复旧职，不想他竟忽然殒逝！这事太让我心痛啦！你们说这可怎么是好！”说着就悲泣不已。史称“感动左右”。

于是，太宗下诏：追封赵廷美为涪王，赐谥号曰“悼”，并为赵廷美按照国礼发丧。

不久，又任命赵廷美的儿子赵德恭为峰州（今属浙江绍兴）刺史，赵德隆为瀼州（今属广西上思）刺史，并令有关部门给予他们优厚的供应，不要有所缺失。到了雍熙二年（985）正月，又以峰州刺史赵德恭为左武卫大将军、判济州，封安定侯；瀼州刺史赵德隆为右武卫大将军、判沂州，封长宁侯；家人都随着他俩到治所安置。除了往常应有的俸禄之外,还每年给他俩三百万钱,“以充公费”,这笔钱就相当于“特支费”,可以自由取用。除此之外,还命起居舍人韩检、右补阙刘蒙叟,分别担任这两个州的通判。送别两个通判时,太宗对他们说:“德恭、德隆,都没有州郡管理经验,你们要好好帮助他俩、襄赞他俩。如果他俩有缺失,你们不去帮他俩纠正,只判定你俩的罪!”

名臣宋琪看到太宗这类举措,说:“悖逆子孙,前代罕有存者。陛下睦亲推慈,舍罪恤孤,足以感动天地矣!”

到了真宗践祚,两个月后,又追认恢复皇叔涪王赵廷美为西京留守兼中书令、秦王。又过了几年,真宗还在河南汝州、邓州之间找到风水宝地,将赵廷美灵柩从房州迎回,改葬,称秦悼王。到了宋仁宗即位时,又赠赵廷美太师、尚书令职衔。宋徽宗即位,改封魏王。

陈国夫人耿氏之谜

赵廷美得罪后,陈国夫人耿氏病逝。她是太宗的乳母。

有一次,太宗仿佛说闲话般,跟大臣李昉等人说:

“廷美的母亲,是陈国夫人耿氏,耿氏最初乃是朕的乳母。她后来出嫁给赵氏,还生了赵廷俊。朕因为赵廷美兄弟的缘故,也让赵廷俊跟随在我左右。但廷俊总是将宫禁中的事泄露给廷美。前不久金明池那个事被揭发出来,如果朕要命令有关部门穷究不舍,赵廷美就会罪不容诛。所以朕按下了很多细节不再穷究。并且只让廷美谪居西京。但没有想到廷美并不悔过，更加有怨词，说了很多不逊的话。这才命令将他迁谪房州，也没有更加严厉地用法，就为了让廷美能够保全，再找机会赦免他。至于赵廷俊，朕也没有深罪他，就给了个贬黜而已。朕对于廷美，没有什么对不起他的地方了。”

这一番话第一次透露出一个与史上记录全然不同的故实：赵廷美不是昭宪太后杜夫人亲生。耿氏，似乎是与赵弘殷有了赵廷美，而后又改嫁另外一个姓赵的人，生了赵廷俊。——但史上似没有更多人支持这一说法。如是，这一条记录就有了两种可能性：要么太宗赵炅编造了这个故实，其目的乃是让人觉得将赵廷美从“兄终弟及”的谱系中排除出去理所应当；要么史官编造了这个故实，其用意又可以有两个方向的解释：或为太宗抹粉；或为太宗抹黑。

抹粉，好理解，就是说赵廷美非皇室正宗，因此不能进入“兄终弟及”的序列；抹黑，就复杂些。如果史官知道杜夫人生有赵廷美，并早已记录在案，谁敢这么编造？赵匡胤开国，家族谱系早已被礼官梳理清晰，宗政工作，属于“礼制”极为重要一环，帝系中的人员族谱有严格的档案，任何人不敢马虎从事。有时，为了一个族系中的人员谥号、死后身份地位、职务职衔，都要交给百官议论，如历史上最著名的“濮议”,就是要厘定皇上生父与养父的身份问题。赵廷美在太宗践祚后，出任开封尹，这是明摆着的皇位继承人的一步进阶。朝廷礼官应该有数，族属谱系，很难编造。

太宗是明白人，又格外鼓励大臣直言。他如果有这么明显试图欺惑天下的编造，臣僚们即使不去当面质问、调查，也会在后来的日子里将此事形诸笔墨，记录在案。所以，我估计太宗不至于如此颟顸。那么就是史官编造，而且是“抹黑”式编造——因为记录者也知道这个说法不会有人相信，但还是要“嫁祸”于太宗赵炅，让他去背这个“编造”的黑锅。

据说，太宗讲述完这个故实后，“为之恻然”，很为这事难受，有不忍之意。而听故实的大臣李昉则说：

“涪陵悖逆，天下共闻。西池禁中事，若非陛下委曲宣示，臣等何由知之？”涪陵公赵廷美悖逆之罪，天下都知道。但金明池和禁中家族谱系事，如果不是陛下您这么细致地讲述，臣等上哪里去知道这些事啊！

李昉这一番话，更透露了史官试图“嫁祸”太宗的意图。同样是赵廷美的“罪恶”，一面说“天下共闻”，一面说“何由知之”，意思就是：没有你太宗赵炅，我们都无法知道赵廷美具体的罪恶是什么，更不知道赵廷美原来从根本上，就不属于“兄终弟及”谱系中人。如此，外界流言所谓铲除赵廷美是为了结束“金匮之盟”太后“慈训”就落了空。看上去这话是为太宗“抹粉”，但因为给赵廷美治罪，已经召集群臣集议，各人罪行已经公之于众，现在又说那些罪行都不知道！而赵廷美乃是赵家老四，此事早已“天下共闻”，现在又说原来老四不是杜太后所生！所以这种“抹粉”实质上乃是“抹黑”，那个成语说的就是这个意思——欲盖弥彰。

“把断剑门烧栈道，西川别是一乾坤”

赵廷美案，是大宋皇室内部的一场权力分配活剧。与历史上的其他骨肉相残的活剧比较，这应该是最温和的一次。

秦嬴政死后，胡亥和哥哥扶苏争天下，扶苏死；西晋时，以诸位兄弟为主，争夺天下的“八王之乱”，更将中原大地搅动得天昏地暗，血雨腥风；大唐帝国的“玄武门之变”，乃是一场兄弟直面相残的伦理惊变；五代十国期间，兄弟间在流血中争夺帝位，并不鲜见。

宋太宗赵炅，在俗称“瓶颈”的宋初第二代政权期间，好歹算是平稳度过，最大的利好是：此案没有惊动民间士庶，没有影响文官制度的改良，没有减弱对契丹的抵抗力度，没有放松对藩镇习气的持续性弭平，如果说有什么负面问题留下，那可能就是对天下道义精神的戕害——

“大学之道，在明明德，在亲民，在止于至善。”

所谓“至善”，不是“终极之善”的意思，而是“角色化原理下应有之善”。人，无往不在角色中。太祖在后周时代，是“臣”；践祚之后，在朝堂上，就是“君”；回到家里，见到杜太后，就是“子”；等等。为人君者，其“至善”的伦理尺度是“仁”，为人臣者，其“至善”的伦理尺度是“忠”，为人子者，其“至善”的伦理尺度是“孝”。现代的总统，在总统府里办公时是“总统”；乘坐地铁时就是“乘客”；面对自己的太太就是“丈夫”；面对自己的女儿就是“父亲”；等等，诸如此类。宋太宗赵炅，在“赵廷美案”中，可能收获了“嫡子继承”

的权力分配古制大法，是一个重要的政治成果，但因为对手是自家兄弟，这种争夺，就意味着对“九族和睦”关系的破毁，也是对“兄友弟悌”模式的破毁，用《大学》“修齐治平”的尺度来衡量，太宗，作为哥哥的角色，与他的哥哥赵匡胤比较，未能达致“至善”境界，有惭德。

此外，就赵廷美言，他果然是在推演一场“奸变”的“阴谋”吗？事态果然有那么严重吗？

可以看看太宗的孙子，宋仁宗，他有一个处理此类案例的故实。

说有一个举子，给权知成都府的官员献诗，内中有句云：“把断剑门烧栈道，西川别是一乾坤。”补足意思，翻译成白话就是：知府您啊，只要派出精兵，把守住川蜀东大门剑门，然后烧毁中原进入四川的栈道，这样，我们西部四川就是另外一个邦国。

很明显，这个举子在自命诸葛孔明，试图与大宋二分天下。这类小文人造反，固然有不知天高地厚的“呆气”，但毕竟算是一种“奸变”“阴谋”，比起赵廷美来，罪行要实在得多，也严重得多。

所以成都府尹心怀恐惧，甚至都不敢自己处理这个案子，就将这个举子上了枷锁，然后给宋仁宗上了一道表章说这个事，无非也是要求“诛灭逆贼”之类。不料仁宗看后，甚至带着一点轻蔑回复道：

“此老秀才急于仕宦而为之，不足治也。可授以司户参军，处于远小郡。”这是一个没有功名的老秀才着急做官干的活儿，不足以治罪啦！可以授给他一个小官，司户参军。看看川蜀哪一个边远点的小郡有缺，补一个给他。

然后这个老秀才就到任去做官了。但老秀才为帝国的宽宏大量所震慑，越想越是惭愧，周遭估计也没有什么人瞧得上他，他活得没有啥尊严。史称“不一年，惭恧而死”，不到一年，羞惭而死。

所以，假如太宗赵炅有孙子仁宗赵祯的豁达，将赵廷美负气而言的“愿宫车早日晏驾”，视为一种牢骚，至多视为一种狂妄，一笑了之，也许未必能如现在这样锻炼为一桩大狱。那样，太宗兄弟间，也许还有另外的解决方案，一旦寻求到这个方案，太宗一朝也许就会更为祥和，更少戾气，或者也更接近“承平之世”的美好人间。

在文明邦国看来，道义价值与伦理美德，是美好人间的重要尺度。

小胖孩和小瘦孩

也许正因为一场大狱，让尖酸忌刻的小文人“创作”的近于神话的故实，讥讽诅咒了他。在所有这类故实中，有一个“创作”说，宋太祖赵匡胤变身金太祖的二太子斡离不，攻陷开封汴梁后，将宋太宗赵炅的子孙杀戮一空。据说宋臣有到斡离不大营见过这位金兵统帅的，说“其貌绝类艺祖”，他的长相特别像太祖赵匡胤。

还有一个类似的说法，据说有人从金国做使者回来，说金太宗完颜晟（而不是斡离不）长得极似宋太祖，还说就是这位金太宗乃是太祖转世而来，要打回中原，来夺取自己曾经的皇位。

原来从太宗传位儿子赵恒开始，大宋帝位一直在太宗一系。到了南宋，高宗因为受了惊吓，失去生育能力，无子，而太宗一系的皇族，死的死，亡的亡，没有死的，大多被掳往金国，中原地区已经很难见到太宗一系的皇族。宋高宗就有了传给太祖一系的想法。当他听到这个金太宗完颜晟的传说之后，就对大臣们说：“太祖公而忘私，有自己的儿子，却将皇位传给兄弟；现在，我准备将皇位传给太祖一系的人物。”于是在各地寻找太祖后人。找来一胖一瘦两个男孩，高宗让他俩在宫中站着不动，观察他俩。开始高宗中意小胖孩，但这时，来了一只猫，小瘦孩没有动，小胖孩却去踢那只猫。高宗于是觉得小瘦孩不错，将二人都留下后，就暗暗地做了传位给小瘦孩的准备。这个小瘦孩就是宋孝宗赵伯琮,后改名赵昚(音肾)，他是南宋最有作为的皇帝，他那种不凡不俗的励精图治，直接推演了南宋“乾淳之治”。他还为岳飞平反了冤狱，更有恢复中原之志，很多作为确像太祖赵匡胤，他是太祖七世孙。

“因果”是一种无人能破解的宇宙规律，但创作这个故实的人，将因果律运用于人事方向上，除了劝惩功能外，也有了借机“植入”自家文化观念的意味。譬如，创作者认为太宗“谋害”太祖兄弟和儿子，所以他的后代遭遇变身金人的太祖屠戮，并颠覆了太宗一系的北宋；而太祖因为乘柴氏主幼，夺取了后周天下，所以周世宗柴荣变身蒙古统帅伯颜，攻陷临安，将皇室男女全部掳走，颠覆了太祖一系执掌的南宋江山。

这类坊间故实，是茶余饭后、瓜棚豆架下有趣的谈资，也可以从中读出“因果”规律下的道德伤痛，如果不是特别执着于“报应”的“单向度”逻辑，也有发人深省、足资回味的“历史意义”。

卢多逊的大见识与小聪明

据说卢多逊的祖坟在河内（今河南沁阳）。他与赵廷美的“阴谋”还没有败露的前一天晚上，有震雷，将卢氏祖坟上的林木全部焚毁。传闻此事的人，都感到很异常。这事为《宋史·卢多逊传》《续资治通鉴长编》和《皇宋通鉴长编纪事本末》等书明白记录。考卢多逊下狱在太平兴国七年（982）夏四月丙寅日，《宋史·五行志》对旱涝雨雪有闻必录，但这一年的四月，并无雷雨记录。沁阳附近，只有卫州有洪涝之灾。卫州在沁阳东两百里左右。且有涝灾并不一定就有雷雨。故实的荒谬一望而知，但记录者或创作者，在讲述这个故实时，似乎意在指斥卢多逊大恶，连老天也在震怒，并殃及他的祖上。

不过细考史上关于卢多逊的各类记录，此人也确似不得人心。

说卢多逊因为赵廷美案被贬崖州时，到了附近地方，暂住道旁旅舍，见一个老太太，说话间，发现她居然知道很多京城汴梁之事，因此就与她闲话家常，话也越来越多。

卢多逊就问她：“老婆婆您从哪里来啊？怎么住在这个偏僻的地方？”

老太太眉头皱在一起，很不情愿地说：“我，本来是中原士大夫之家人。有一个儿子在朝中做官，当时卢多逊做宰相，命令我儿子‘枉道’，违背道义，去做邪僻之事。我儿子不愿意做，卢某人就恨上我儿，最后找了茬子，给我儿安上严重的罪名，全家都被发配到这个南部荒凉之地来了。不到一年，全家骨肉相继沦没，死在这里，只剩下老身一人，流落在山谷之间。现在我寄居在道旁，不是没有意思的。我想那卢相，蠹害贤良，仗势欺人，恣行不法，无所避忌，这是一定要倒霉的节奏——他终将‘南窜’，也被发配到南边来。如果上天可怜见，老身不死，也许能看到这一幕！”

老太太并不知道他就是卢多逊。

卢多逊闻言后，沉默不语，赶紧离开了此地。

卢多逊到了崖州之后，经历很惨。当时崖州归琼州管辖，琼州主管就派自己的牙将去管理崖州，这位牙将大约是贪恋中原人家的女士，看中了昔日卢相的黄花闺女，就向卢多逊求这一门婚事，卢多逊不允，牙将就处处给他穿小鞋，还没事就凌辱一番，甚至有了加害的动作。卢多逊无奈，允许了这门不般配的婚事。

但细细来看卢多逊的政治履历，并无大恶。

他在后周显德年间中进士，“释褐”即为朝官秘书郎、集贤校理、集贤殿修撰，是带有朝廷秘书性质的荣耀职务。太祖时，以本官职知制诰，这是重要的秘书职务。他在后来的日子里，始终是大宋的一支笔。薛居正主持修《五代史》，卢多逊也是编撰者之一。开宝六年（973），他出使南唐，曾经挟大宋威风，向南唐主索要江东诸州地图。那个时代，地图乃是重要的战略机密，但他对南唐主说：“朝廷要重修天下的地图经典，史馆中独独缺少江东诸州的原本，请各带一本回去。”南唐主不敢得罪大宋，于是赶紧让人图画一个副本，给他带上。于是，江南十九个州的地理形势、屯兵戍守远近位置、户口多寡，卢多逊全都掌握了。回来后，就将他所看到的李氏王朝的弊端和弱点告诉太祖，意思是，可以收复这个割据政权。他的一番意见，坚定了太祖“收江南”的决心。金陵平定后，他因为谋划有功，加吏部侍郎。

太宗时，拜中书侍郎、平章事；从征太原之后，又加兵部尚书。从此进入宰辅行列，并参与军机大事，成为朝廷重臣。

此人机敏，有大见识，也有不少小聪明。

当初太宗要人献“备边之策”，他曾提出“移都”的建议，而且要“移都”到边境城市镇州去，等扫清契丹后，再“移都”回汴梁。这个意见没有被采纳，但在与契丹胶着的紧张时刻，这个意见不失为一种大见识，与寇准后来敦促真宗过河到澶州北城有一拼，如果有奸佞中伤，这个迁都的意见也会被人说成是以君王为赌注。

他读书多，博涉经史，史称“聪明强力，文辞敏给，好任数，有谋略，发多奇中”。所谓“任数”，就是好习权谋诈术，有心计。太祖赵匡胤好读书，经常到史馆去取书观览，卢多逊就预先让史馆的小吏跟他通风报信，告诉他太祖取了什么书。知道后，卢多逊一定千方百计找来这本书，而后会通宵达旦阅读、研究。等到太祖与诸臣在一起聊天，说起这书，问到书中某事某人时，卢多逊会做到“应答无滞”，回应，答对，毫无窒碍，非常流畅。这得多大阅读量才能做到？同列臣僚们一般做不到，所以对卢多逊的“博学”心服口服。

卢多逊当年骗取南唐后主图写江南十九州郡形势图，虽然不是南唐覆亡的主要原因，但当是原因之一。野史说，卢多逊与李穆友善，李穆也因为赵廷美案被贬黜。二人已经多年没有了来往。朝廷有规定，记录国家大事时政的“邸报”，不得流入海外，因此，卢多逊在崖州，没有任何朝中消息可以知道。一天，来了份赦书，文件中也包括赦免“参知政事李”。卢多逊很高兴，就对左右说：“这个赦免的参知政事，必定就是李穆。他如果能进入政府工作，我一定会北上！”说着，就催促舍人准备北上的行装。不久，果然得到朝廷对他赦免后做容州（今广西容县）团练副使的通知。他正在准备渡海向容州进发，忽然看到江南后主李煜，衣冠一如生时。李煜问他：“相公何以到崖州来啦？”卢多逊说：“屈！”李煜说：“汝屈何如我屈！”卢多逊这才意识到见鬼了，史称“由是感疾殂”，因为这个原因，感染疾病，很快死了。

此故实见宋人王明清的《玉照新志》。此书记录鬼怪事甚多，且这个故实中讲述的赦免一事也与事实不符。事实是，卢多逊死后，家人被赦免，先到容州，后到荆南。但这类记载可以约略看出时人的一点价值评判。卢多逊“骗图案”，可能有功于大宋，但冒取他人信任，倾覆其国，这是伦理上的污点。因此，这类故实并不完全属于妖魔化笔法。卢多逊无大恶，但行事有惭德，是事实。

卢多逊为人所不喜，主要是他秉政期间过于专断。

当时有个户部员外郎、知制诰王祐，判门下省，但他与吏部流内铨（掌管官员考核等事宜，略相当于组织部秘书长）侯陟不和，侯陟做出的官员处理意见，王祐常常给予驳正。这个侯陟乃是卢多逊的亲信，就来向他诉苦。卢多逊初时也想收纳王祐成为自己的人，一起来阴谋打击赵普，所以就多次暗示他要站队，要助我卢多逊一臂之力。但王祐不听，不接受这份收买。于是卢多逊就找个由头将王祐贬黜为地方的小官。

群臣有表章，一般都要先通过卢多逊，否则有司就不敢上奏。他还规定了谏官上章，必须要有规定格式，还要加上一句话：“不敢妄陈利便，希望恩荣”，不敢随意狂妄地陈述利国便民之策，以此来求陛下赏赐的恩典和荣耀。这种八股式做法，让很多大臣不习惯，谏官，左拾遗、直史馆田锡就不欣赏，于是多次给卢多逊写信，要求他免除这类形式。卢多逊也不高兴，就找由头将他外放为河北南路转运使，离开了京师朝廷。

卢多逊流放崖州后，又通过押送他的人回京复命，还专门上表称谢。两年后，赵廷美死于房州；又过了两年，卢多逊死于崖州。

太宗开恩，下诏，将他在崖州的家人迁徙到内地，到荆南居住；不久还录用了卢多逊的儿子卢雍为官。卢雍死后，真宗时，又录用卢雍的兄弟卢宽为官。卢宽的兄弟卢察景德年间中进士，做官后，卢察亲自到海南崖州，将父亲卢多逊的灵柩迎回内地，在襄阳归葬。真宗知道后，诏襄阳当地官员赐卢察钱三十万助葬，还录用了卢多逊的孙子为襄阳的地方官员。

大宋帝王，即使对“叛逆者”也较少狠戾之气。

“倒卢”“倒赵”与“倒秦”

赵普，算得上大宋帝国三百年间的第一谋士。此人做事有辣手，但也有人性复杂的一面。

“赵廷美—卢多逊”大案，他要推演的，表面看，是“倒卢多逊”而非“倒赵廷美”，但是要想“倒卢”，最有力的砝码是“倒赵”。此案中，一般史论认为背后的推手是太宗赵炅，但就智慧而论，在这一个回合中，我宁肯相信是赵普直接促成了这件大案。他要三次入相，就必须“倒卢”，他做到了。如果要对此事做一句话评判，那就是：赵普为了达到“倒卢”而发动了“倒赵”运动。或者也可以说：赵普发动“倒赵”运动，而达到了“倒卢”目的。

历史上的张良，作为韩国贵族后裔，不能容忍嬴秦的存在。士大夫的尊严在此。嬴秦存在一天，韩国灭亡的国仇家恨就不能化解。于是有倾尽家财招募勇士的博浪沙一击，却未能如愿，于是投项羽、投刘邦，最终演成“倒秦”大业，随后即退隐，并不恋恋于什么万户侯。所以史上有一个动人的说法：“人道汉高用子房，谁道张良用刘邦”！就像张良终生的目标是“倒秦”一样，赵普此时的目标是“倒卢”，张良做到了“倒秦”，赵普做到了“倒卢”，二人借助的都是帝王的力量，帝王，不过是“倒秦”或“倒卢”的工具。所以，我倾向于认为：谋士赵普，是“赵廷美—卢多逊”大案的第一推手。

但在“倒卢”之后，赵普应该有天良发现。

此人“辣手”也有限度。他似乎没有那种“仇恨万丈”的怒火。当他达到预期目的时，也有适可而止的君子风度。

对卢多逊，当他知道自己已经胜券在握时，甚至多次暗示卢多逊，可以提前退休，从此既往不咎。卢多逊就在这一个紧要关头，有了“驽马恋栈豆”的愚蠢，就像笨拙的马儿，走在凶险莫测的华山栈道上，看到悬在空中的栈道缝隙间的一粒豆子，也要停步去舔食，全然不知此境有多么危险。

最后，卢多逊在赵普的罗织下，被发配崖州，这时，赵普的亲信李符有了落井下石的主张。他对赵普说：

“崖州虽然在遥远的海中，但那里水土还很不错。我知道有个地方春州，虽然很近，但此地瘴气很毒，到了那里必定一死。不如让卢多逊到春州去。”

春州，在今天的广州阳春市，是传说中的瘴疠之地。李符此言，显然有讨好赵普的意思。史称“普不答”，赵普没有回答。

赵普为何不回答？我认为赵普在这个“严重的时刻”忽然有了警觉。也许就在这一时刻，他能想起并明白“君子不为已甚”的古训，读过“半部《论语》”的他，也应能想起夫子的严厉批评：

“鄙夫可与事君也与哉？其未得之也，患得之。既得之，患失之。苟患失之，无所不至矣！”

庸恶陋劣之徒可以共事服务于邦国吗？这种人他没得到职官或富贵时，怕得不到；得到后，怕失去。一旦害怕失去，那他就什么坏事都敢做了。

孔子这话可以称作识别局中人的铁律，是使人获取政治洞察力的著名原典。理解这句话，可以帮助认识政治生活和伦理生活。这话也为后来的批评者多次引用，王夫之、乾隆皇帝都曾引用夫子这段话来批评赵普，认为赵普正是这样患得患失的“鄙夫”，认为正因为赵普是个“鄙夫”，所以，挑唆兄弟反目，锻炼赵廷美大狱，陷太宗于不仁不义，这类事他才干得出来。

孔子所谓“鄙夫”，主要是指君王以下的公侯大夫。这个阶层之间的权力争夺是残酷的。圣人用心良苦，但效果有限。不过也可以反过来说：虽然效果有限，但圣人并不停止言说。如果没有德治教化这类言说，官场就会呈现出纯粹的丛林法则。孔子儒学多少限制了君王公侯们直截了当作恶的可能性，从法上之法，也即纯粹伦理方向，给执政指出了一条道德修炼的路径，成为垂训俗世的法则。朱熹为《论语》作“集注”，论及本章主旨，语气极为峻烈，大有“痛诋”的风格。朱熹说：鄙夫之流，“小则吮痈舐痔，大则弑父与君，皆生于患失而已。”又引北宋大儒胡安国的老师靳裁之的意见说：“士之品大概有三：志于道德者，功名不足以累其心；志于功名者，富贵不足以累其心；志于富贵而已者，则亦无所不至矣。”朱熹总结说：“志于富贵，即孔子所谓鄙夫也。”如此理解“鄙夫”，可以看到儒学对于此类人物的厌憎。

当赵普忽然明了这一层意思时，他应该有了对自己的厌憎。所以，面对讨好自己，“志于富贵”的“鄙夫”李符，这一番省略了圣贤精神和传统价值观的“无所不至”言论时，他能反省：我赵普是不是也是这类“鄙夫”？

“月头银”之变

李符建言不久，有个妄人叫弭德超，诬陷检校太师、侍中、枢密使曹彬。

朝廷因为戍边士兵辛苦，每月月初有白金赏赐，军中称之为“月头银”。驻守镇州的司令弭德超，就借这个事乘驿站车回到京师，给太宗上了份“急变”报告。他说：

“曹彬秉政久，得士众心。臣适从塞上来，戍卒皆言：‘月头银曹公所致，微曹公，我辈当馁死矣。’”曹彬在中央执政太久了，很得士众之心。臣刚刚从边塞上来，戍卒都说：“月头银，乃是曹公给咱们争取的。没有曹公，我辈都会冻饿而死啦！

这一番话对熟悉五代藩镇往事的帝王来说，很有震撼效果。然后，弭德超又巧妙地造谣诽谤了一堆乱事。

太宗不禁动了疑心，将曹彬罢为天平军节度使，提升弭德超做了枢密副使。

但弭德超本意是想取代曹彬来做枢密使，不料只做了个副使，而且副使的班序还在文人柴禹锡之下，很是失望。

一天，他骂同僚及柴禹锡说：

“我上言国家大事，有安社稷之功，但只得到线头般大的小官，你们这几个是什么人，反而比我官还大！皇上真是没有定力，被你们这帮人迷惑。”

柴禹锡等人将此事告知太宗。正好有几位大臣来为曹彬说话，说曹彬冤枉。赵普也为曹彬开脱。太宗这才缓过味来，知道弭德超“急变”所奏，其实乃是构陷手段。大怒，命人来审讯弭德超。事情清楚后，将弭德超除名，不再隶属于官籍，流放到琼州。

这时，知开封府的李符正是当初弭德超的举荐人，按律也该惩戒。开始，太宗给他的处罚是贬往宣州去做司马，但是弭德超的事太恶劣，太宗想给一个更重的处罚。赵普此时已经从心里放弃了李符，于是，就将李符不久前建议将卢多逊贬往春州的意见说了出来。

太宗趁着一股气，干脆就将他贬往春州。李符最后就死在那里。

战国时商鞅曾有“作法自毙”的故实；唐代的周兴发明炭烤大瓮的酷刑，最后有了“请君入瓮”的故实；五代时也有个闽国的薛文杰制作内设刀锋的槛车，最后是他“自食其果”首先坐了进去的故实；李符此举，也当在这类谱系中。恶人自有恶人磨，但上述诸君都是自家磨自家。存在，是一场清晰的迷局。考察近世因果，往往更有令人惊异的活剧上演。故儒学有金句:“己所不欲,勿施于人。”不明此理者，不仅害人，也往往害己。这个浅显到白水一样的道德律令，却可能是人类道德极为重要的界域。

被王夫之先生骂为“鄙夫”的赵普，晚年是否有愧对秦王赵廷美的隐秘自责？赵普不一定属于铁石心肠的残忍之徒。在他内心深处，应该对人性还保有一种天然的信任。他应该知道，如果没有他的推演，赵廷美不会获致“奸变”这一吓人的定谳。

我落在时光的后面，但如果可以假设，假设面对太宗的疑虑，面对柴禹锡上奏说秦王廷美有“阴谋”时，赵普能够如后来真宗朝的王旦那样，也许就不至于锻炼为一场大狱。

寇准簪花

太宗的儿子真宗皇帝时，名臣寇准名满天下，晚年知永兴军（治所在今陕西西安）。到了他的诞辰日，庆典生日的那种排场，好像在过“圣节礼”，规模规格仿佛皇上在过生日。寇准还穿了黄色的道士服，“簪花”骑马。

“簪花”，是大宋习俗。宋人不分男女，都愿意在头上戴一朵鲜花，皇上遇有庆典，自己也要戴一朵鲜花。寇准生日，也戴花，还穿黄色的道袍，这就太容易让人产生联想啦。这种行为，认真追究起来，很是一个说不清的“大案”。而且果然就有人向宋真宗打小报告，说“寇准有叛心”。

真宗得到报告，开始也是一惊，就拿出西安快递过来的小报告给当朝大臣王旦看，并问道：“寇准真的要反了吗？”名相王旦很认真地看过小报告后，微微一笑，道：“寇准这老头儿，这么大年纪啦，还这么——呆！臣马上写个劄子，让他知道。”王旦就这样谈笑间，将一场可能的“阴谋”“奸变”消弭于无形，而真宗也从此放过，不问，史称“上意亦解”。事儿，就这样，结了。

这就是传统史论中最为称赏的“大臣”风范。古训有言：“明者见危于无形，智者见祸于未萌。”一个事件，在未萌无形中，即可洞见其可能的危祸，并努力将其“可能性”扑灭，这是存在者的极高智慧。

寇准“反”还是“没有反”，可以一言而定。假令王旦如赵普般推波助澜，则大宋帝国将会又多一个大案。“大臣”王旦事先洞见了这个大案的“祸危”，扑灭了沿此生长的“可能性”；而“鄙夫”赵普则未必见识“赵廷美大案”动摇大宋道义、陷太宗于不义的这类“祸危”之“可能性”。假如他意识到了这种“可能性”，而仍要一意孤行，问题的性质就会更严重，那已经不是“鄙夫”而是以“邪僻”“阴毒”“奸佞”都难于界定的人物了。赵普，还没有那么恶。他始终认为“倒卢”连带“倒赵”不过是偶然关系，甚至因为开始的“倒赵”，所以才在调查中发现了连带“倒卢”的可能性。对赵普而言，有意味的是：他正要“倒卢”，却发现，原来“倒赵”正是“倒卢”的最佳路线，几乎就是一条直线，直达线路。

“倒卢”是必需的，因为必须结束卢多逊对我赵普的一步步欺凌或藐视：我的女儿女婿已经付出了代价，卢多逊也必须付出代价。

“倒赵”是必需的，因为必须终结“兄终弟及”模式，恢复“嫡子继承”模式。这个政治安排，没有商量。

所以，我倾向于认为：赵普有可能觉得愧对卢多逊，但绝没有愧对赵廷美的心思起念。他认为他做得对。

禳灾祈福的赵普

宋人笔记说了赵普一故实。

说赵普晚年病重，夜里做梦很不吉祥，然后就拜托道教人物为他祛灾祈福。但是需要有章表上达天庭。道士就向他请教章表的主旨——向天庭祈祷，要有明白诉求。但是赵普很难对道士说这个事。于是就拿来笔墨，自己写就了一篇祈祷文。文中有文字道：

> 情关母子，弟及自出于人谋；计协臣民，子贤难违乎天意。乃凭幽祟，遽逞强梁，瞰臣血气之衰，肆彼魇呵之厉。信周祝霾魂于鸠怼，何晋巫雪魄于雉经。倘合帝心，诛既

不诬管蔡，幸原臣死，事堪永谢朱均。

这文字佶屈聱牙，梳理一下关系，大意如下：

我这个事情啊，关系到昭宪太后和赵家几个儿子。“兄终弟及”的施行，实在是出于太后的谋划。但考虑到利国利民的大事，太宗的儿子很贤良，“嫡子继承”，不能违背天意民心，所以不再施行“兄终弟及”模式。没想到，赵廷美却凭借着幽冥作祟，一逞鬼魂之强梁，看到我年老血气已经衰弱，就肆意地在我梦里做厉鬼恫吓我。我很冤啊，就像过去西周时那个巫祝为宣王谋划，却遭遇女鸠毁谤而死；过去晋国那个巫师，为国家谋划，但太子申生却自杀而死，这事并不能让巫师负责啊！如果我为大宋帝国做的谋划符合天帝之意，那么贬谪赵廷美，最后导致他死去，就跟当初周公诛杀周王的兄弟管叔蔡叔没有什么两样，都是合理的合法的；如果天帝能理解我免我不死，那么我将永远感谢并愧对赵德昭、赵德芳这俩公子——尽管他俩也许很像尧和舜的不肖子丹朱与商均。

文章写罢，就秘密封起来，对着空中焚烧后，一掷。此时恰好来了一阵怪风，将火吹熄，文章飘入空中，最后掉在闹市朱雀门，被人捡取，于是，传诵于京师，成为一件记录中的公案。

大致这样一篇东西，委婉曲折，总之是赵普在陈述终结“兄终弟及”模式，恢复“嫡子继承”模式的政治正当性诉求，在陈述自己的无辜。这样看，赵普即使到了晚年，还是认为自己的做法是正确的。所以，他之所以“倒赵”，尽管是出于“倒卢”的目的，又不仅仅是为了“倒卢”，而是为了将帝位传承程序恢复到正当合理合法轨道，以期求得帝国的长治久安。

另外一个记录者，说到了一个相近的故实，也可以约略见到赵普的自信。

说赵普生病很久，很严重，就将自己最珍贵喜爱的双鱼犀带解下来，交给亲吏甄潜，请他到上清太平宫去禳灾祈福。道士姜道元为他叩拜冥界大神。对大神说："赵某，乃是开国功勋之臣，为何有这么深的冤魂牵累而不可避解？这个冤魂是谁呢？"大神在一个巨大的牌子上，用淡墨书写了一通。浓烟在巨牌之上缭绕，字迹难辨，但看清了牌子后面一个"火"字。

姜道元就将这个结果告诉了甄潜。

赵普听说后，说："我知道是谁了，必定是秦王赵廷美。当时是他与卢多逊派遣堂吏跟赵白等人阴谋交结，败露后导致一场大祸。我有什么错！"

半世评语

赵普在太平兴国七年（982）四月复相，不久扳倒卢多逊，贬谪赵廷美，正在雄心勃勃要做一番更大事业时，第二年，太平兴国八年（983）十月，借着赵普谦逊，表示要退休的意见，太宗再次将他下放外地，到武胜军（今属四川广安）去做节度使。两个月后，赵普启程，太宗在大殿宴请他，并写了一首诗相赠。说是诗，其实真不是诗，七言四句，几乎都是说"理"，这也是宋人诗歌的一个特点，太宗这一篇更过一点。不过算是给赵普的一个半世评语，也算精当。诗云：

忠勤王室展宏谟，政事朝堂赖秉扶。
解职暂酬卿所志，休教一念远皇都。

赵普已经六十多岁，到地方做节度使，明显已经不能再备“枢轴”。他在自愿进入“枢轴”位置后，帮助太宗完成了“嫡子继承”的制度化设计，而后，不再属于“枢轴”人物了。这事多少让他有点意外，失落感是应该有的。他没有张良那种急流勇退的隐士情怀，他一直属于廊庙之才。不能在中央工作，他无法猜度原因何在。往日的荣光，谋士的尊严，都让他感到了一种失败。

当太宗将这首诗赠给他时，他甚至有了不真实的感觉，那种迷离惝恍，与他往日的精明强梁判若两人。无数往事开始涌来，他对太祖讲述不要传位晋王赵光义的冒险，他阻止太祖任命符彦卿的苦衷，他将太宗门人姚恕无意中除去的蹊跷，他从冯瓒行囊中搜出贿赂晋王府邸幕僚的赃物……这些，都是当初太宗对他失去信任的原因。现在，太宗完成了大宋权力再分配的蓝图，我，赵普，没用了！失落中，赵普恰如其分地哭泣了。他捧着太宗的诗，哽咽道：

“陛下赐臣诗，臣当刻石，让它随着臣，与朽骨同葬九泉之下。”

一番话，太宗也动容了。

第二天，太宗觉得应该解释一下这个事，就对左右说：“赵普对国家有大功勋，朕在布衣时我们就曾经在一起游历各地。现在他已经很老了，朕不想再用这么劳累的机务麻烦他，所以给他选了个好地方，让他能够‘卧治’。所以写了诗来宣导我的意思。赵普很感动很激动，朕也跟着流了眼泪。”

名相宋琪对太宗说：“赵普昨天也到了我们中书省，拿着陛下的诗，哭泣着跟我说：‘此生余年，已经没有继续报答陛下的机会了，希望能有来世，能够再效犬马之劳。’臣已然听到赵普这一番话，现在又听到陛下这一番讲述君臣际遇的缘分，君臣始终之分，可谓两全了！”

后来赵普又做西京留守，到了淳化年间，赵普身体状况越来越差，就多次上表请求退休。太宗给了他更优厚的待遇和职衔：太师、魏国公，享受宰相级别的俸禄。

淳化元年（990）七月乙巳（十四日），赵普卒。

第二天，太宗得到讣闻，很悲痛，对近臣说：

“普事先帝与朕，最为故旧，能断大事。向与朕尝不足，众人所知。朕君临以来，每待以殊礼，普亦倾竭自效，尽忠国家，真社稷臣也。闻其丧逝，凄怆之怀，不能自已。”

赵普侍奉先帝和朕，是我们故交中资格最老的人物。赵普对大事有判断，能决断。他以前有跟朕不对付的地方，这些众人皆知。但朕君临天下以来，经常以特殊的优厚之礼节对待他，赵普也能倾尽忠节为国家效力，真是“社稷臣”啊！听说他病逝，我感到太难受，太凄怆啦，几乎没有办法控制我自己。

说着就流下泪来。左右都受到感动。

赵普这一生有很多故实，在史馆流传，在廊庙流传，在江湖流传。

《邵氏闻见录》记载一事，则可以看作赵普的另一面。说赵普年轻时游历长安，听说唐太宗李世民的墓被盗，骨骸流入民间。他于是花重金购置这些灵骨，葬在昭陵下。曾经有一个当地富豪，藏有李世民的脑骨，要价很高，赵普很艰难地得到了，一同收葬。赵普此举不同寻常，不必诛心地分析他为何如此做善事，能够收留亡人骨骸，重新下葬，就是对生命的尊重，值得表扬。

“天伦为重，大位为轻”

卢多逊当朝时，为政专断，赵普当朝时，事实上比卢多逊还要专断。当时太宗已经放开言论，而且多次下诏，求言。但赵普要求臣僚们上殿，如有奏章，都要先给他看，奏章中必须删除“诋斥时政”的文字内容，才允许登对。又是那个田锡，正在做谏官，曾经议论此事，但赵普比卢多逊好一点的是，没有责怪田锡，史称“后乃少息”，以后这类事做得少了点。

但他对卢多逊就没有那么宽容。说起他与卢多逊的分歧，很可能源自一个小小的糗事。据说赵普做枢密使时，卢多逊为翰林学士。有一天二人共同奏事，当时太祖刚刚改元名“乾德”，因此对二人说：“这个年号自古以来没有过。”似乎很得意。赵普就从旁边跟着赞美，说“乾德”二字怎么怎么好。但卢多逊说话了：“这个乃是伪蜀时用过的年号。”太祖大吃一惊，赶紧令人检查历史记录，果然，前蜀后主王衍曾经用过这个年号。太祖不免生气，于是拿起毛笔来，在赵普脸上画花脸，一边说:“你怎么才能像人家卢多逊，那么有才！”弄得赵普一个晚上没敢洗脸，第二天见了太祖，太祖命他洗去，他才洗去。

赵普本来对卢多逊就有不满，这事之后，就更结了个梁子，心中藏了近二十年，最后有了“倒卢”活动。

据说陈桥兵变，太祖第一次进入后周宫殿，看见宫中嫔妃抱着一个小男孩，就问这是谁。原来是周世宗柴荣的儿子。文武多人在太祖身旁。太祖问如何对待这个男孩。赵普说:“去之。”最后太祖没有“去之”，而是将他送给了潘美，由潘美养大成人。

事见宋人王巩的《随手杂录》。赵普后来扩大了赵廷美与太宗间的猜忌,直接推动了赵廷美案,对伦理主题,赵普并没有足够敬畏,因此，我相信这个记录是真实的。用小说评论的话说就是：符合人物性格。

赵普始终没有明白：他在政治上的胜利，并不意味着他在伦理上的胜利。王夫之批评他,更多也是伦理方向的批评。在传统理念中,伦理,大于政治。用王夫之先生的话说就是:“天伦为重,大位为轻。”

这是赵普一生没有参透的义理。事实上，也是近世以来，很多政治家、思想家没有参透的义理，或者说，故意不想参透、不愿接受的义理。

《宋论》中的四个观点

《宋论》中，王夫之先生对“赵廷美—卢多逊”大案，给出了几千字的评论，堪称字字珠玑。读懂这一篇史论，对理解传统圣贤理念，理解政治与伦理的关系，甚至，识别“仁人”与“鄙夫”，看清近世身边的大事与小事，从此获得洞察世界的思想穿透力，都是一种虽然未必令人赞同，但足够意味深长的思想启发。从头梳理这一篇史论，于本书似无必要，只略说一说文中的四个观点。

第一个观点：辨识仁与不仁之人，有一个铁门限，就是在父子、兄弟、夫妇这类人伦关系中。如果背离人伦，即使这个人从中挑唆，制造亲情流血罹难之案，而结果大有利于“我”；即使与这个人谋划大事时，他可天才决断；与他讨论机密，他能守口如瓶；与他处于危疑之际，他也绝不动摇，但这仍然是一个不仁之人。而不仁之人，不可以将国家命运托付于他。在王夫之看来，像张子房这样的人，投项羽、投刘邦，用“忠谨”来评价，似乎不够资格，但是当他面对刘邦父子之间的关系时，就好像面对自己的痛楚，委曲地为刘邦讲解譬喻，深深地护持父子之情，“以全其天性之恩”，这样的人才是仁人，而赵普不是。

第二个观点：赵普很有可能怀有篡权夺位的野心。赵普的隐情，就像当年杨素面对杨广、徐世面对武氏的隐情。杨素的儿子杨玄感反大隋，其实正是杨素平时的志向，假如杨素不死，大隋的隋炀帝杨广，不过是乱隋而后可被剿灭的中原肥鹿，杨素很有可能取而代之。徐世的孙子徐敬业反大唐，其实正是徐世平时的志向，假如徐世不死，大唐的武则天皇后，也不过是乱唐而后可被剿灭的中原肥鹿，徐世很可能取而代之。所以杨素拥立杨广，徐世拥立武后，都有取而代之的野心。赵普之所以在赵德昭、赵德芳死后，决计拥立太宗，就是要借“兄终弟及”而乱大宋，如果太宗不保，或太宗身后，大宋又是一孤儿寡母天下，彼时，赵普操纵宋室会更自由，那又是中原鹿肥之际。之所以如此猜测赵普，并不难知，看看赵普在太祖时，所有的谋划几乎全部指向宋初的故旧元勋，兵权固然收掉，但赵普却获得了大权。唐代灭亡之后，“鄙夫”比比皆是，脏污了天下，而无法洗濯干净，赵普以一个优异的“幕僚”身份，沉溺于权谋中，与那个知名的“鄙夫”冯道是一样的人。

第三个观点：赵普诱导人主戕杀其天伦情感，犹如当年要对周世宗的后人斩草除根“去之”一样，几乎没有忌惮之心，这等不仁不忍，“太宗觉之矣”。所以，给赵普的酬赏虽然很隆重，但在大案结束，还是将托国大事寄托于后来崛起的李昉、吕端等人，而赵普则再次罢相，老死于家中，所以，大宋宗社才算平安。宋琪所谓“君臣两全”的说法，事实上也暗含了赵普的危机——太宗没有将赵普置之于法，是赵普的幸运。

第四个观点：卢多逊试图看守住伦理大义，而不计个人荣辱。当初赵普在太祖面前说太宗的坏话，一如后来在太宗面前说赵廷美的坏话。这些，卢多逊都有感觉，所以在太祖时，卢多逊就与赵普不和，试图保全太宗；等到了太宗时，卢多逊又想保全廷美。杜太后的遗命虽然不符合“嫡子继承”的古制，不合法，不正当，但是如果违背这个遗命，猜疑一起，则兵火就会跟着而起。但“天伦为重，大位为轻”，所以卢多逊与赵普比较起来，“立心远矣”。

疯癫长子赵元佐

“赵廷美大案”中，有一个特立独行的人物，在历史的幽微深处，孤独地闪耀出传统圣贤肯认的高贵之光，他就是楚王赵元佐，太宗的长子。

史上记录的是，他几乎在癫狂状态中，度过了一生。

太宗赵炅有过三个皇后：尹氏、符氏、李氏。

尹氏，太宗发妻，滁州刺史尹廷勋女，早薨。太宗践祚，追封为淑德皇后。

符氏，魏王符彦卿第六女，后周时嫁给赵光义，太祖开宝八年（975）薨。太宗践祚，追封为懿德皇后。

李氏，名将李处耘之女，太祖介绍给太宗为妻。太宗践祚后，于雍熙元年（984）立为皇后，史称明德皇后。

太宗另有贤妃、德妃、贵妃、淑仪多人。

内中一个李贤妃，乃是防御使李英的女儿，贤德有名，太祖听说后，为太宗延聘。太宗践祚，封为夫人。她生了赵元佐、赵元侃。赵元侃后来更名赵恒，就是大宋第三任皇帝宋真宗。但李夫人死得太早，太宗践祚的第二年，她就病逝了，还来不及封妃封后。真宗时，先追封母亲为贤妃，又进上尊号为皇太后，有司继上谥号元德，故史称元德李皇后。

赵元佐是太宗长子，真宗的大哥。赵元佐出生于乾德三年，公元 965 年；真宗出生于乾德六年，公元 968 年；元佐大元侃三岁。宋太宗出生于后晋天福四年，公元 939 年，大元佐二十六岁。

元佐是太宗的第一个儿子，长得酷似老爸，又禀性聪明机警，所以宋太宗非常喜欢他。据说他十三岁时，曾跟从太宗在近郊田猎，当时还有契丹的使者来，也在一起。太宗看到一只兔子在御辇前出没奔跑，就让元佐射箭，元佐张弓，一发而中。众人叫好，连契丹使者也感到惊异。

元佐可能确有异禀，他一直喜欢独居，不愿意见客人；太宗驾崩后，更是如此，但常常能预知要发生什么事。真宗时，看到元佐疯疯癫癫，就派了著名的术士管归真到元佐府邸，去为他祭祀祈祷，消灾求福。左右还不知道这个事，元佐就说："管归真来了。"真宗听说后，也很诧异说："难道真的有什么神异的东西依附在他身上了吗？"

元佐是因为四叔赵廷美案而疯掉的。

在此之前，他还跟从父亲平定太原、征讨幽蓟，是很正常的一个人。从皇子宫邸出来后，为检校太傅、同中书门下平章事，封卫王。初期在中书省工作，后来又迁居东宫，加检校太尉，进封为楚王。这是太宗一心要培养他"嫡子继承"的节奏。

但赵廷美的案子出来了。

群臣正在议论纷纷，在研究如何定罪。老太傅王溥正在紧锣密鼓地联络诸臣"联署"，已经有七十多人签了名。我推想王溥也一定找过赵元佐，因为元佐当时官拜同中书门下平章事，这是宰辅级别的高官，理应“联署”。但我也不难推想，元佐一定拒绝了在这份奏章上签名。

赵元佐认为四叔没有错，弄出来的那些事，不算个事。四叔几乎不带兵，几乎没有强有力的党羽，有个卢多逊，也不过是寻常来往，说了一些讨好的话，负气的话，而已。就像王旦看“逾制”的老臣寇准，仁宗看“谋逆”的成都秀才一样，四叔这点事，在元佐眼里，不是事。于是，他拒绝签名，并开始试图搭救四叔，尽力不要酿成一场大狱。

整个皇族中，只有楚王元佐一个人，在救助赵廷美。

但“宋太宗—赵普—王溥—柴禹锡”，这一方的力量太强大了——

太宗主意已定，必要恢复“嫡子继承”制；

赵普主意已定，必要在“倒赵”过程中“倒卢”；

王溥主意已定，必要支持大宋结束“兄终弟及”的格局，从此走上权力分配的古制；

柴禹锡主意已定，必要以当初晋王官邸旧人的身份，帮助太宗，甚至也帮助元佐，完成大宋社稷继承人保持在太宗一系的制度性设计。

所以，元佐一个人的力量还不足以救助四叔。太宗也不听。

有一部野史《龙川别志》记录说，太宗要立元佐为太子，元佐坚决推辞，说要立也得立太祖之子。因为这个原因，元佐作为太子的资格被废掉。但这个说法不确，因为元佐“出阁”，也即接受藩封，做官，在太平兴国七年（982）七月，当时太祖两个儿子德昭、德芳已经死了。所以，他不大可能要求立“太祖之子”。但这个故实的意义在于：赵元佐，这位最有希望继承大宋社稷江山的人物，并不看重这份君权。这是进入元佐内心世界的一把秘钥。

让国四贤人

历史上，出让君权给更合适的人选，有几个被儒家反复赞誉的人物。

有一人名泰伯，是殷商晚期周族的太王之子。太王有三子，长子就是泰伯，次子是仲雍，三子是季历。季历最为贤能，且生有一子，就是姬昌，未来的周文王。太王看到姬昌，就认定周族的希望在他身上，就有意要将王位传给季历，再由季历传给姬昌。泰伯看到三弟季历和大侄子姬昌确实贤能，而父亲太王又有此意，就有了不露痕迹的三次推让天下。第一次，太王生病，他去采药，故意没有回来；第二次，太王病死，他又故意不去奔丧；第三次，断发文身，故意不穿用周族服装，表示不可能继承王位，最后跟着二弟仲雍一起跑到今天的“吴越之地”，远离了陕西的周族之地。这样就造成一种不露痕迹的“让国”。

“三让”天下的“三让”也有不同说法，如让季历、让姬昌、让姬昌的儿子姬发也即周武王，就是一说。这个不论，“三让”已成为传统政治人物“至德”的故实。孔子就盛赞说：“泰伯，其可谓至德也已矣。三以天下让，民无得而称焉！”泰伯的“至德”，以至于天下都不知道应该怎么表彰这个事件。

这又是一个伦理重于政治的案例。

在儒学价值系统中，“外王”，其分量是远逊于“内圣”的。

达到“外王”，可以作为一个可能的目标；但达到“内圣”，却是必须追寻的目标。所以“让国”这类“政治上不负责任”的“开小差”行为，在儒学这里可以被当作“至德”来表彰。而政治人物之所以被表彰，是因为他们在“伦理”意义上富有圣贤气象。无论多么丰厚的利益，都不能连累他们的内心，所以有“让国”；无论多么高尚的名声，都不是他们愿意计较的对象，所以士庶不知道怎样称赞他们。这就是“至德”所在。

“让国”的还有两位，一个是老大伯夷，一个是老二叔齐，俩人都是殷商末年孤竹国的王子。孤竹君喜欢老二，就要传位给叔齐，但叔齐认为自己不是嫡子，不能继承王位，就让给哥哥伯夷。伯夷又认为父命不可违，坚持不做这个国君。最后二人都逃跑，到了周国，看到周武王伐纣，认为这种战争属于“以暴易暴”，不是臣下应该干的事，就拦住马车谏阻。武王不听，终于灭掉殷商。伯夷叔齐二人“耻食周粟”，认为再吃周王朝天下的粮食是个耻辱，就跑到首阳山里，采集野草食用，最后饿死。这二人也得到了孔子的高度评价，是传统中国抱节守志的典范。

这二人的意义在于：做事求诸己。求诸己，就是守住内心的仁德之念，自然而然地做道义肯认的事，无论所得结果如何，不抱怨。按照圣贤的意见，这种发自内心的恪守廉耻，是大丈夫之事。伯夷叔齐简称“夷齐”，是对中国传统士大夫影响深巨的历史人物。唐代韩愈曾做《伯夷颂》,宋代范仲淹曾书写《伯夷颂》多篇送给亲朋。近人张君劢先生则引述韩愈的意见，也对夷齐之行给予了很高评价。他说：

> 韩氏《伯夷颂》一篇，尤为有关气节之文。韩氏于举世宗周之际，讶然于伯夷、叔齐之饿死首阳山，乃释其所以然之故曰:“穷天地亘万世而不顾。”又曰:“微二子，乱臣贼子接迹于后世。”意谓君臣上下，乃社会维系之大防，即令周室为人民所拥戴，然不可不有耻食周粟之夷齐。且称夷齐曰:“一家非之，力行而不惑者寡矣。至于一国一州非之，力行而不惑者，盖天下一人而已矣。”可见政治上一个朝代即令成功,而一个个人仍有其是非褒贬之特权。此其言将一人人格，一人信心，一人之殉道精神，推而至于至高至远,无以复加者矣。方今国中充斥朝秦暮楚之辈，读韩氏此文者，其亦有冷水浇背之感欤。
>
> (《中华民族精神——气节》，香港《再生》，1951 年 10 月，第 301 期)

近代以来，理解伯夷叔齐的，张君劢可能是第一人。

还有一位名叫季札。他是泰伯的后裔。泰伯在东海之滨建立吴国后，经过了多少代，到了一个叫寿梦的人继承王位。寿梦有四个儿子，季札是老四，最有德能，所以寿梦就想将王位传给他。季札的几个哥哥也愿意让季札来做君王。但季札不肯接受，最后季札退隐于田野，以耕种明志。

季札思虑很深。他不继承王位，既有谦逊的一面，也有远祸的一面。他知道当时春秋之际，天下征战很频繁，而吴国也有了政治上的困境。明哲保身，也是一种“德”，所以他不愿意从政。但还有更深的思考，也即邦国最高执政，理应坚守“嫡子继承”制度。无论天下怎样乱，这个天大的礼法不能变。他等于在用自己的行为，为周族天下以来的“立嫡”制度做出了实际维护。即使天大的利益就摆在眼前，也不变更这一种坚守。这也是一种“至德”。

赵元佐被废

楚王元佐救助四叔，没有结果，赵廷美终于被贬谪。史称“廷美之贬，元佐请其罪”，元佐更向父亲质问：四叔究竟有何罪？太宗不喜欢这样的问题，“由是失爱”，就因为这个原因，失去了父亲的宠爱。

赵廷美再次被贬到房州后，元佐“遂感心疾”，于是得了疯病。

他经常会好久不上朝。大宋的法度他也开始不放在眼里，左右稍微有点微小的过错，他如果犯病，就会用刀伤人。仆人和小吏从堂前走过，他有时会张弓搭箭去射人。

太宗听说后，开始很严厉地批评他，要他改过，但他根本不改。到了夏秋之际，更严重了。太宗为此格外忧虑。但只要听到他略略好了一点，太宗又很高兴。甚至为了让他能病情好转，还大赦天下一次。太宗是太期待这个宝贝儿子能继承他的事业了。

说话到了重阳节，太宗召集诸位皇子在园囿中宴射。但是因为元佐疯病刚刚有一点好，这么热闹的场合，叫他来可能不方便，因此，太宗没有召唤他来参加宴射。到了晚上，宴射结束，太宗的次子赵元佑来看望哥哥赵元佐。

赵元佑原名赵元僖，太宗认为长子为“佐”，次子可以为“佑”，于是改名为赵元佑。在后来的日子里，太宗也确实因为元佐疯癫，有改立元佑为太子的心思，但是没有想到的是赵元佑被自己的侍妾张氏误毒而死。

他现在到元佐府邸来干吗？史无记载。有记载的是，元佐知道重阳节园囿宴射聚会，没有邀请他。于是他对元佑说：“汝等与至尊宴射，而我不预焉，是为君父所弃也。”你们这些皇子跟着至尊皇帝宴射，而不叫上我这个老大，这明显是我被君父抛弃了。

他的病情本来似乎已经好转，但就在这天夜里，忽然又一次发作了。到了夜半，他躲开妻妾，放火将自家府邸点着了。这一蓬大火，一直烧到天亮，火焰也没有停止。

消息报来，太宗认为这一定是元佐干的勾当，就派遣御史前往拿问。元佐承认了是自己所为。

太宗得到结果，痛定思痛，又派出大内总管去见他，传达太宗的话说：

“汝为亲王，富贵极矣，何凶悖如是！国家典宪，我不敢私，父子之情，于此绝矣。”

你作为亲王，富贵到极点了，为何凶恶悖逆到这步田地！国家有典则有宪章，我不能私自回护你。父子之情，从此以后两绝！

说着就要按国家章法给元佐治罪。

赵元佐没有话说。

蹊跷的是赵元僖，也即后来的赵元佑，为何在宴射之后到元佐府邸？为何他去了之后，元佐就放火？按照政治事件“谁最获利”的原则推断，元佐疯癫，最有希望获利的就是赵元佑。如果元佐疯癫转好，就是名正言顺的皇储、太子。作为老二，可能的替补机会，就是老大失去作为皇储的资格。太宗也确实在后来将赵元佑晋封为王……但这还不过是推断。赵元佑究竟跟大哥元佐说了什么，现在已经不得而知。赵元佑未必在元佐病情稍好时，去挑唆什么，重新加深加重他的病情。很有可能是元佐自己“选择”了这一时机，彻底疯掉。

太宗处理意见出来后，陈王赵元佑以下，包括宰相、近臣都来哭着营救元佐，要求赦免。

太宗痛哭流涕，对诸位说：

“朕每读书，见前代帝王子孙不率教者，未尝不扼腕愤恨。岂知我家亦有此事！朕为宗社计，断不舍之。”

朕经常读书，看到前代帝王子孙有那等率意而不奉守礼法制度的人，没有一次不是扼腕愤恨。岂能料到我家也有此类事！朕为宗社谋划，绝对不能赦免这等罪恶。

于是下诏，将楚王赵元佐废为庶人，送到均州（今属湖北丹江口）安置。

元佐无语南下。

“德不孤，必有邻”

太宗对宰相宋琪等人说：“近来内外稍稍安定一点，我正想自己适意一些，而元佐居然纵火！实在是坏了我的兴致。”

宋琪等人奏道：“尧那么圣明，还有个不肖子丹朱；舜那么圣明，还有个不肖子商均。这些都不足以连累陛下的圣明之德。元佐也不是故意的，如果不是患有心疾，也断不会干这种事。请陛下开怀。”

然后，宋琪等人又率百官上表，要求将元佐留在京师。太宗下诏不允许。百官又上表，连上三次。最后，太宗答应了。元佐已经走到黄山时，赶上了朝廷发来的召还诏书。

元佐回到京师，等于被软禁，不许与外界通联。

原楚王府的咨议、翊善等都来向太宗谢罪，说自己辅导楚王不合格，所以导致楚王做混事。太宗说：“我教训他多次，他都不听，哪里是你们这些人能够赞襄引导的！”于是没有计较他们的罪过。

王夫之《宋论》对楚王元佐的评价极高，将他放到有“三让”至德的泰伯行列来赞叹。他说：

“三代而下，遂其至性，贞其大节，过而不失其中，幽光内韫，垂五百余年，人无得而称者，其楚王元佐乎？”

夏商周以来，一个人能够顺遂自己的至性，大节贞正而不移，有过失但不失为中庸之道，内涵微弱的圣贤光芒，到今天五百余年，而人们没有办法称赏他，这样的人，就是楚王元佐啊！

王夫之认为，如果遂了太宗的愿，天下就不会是赵廷美的，也不会是赵匡胤子孙的，而一定是赵元佐的。但赵元佐有发自天性的恻隐之心，以此来对质鬼神，对质天下，一定要委曲地保全叔父，以免君父陷于不仁——而君父“不仁”，就没有“至善”，就不是圣明之君。但君父不听，元佐于是“激烈佯狂，纵火焚宫”。这样做的目的就是向天下昭示：我，赵元佐，不可以君临天下。即使因此而得罪，不幸而死，也甘之如饴。所以太宗将元佐废为庶人，这恰恰是元佐“得其心者”的结果,所谓“得其心”,就是求仁得仁的“得其仁”。当年伯夷叔齐和泰伯之所以抛弃人间最高爵位，安然处于天道格局，就是在小心翼翼地护佑这颗心，以期达到“克己复礼”的境界。

王夫之先生列举了史上一些类似故实，认为都不可能与赵元佐相提并论。更认为大宋“无人”，没有像样的圣贤人物。为何？因为赵德昭之死、赵廷美之贬，这些都是大乱之道，是由太宗为最大的推手造成的。当时，在朝堂之上，以“刚直”被人称许的窦偁、姚坦，以“昌言”被人称许的田锡、张齐贤，以“方正”被人称许的李昉、吕端，等等，都是所谓的“贤臣”。但在这么大的国事面前，俯首结舌，任太宗忍心害性而行其私念，没有一个人敢于念想一下开国的先皇太祖赵匡胤。仅有一个卢多逊，保护太宗在前，护佑秦王在后,不忘“金匮之盟”。但因为赵普的邪说一铺演,结果有此大狱。宋自元佐之后，表彰了很多人，包括推荐太子的寇准、拥戴太子的吕端等等，但是廷臣国史一班文人，却无人表彰赵元佐！他引用司马迁的话说:“伯夷虽贤,得孔子而名益著。”在昏霾遮蔽日月之光时，只有楚王元佐那里微露一线孤光。但有心者自然能够懂得选择。不一定要等到孔子来表彰，而后可以让元佐为人所知，只要他的这点孤光存乎于人心，就足可不朽。

现在，赵元佐得王夫之推举，应该有更多人知道他了吧？

明代有个思想家叫张燧，他有一部史论性奇书，名《千百年眼》，此书曾得到王夫之赞赏，书中评论历史故实，往往独具只眼，不凡不俗。说到赵元佐，书中有言：

> 楚王元佐，太宗之长子。廷美死，元佐亦旋以狂疾废。呜呼，泰伯之“让”，其迹隐，季札之“让”，其虑深，元佐此举，可谓追迹千古，岂真狂也！太宗之残忍刻薄，到此宁不可为之警省耶！

楚王赵元佐，是太宗的长子，赵廷美死，赵元佐也跟着就因为狂疾而被废。唉！过去泰伯之让国，行迹很隐秘；季札之让国，思虑很深远；元佐这种佯狂举动，可谓一直追溯到泰伯、季札这样的古人，哪里是真的有狂疾啊！太宗这样残忍刻薄，看到儿子如此，难道不能有所警醒吗？

张燧、王夫之，是最能理解赵元佐的人。孔子云：“德不孤，必有邻。”

“晋邸旧人”柴禹锡

“晋邸旧人”柴禹锡，是理解“赵廷美大案”中的另一个重要人物。就是他第一个告密，说赵廷美可能有“阴谋”，于是，“倒赵”大狱开始了倒计时。

这是何方人士，敢于在诸事并不明朗之际，直接挑唆皇上和四弟的关系，而且还因此加官？

柴禹锡很可能是柴荣的堂侄。虽然他的传记中并没有出现与柴氏的宗谱关系，但从他种种关系推测，应该大致不差。他比柴荣小二十一岁，他的儿子名柴宗庆、柴宗亮，柴荣的儿子名柴宗训、柴宗诲，都是“宗”字辈。他们的出生地都在河北，柴荣出生在邢州（今河北邢台），柴禹锡出生在大名（今河北邯郸），二地相距百余里，在藩镇后汉时代，一度都属于枢密使兼任藩帅郭威的辖境。故柴禹锡的祖父一辈，应与柴荣有着或远或近的族属关系。

在那个人人重视郡望也即籍贯，族谱也即祖系来源的时代，柴禹锡从来不提他与柴氏关系，当有避嫌远祸的考量。所以《宋史·柴禹锡传》说到此人时，开篇即道：“柴禹锡，字玄圭，大名人。”这种省略了祖上名人的传记，很少见。史官如此记录，应该来源于柴禹锡的自传。

他少年时代，带着富贵气象，有人就对他说：“子质不凡，若辅以经术，必致将相。”你气质不凡，如果能用历史经典来辅助，一定能做到将相这个位置。柴禹锡从此留心问学，有了长进。等到太宗做晋王，开府时，他投到府上，因为善于应对，得到晋王赏识。太宗践祚，从供奉官慢慢做到翰林副使、如京使，一直到掌管翰林部门，又迁宣徽北院使。还在寸土寸金的汴梁城里，在宝积坊给了他一座大宅子。这是一个很得太宗信任的“晋邸旧人”。

太平兴国六年（981）秋末冬初，柴禹锡“告秦王廷美阴谋，擢枢密副使。逾年，转南院使”，向太宗告密，说秦王赵廷美有“阴谋”，因此得到擢升，为枢密副使；第二年又转为宣徽南院使。

宣徽院，是唐代后期设置的官署，负责管理大内各个部门，以及朝廷诸班内侍的人事档案，更负责皇家祭祀、朝会，大型宴飨所需物资调配，一切内外供奉，名物检视等等。宋时一般用朝廷资深命官兼任，可领节度使。宣徽院分南北二院，南院比北院资望更高，处理公文时，南北两院共同掌管，但“宣徽院”大印由南院钤印。这个职务略相当于今日的中央办公厅，或中直机关工作委员会，权力很大。柴禹锡由北院调入南院，看似平级转移，其实是领了更大实权。

史称“服劳既久，益加勤敏”，在大宋服务劳作越是时间久，也就越加勤快敏捷。他应该为大内流畅运转，做了不少辛苦活儿。太宗欣赏他。

但到了雍熙年间，朝廷议论要扩大宫城建设，于是做了四至的标识，柴禹锡的宅邸恰好在四至之内，一旦动工，需要拆迁。柴禹锡担心补偿款不够，“请以易官邸”，要求调换一下，要住进公有住房。这就暴露了此人贪财的一面，史称“上因是薄之”，皇上因此而鄙薄他的为人。

他还有“结党”的不良习气。

“公当偏霸一方”

“倒卢”后，发生了一件事。

有一人，名王延范，长得形貌奇伟，家庭富有，仗义，任侠，好术数。早年在荆南做官，进入大宋后，在太平兴国九年（984），为广南转运使。此前就有以旁门左道迷惑士庶的术士投其所好，对他说：“你只要有意愿，去做事，我可以暗地里给你加持力量，让你把事做成。”所以王延范就敢于恣横做事。这时他又遇到一个相师，传闻他的相术很灵验，这人对他说：“公当偏霸一方。”这意思就是说他会做一地方藩镇大帅。又有一个懂“九宫算法”的方士，为他推算命运流程，推算一个卦象后，惊讶得站了起来，说：“君侯大贵不可言，当如江南李氏国主！”这意思还是说他将要有割据称雄的藩镇之命。不久，又遇到一个县城的小秘书官，此人据说会相面，说他有“坐天王形、频伽眼、仙人鼻、雌龙耳、虎望”的模样，这些都是“大威德，猛烈富贵之相”。说到了富贵那一天，也能坐上“四门辇”。这些术语听上去都神秘兮兮，富有蛊惑力。王延范的父亲王保义就曾经做过荆南高氏政权下的行军司马，兼领武泰军（在川东）留后，也是一个藩镇人物。藩镇的跋扈自在，有无数故实在江湖、在廊庙流传，颇有一点“男子汉大丈夫”气概的王延范，受不了这种诱惑，于是心中渐有“异志”。

有一天，一头豹子忽然闯入转运使办公大院，咬伤了几个官吏，左右都吓得两股战战，不敢对付。王延范知道后，一个人拿起一只铁戟，将豹子刺杀。完事后，他提着血淋淋的家伙，不免为之四顾，为之踌躇满志。从此更加自负。

一个地方官来访，晚宿在一起，几个人走下殿堂，在庭外夜观天象。这人指着西方一个大星星说:“此所谓‘火星入南斗，天子下殿走’者也。”但是这时有另一个门客引证《星经》说,这不是火星，乃是太白星在经过南斗。但王延范已经听不进这个，他正在选择性地接受他想接受的信息。

于是，他与铁哥们，在广州掌管中外商船来往贸易的“市舶”官陆坦，讨论如何发兵割据岭南，再造昔日一个南汉的大事。但不久就赶上陆坦任期已满，要回到朝廷复命，他就托陆坦给朝廷里的左拾遗韦务升一封信，信中很多隐语，大意是要韦务升侦知朝廷机密要事，以备将来所用，等等。

这就是在阴谋分裂大宋啦。

这个王延范对待下属很傲慢，像奴隶一样，刑罚太严厉，导致属下不满。有个小将叫张霸,可能有了过错,王延范就给他一顿板杖。张霸一口气咽不下，但自己人小力微，于是要“借力”，就想到了广州知府徐休复。他知道这二人一向不和。于是将王延范要谋反的种种劣迹和证据，按照他知道的，一五一十地讲了出来。徐休复马上派遣亲吏乘驿传火速报往京师。

太宗当即下令：朝廷派出资深内侍阎承翰，乘驿传赶往广州，会同转运副使李琯，以及徐休复等人一起，来审理这一起转运使犯罪大案。

阎承翰，在后周时就任内侍，入宋后，服侍过太祖、太宗，后来又服侍真宗。这是一个做事谨慎但性情刚强，心思谨密，善于审查隐微的人物。他主导的案子，当事人很难做手脚。案情很快出来，史称这一干人“具伏”，都承认了自己的犯罪事实。事情得到处理。但《宋史·宦者列传》说到阎承翰审讯王延范的故实时，有九个值得注意的汉字：“考掠过苦，延范遂坐诛”。转运使，相当于省部级大员，审理这一起大案，阎承翰动了大刑。如此，所有关于王延范的“罪恶”，可能就有了疑点。

所以此事也有另外说法。

据说这位徐休复与王延范“不协”，不和谐，关系紧张，所以奏告王延范种种不法。王延范被正法后，他得到升迁。因为他的父母都在他富贵之前葬在山东青州，所以他上表要求到青州去做知州，意思是可以顺便给父母改葬，营建坟墓。这是朝廷愿意鼓励的行为，就准了他的意见，但他到了青州多年，根本就没有改葬父母这件事。以后，又被朝廷改知潞州。到了潞州几个月，他的脑后生了一个大疮，最后病重时，好像见到王延范，史称徐休复“但号呼称死罪”，一个劲号哭呻吟，口称“死罪”。这是见鬼的节奏。不几天，卒。

史官给他的评价是“无他能，掌诰命甚不称职，履行不见称于搢绅云”，徐休复没有更多德能，掌管诰命文字工作时，不称职；操行也不被士大夫所称赏。这是一个德能都有残缺的人物。

徐休复派人来朝廷告密，并特意说王延范之所以敢于不轨，是因为在朝廷有依托大臣，没有人敢动这位转运使。太宗就来问询宋琪和柴禹锡：“王延范这人怎么样？”

王延范与宋琪有不远不近的亲属关联，所以宋琪就说了很多好话，忠诚啊，勤勉啊，等等。柴禹锡也在一旁附会，赞赏。太宗起了疑心：王延范跟宋琪是亲戚；宋琪跟柴禹锡是哥们儿；这俩人一唱一和，定有朋党勾结。所以太宗很不高兴。最后找了个借口，说宋琪身为大臣，太“诙谐”，不适合做宰辅，罢相。这样做，是不愿意捅破二人勾连的这层窗户纸。史称“不欲显言之也”，不想把话说得太明显。而后，同时下诏，“切责”柴禹锡。给他的处理意见是：以骁卫大将军出知沧州。

江湖险，廊庙更险

《宋史》中，柴禹锡与张逊、杨守一、赵镕、周莹、王显、王继英七人合传。传后有“论”,相当于传统史家的“盖棺定论”。“论”曰:“自柴禹锡而下，率因给事藩邸，以攀附致通显者凡七人。”说这七个人,都是因为曾经在晋王府邸供事,攀附晋王,后来得到富贵。但各人都有能力也有惭德。如张逊，虽然理财是一把好手，但有嫉贤妒能的恶习；周莹，虽然对军旅之事很在行，但治理卒伍却有残酷滥刑的一面；王显，虽然为人谨慎有操守，但没有学识没有见识；柴禹锡，虽然被人称赏勤快敏捷，却涉于结党朋比，未免格局不大。所以这些人都“莫逃于龊龊之讥”，没有人能免予“龊龊”这个带有讥讽的评价。“龊龊”，是指非圣、非贤、非大人之相，庸中佼佼者常有的拘束、谨小慎微的样子。柴禹锡“攀附”晋王，入朝后又攀附宰相，总有结交同党、推演山头的举动。《宋史》这个评价有理，柴禹锡似距离“鄙夫”很近。

柴禹锡被贬，做了几个地方的地方官，有政绩。真宗时，还曾经移知贝州，契丹大军兵临城下时，柴禹锡已经做了严密部署，城防防御，一切有备。契丹逡巡于城下，知道无法攻克，撤退了。

就是这样一个人，没有什么更大功勋，也没有什么更大劣迹。但告发赵廷美“阴谋”，却是由他首发。此事功过是非不论，联系他与后周柴荣的族属背景，联系他是晋王府邸“故旧”的心腹背景，联系他后来主动主导“驸马升行”取悦皇室公主的品质背景，似能给人一种感觉：江湖险，廊庙更险。

叁

文治

太宗一朝，纂修“文事”，完成那么多重要文献整理，如果不比大明纂修《永乐大典》、大清纂修《四库全书》《古今图书集成》还要重要，至少一点也不次于它们。如果没有大宋太宗一朝纂修的文化典籍，中国文明可能是另外一种样子。

搜求天下书

太宗“武功”有得有失，得之大，在平定北汉，以赫赫威名，让吴越国与清源大藩“纳土归宋”，和平统一中原；失之大，在与契丹的战争中，虽然也有“石岭关之战”“满城之战”的多场胜利，但“高梁河之战”与“岐沟关之战”两场失利,影响太大,综合来看，太宗一朝在与契丹的较量中，算是打了个平手。双方谁也没有实现战略目标。

但在“文治”方向上，太宗一朝可称成就显著。论起来，这才是久远事业，超过“武功”之成就不可以道里计。

太宗一朝的“文治”，影响中国深巨。

他做了很多事，其中之一是“搜求天下书”。

太平兴国年间，太宗视察“三馆”，也即史馆、昭文馆、集贤院，去看这三馆的藏书。唐代曾建有崇文馆，开始是属于太子学馆，有学士等官，掌管经籍图书，方便太子学习，但后来也在此地教授诸生。后梁时沿袭了唐制，没有大的变动。大宋沿袭后梁的三馆建筑，做国家图书馆。但太宗发现馆内破旧潮湿，这里的馆员们也没有多大积极性。于是下诏，在京师另选一块好地，重建三馆。

第二年三馆建成，赐名“崇文院”。

这个图书馆可比以前宽绰多了。东边厢一排建筑为“昭文书库”，南边厢一排建筑为“集贤书库”，西边厢则分藏经、史、子、集四部，为“史馆书库”，总六库。原来旧馆的图书也全部迁过来，这样六库藏书达到八万卷。

又在崇文院内建“秘阁”，将重要典籍、珍藏善本，移入其中，仍属于崇文院。名臣李至主理此事。

雍熙元年（984）正月，太宗对侍臣说：“夫教化之原，治乱之本，苟无书籍，何以取法？今三馆所聚，遗逸尚多。”文明教化的源流，治理动乱的根本，如果没有书籍，到哪里去向前人取法？现在三馆所聚集的书籍，遗漏的还很多。

于是，下诏向全国求书，诏曰：

> 三馆以《开元四库书目》开馆，中所阙者，具列其名，募中外有以书来上，及三百卷，当议甄录酬奖，余第卷秩之数，等级优赐。不愿送书，借其本写还之。

现在三馆已经以大唐《开元四库书目》为索引，正式开馆了，但是对照目录，缺失的还很多，可以开列所缺的书目，向中原内外募集。有人献书，到达三百卷，应该讨论甄别录入，并给予报酬奖励。

其他要根据所献书的卷帙多少，制定等级优厚赏赐。如果不愿意献书，可以借给朝廷，抄写完毕后还给人家。

此诏一下，史称“自是四方之书往往间出矣”，从此四方各地各种图书，开始陆续出现了。

大宋藏书从此越来越丰富，国家藏书又有了各种专门的建筑，如“太清楼”“玉宸殿”等。

崇文院的建成，一扫过去馆员的暮气。从此这里成为大宋帝国最让文人士大夫向往的地方，在这里工作，几乎是当时的文人所能达到的最高职官荣誉。那时候，谁要是能入三馆任何一馆，带职做个普通科员，就会收到他人羡慕的眼光，太宗朝，名臣李至首先来做这个秘书监,很有“文坛祭酒”的光荣。李至本来就是个“书虫”，读书乐此不疲。他曾经因“目疾”而请假，要求换工作，但是要他到这里工作时，“目疾”似乎也不碍事了。太宗优容，也不说破。反而在他跟名臣李昉、王化基等人到秘阁中观书干活时,一定要“赐宴”，比工作餐要丰富得多，连带着三馆的图书管理员们也都一块参与。

李至也不负太宗文治天下的厚望，多次推荐人才来充任校理，又请求购置“亡书”，也即五代以来因战乱而亡佚的古籍。这样，就不断地有新发现的“亡书”出现，每一次有发现，李至就向太宗汇报，太宗就让他将“亡书”送来“御览”，在很休闲的便殿，便座召见，对李至“恩礼甚厚”。

“人之嗜好，不可不戒”

李至后来又兼判国子监，到太学去做总管。他发现当时虽然已经流行《诗经》《尚书》《仪礼》《周易》和《春秋左氏传》这“五经”，但儒学其他重要典籍《春秋穀梁传》《春秋公羊传》《周礼》《礼记》《孝经》《论语》《尔雅》这七部经典的注疏还没有刻版，就推荐当时的饱学之士杜镐、孙奭、崔颐正等人整理这些典籍，准备刊刻出版。太宗同意他的意见，就让他和名臣李沆一起来裁断总揽此事。这事成为中国文化发展史上的大事，“十三经”就差《孟子》了。《孟子》在五代后蜀时，孟昶曾经刊刻，到了南宋，朱熹将其列入“四书”之一，正式成为“经书”。李至要求刊刻十二部“经书”，前人已经做过部分，但如此大规模系统整理（校勘、注疏），史上还是第一次。

不久，秘书监李至进献新近校订的图书三百八十卷，太宗从容地对他说：

“人之嗜好，不可不戒。不必远取前古，只如近世，符彦卿以射猎驰逐为乐，于是近习窥测其意，争献鹰犬，彦卿悦而假借之，其下因恣横侵扰，故知人君当澹然无所欲，勿使嗜好形见于外，则奸佞无自入焉。朕年长，他无所爱，但喜读书，多见古今成败，善者从之，不善者改之，斯已矣。”

人有嗜好，不可以不戒惕。这个道理，不用说远古的什么案例，只说近来的事吧，你看那老将符彦卿，那还是我岳父呢，他就喜欢射猎驰逐，以此为乐。结果呢，近侍们都知道他的意思，就争着向他进献猎鹰猎犬，符彦卿呢，也很高兴就接受了。这样一来，下人们就开始为了获得鹰犬，有了对百姓的恣意蛮横侵扰。所以知道人君应当淡然，不要放纵，更不要使嗜欲见形于外。这样，奸邪就没有办法进入了——因为他们不知道我的嗜好是什么。朕越来越年长，没有什么其他爱好，就是喜欢读书，在书中看到了古今成败，好的经验我就学着，不好的经验，我就提醒自己要改正，不过如此而已。

李至听了这番话，感到这个君主不简单，就向太宗“拜舞称贺”。

《太平御览》

太宗一朝，为中国文明文化做了不少好事，流传至今的标志性的工作很多，其中最为人称赏的大宋“四大名著”:《太平御览》《太平广记》《文苑英华》《册府元龟》,除了《册府元龟》为真宗朝编纂外，其余三部都在太宗一朝完成。

《册府元龟》是军政事迹的百科全书，四部书中，它的规模最大，有一千卷，分为三十一部，一千一百多门。了解远古至五代，也即大宋之前的中国军政，这是最重要的一部资料汇编。

《太平广记》是宋代之前，中国笔记小说的一次集大成。全书五百卷，太多有趣的故事。这书是最值得花费闲暇时光慢慢浏览的大书。从中看到的，是中国人在宋代之前的艺术想象力，以及民俗民风。大宋之前，中国人的精神世界什么样？去看《太平广记》。

《文苑英华》是大宋之前，中国文人的总集，是《昭明文选》后的诗文词赋之集大成。但此书所收文人文章从萧梁时代开始，萧梁也即梁武帝时代之前的文章没有收录，而唐代文章又收得最多，占全书十分之九，几乎等于一部唐代文集汇编。

四部大书，最为我所赞赏的是《太平御览》。

这是一部意义重大的类书。类书，是一种资料性工具书，它集合、辑录各种书的图文材料，按门类、字韵编排，便于循类查阅。

《太平御览》原名《太平总类》，太宗读过后，改名为《太平御览》。在宋代“四大名著”中最早修成。领衔主编者为著名文臣李昉，还有李穆、徐铉等十四人，其中吴淑、吕文仲、汤悦、王克贞四人在具体编撰方面，用力最深。这些人物都是一时才俊。这书从太宗践祚三个月后的太平兴国二年（977）初，开始立意、选题策划，完稿于太平兴国八年（983）深秋，用了六年时间，集合了北宋一流才情与头脑，编为一千卷的大书。此书将大宋国家图书馆的藏书文字内容分门别类，按类集合，一类一个主题，总五十五个大类，五百五十个子类。

对世界总和性的门类划分，是人类追求逻辑秩序的智慧，它需要对世界总体把握的能力。因此，这类划分，代表了太宗一朝智识者对世界的理解。换言之，浏览《太平御览》，可以约略感知宋初读书人、士大夫，中国的文化贵族对天、地、人、事、物的关心方向。这种方向一旦以文本的形式界定下来，在后世的推演中，就成为传统。《太平御览》就是源自大宋太宗朝千年传统的文献和逻辑起点。大宋，赖此，奠定了一种此前从未有过的文明文化，是在文化存量基础上，对中国传统做出的一个了不起的文化增量贡献。

今人要感谢《太平御览》的地方很多，其中之一是：全书引用古籍千余种，全部为太宗朝以前的文献资料。但这些引用的典籍，到今天，检点起来，竟有十之七八已经亡佚，因为有《太平御览》，这些亡佚的典籍得以部分地保存下来。对一个流传有序的文明而言，这是一件惊心动魄的大事。近世各类考古发现，最重要的就是“孤本”文字的发现。每一次发现，都给人类回顾往事带来一种惊喜。《太平御览》在呵护传统文化存量方向上，也是功勋卓著的。

人这种星球上唯一的“历史动物”，需要了解由无数故实组成的往事，那就是历史。讨论历史和历史学的哲学意义，会有很多话题，譬如，历史，对个体而言，如果不懂得也不愿意懂得自己出生前的故实，那就永远是个孩子；对群体而言，不愿意思考，或隔断、割断共同体的历史，将会失去未来；而对历史缺乏一种尊重、敬畏，那就注定要犯“历史性错误”。所以思想家阿克顿勋爵说：“历史是彷徨者的向导。”历史哲学家雷蒙·阿隆说：“历史是由活着的人和为了活着的人而重建的死者的生活。”

但我事实上还关心传统史学的意义，如《孟子》所言：“孔子作《春秋》而乱臣贼子惧。”如康有为《新学伪经考》赞誉《春秋》这部永恒的经典所言：“上遵周公遗制，下明将来之法，褒善黜恶。”事实上，这也是西方传统史学的主旨，如塔西佗就说过类似的话：“历史之最高的职能就在于赏善罚恶，不要让任何一项嘉言懿行湮没不彰，而把千秋万世的唾骂，作为对奸言逆行的一种惩戒。”孙文先生一番话，看似浅显，却提炼了“历史就是当代史”“历史就是思想史”的价值方向，孙文说：“中国人之心性理想，无非古人所模铸，欲图进步改良，亦须从远祖之心性理想，究其源流，考其利弊，始知补偏救弊之方。”

《太平御览》将太宗朝之前的中国文献资料分类整理，内中所含蕴的道德训诫，比比皆是。在百年激进思潮影响下，以“反传统”为“天然正确”的各类喧嚣，对传统圣贤人物的“道德训诫”嗤之以鼻，是为近代中国最严重的一次文明坎陷。道德，是文明人类的必修课；道德垂训，是人类文明的嫡长子。人类的优雅与美，生成于洪深莫测的道德渊海。无道德，无美，无优雅。推演这个简易道理，方有文明可言。反传统，并不光荣。

《太平总类》于太平兴国八年（983）编成。成书以后，宋太宗对宰相说：“史馆所修的《太平总类》，从今日起每日进三卷给朕，朕当亲览。”宰相宋琪说：“陛下好古不倦，以读书为乐，这自然是好事。但是一天看三卷书，恐怕太伤神了。”宋太宗说：“朕性喜读书，开卷有益。每见前代兴废，则以为鉴戒，此书不过千卷，朕准备每天读三卷，一年读完。这样想来，好学之士读万卷书，亦不为难。大凡读书要自己性有所好，若不好读书的人，要他读书也读不进。”

此后，宋太宗果然每日读《太平总类》三卷，从不间断。如有哪一天事情太多而未能读满三卷，则一定在以后有空时补上。宋太宗果然一年读完了《太平总类》，便赐此书改名为《太平御览》。宋太宗从《太平御览》中读了大量史实，经常和群臣讨论历史上的帝王得失。大臣苏易简说：“皇上披览旧史，安危治乱，尽在皇上考虑之中。此乃社稷无穷之福。”

著名成语“开卷有益”，就从这个故实中来。

一个月后，太宗在禁中读书，巳时开始阅读，发现有一只苍鹤飞到对面殿脊的兽头装饰“鸱吻”上，太宗没有理它，一直读书到申时，五六个小时过去了，一伸懒腰，发现那只大鸟还在，见太宗“掩卷”，这才拍拍翅膀飞走了。

太宗觉得神奇，说给近臣听。近臣回答说：

“这是上天被陛下好学而感动，所以要用大鸟来示相啊！过去大汉杨震读书，有鹳雀叼着鳣鱼坠落在杨震先生的讲堂下，就是这类故实啊！”

据称，全书五百万字读罢，再和群臣讨论历代得失，太宗就有了“历史经验”。

太宗论刘义隆、杨素、许敬宗

有一次，太宗对侍臣说：“朕于万机之暇，不愿意荒废读书之事。读书，这才知道历代帝王的行为方式。一个经验：如果不能有独立意见，万事全凭他人，那自己最后的位置可能都不知道在哪里了。”说着，就讲述了南朝宋文帝的故实：他虽然很恭俭，但是元凶们一旦悖逆，皇上就完了。

这个南朝宋文帝名刘义隆，是南朝刘宋的第三个皇帝。他一生“恭俭”，在位三十年，减免百姓赋税，做了很多好事。但他的两个儿子刘劭、刘濬，因为做错事，遭到宋帝刘义隆的责骂。刘劭就让女巫刻了一个父亲的玉石雕像埋在宫殿前，日日诅咒父亲早日晏驾，这类“巫蛊”之事，被刘义隆知道后，就要废掉刘劭的太子位，并将此事告诉了潘淑妃。不料潘淑妃却将此事告诉儿子刘濬，又不料刘濬很快就传话给了太子刘劭。刘劭于是与大将萧斌在一个夜里，带领东宫卫队，假装说受诏入卫皇宫，进宫后，刘义隆正在烛光下与臣下讨论废太子之事，见太子持刀进入，急忙举起凳子自卫，被儿子砍掉手指，啪啦啦掉了一地。最终，父皇被杀。

显然，在赵廷美大案之后，这类骨肉相残的故实，很让太宗痛心。侍臣们听了也都为之动容，不免一个个心头一凛。

太宗还讲到隋朝杨素的"邪佞"。

隋文帝病重时，很想将帝位传给原来被废掉的皇子杨勇，但杨广与杨素勾结为同党后，杨素也假传圣旨，派杨广的东宫士兵进入宫禁守卫，更派出亲信"守候"病榻上的隋文帝杨坚。但就在当天晚上，隋文帝崩。

杨素之所以拥戴杨广称帝，很大程度上有曹孟德、司马懿之志。他几乎倾注全力"成全"即位的隋炀帝杨广之恶，试图让杨广众叛亲离。但杨素死得早了些，而儿子杨玄感也不争气，造反后，无德无能，被诛杀。

史上对杨素的评价极低。此人帮助隋文帝开国，立功极高，但在晚年所作所为，无一不是邪佞之举。史称杨素"利国家有事以为身幸"。只要国家有倒霉事，他就感到对自己有利。

王夫之《读通鉴论》分析杨素，认为："隋之诸臣，唯素之不可托也为最。"隋朝各位大臣，唯有杨素是最不可托付的人物。为什么呢？因为他是"天下古今之至不仁者也"，从古到今，天下各地，杨素是最为"不仁"的人。而"不仁者不可以托国"，是王夫之的重要史学观点。

杨素的“不仁”，特点就是“杀人立威”。几百人的将士跟敌人大军相遇，不胜，回来后，全部杀掉。这种行为，只有战国时的尉缭说过，而做过的，只有杨素。按王夫之意见：杨素本来也“无他智略，唯忍于自杀其人而已矣”，这人并没有什么智慧和韬略，就是忍心杀自己的人而已。他建造一所宫殿，速度很快，但导致“丁夫死者万计”，这些“功绩”，其实都是“以杀人而速奏其成”，用杀人来尽快完成任务而已。王夫之没有见过近代杀人纪录，所以他说：“旷古以来，唯以杀人为事者更无其匹。”这种人在帝王时代，只能是祸乱江山，涉及“邪佞”，是不可以托国的。

太宗还讲述了与杨素相类的另一个故实：许敬宗推举武后。

大唐高宗时，因为宠爱武则天武昭仪，要废掉名正言顺的王皇后。这在传统礼制中，是不被允许的。但武昭仪枕头风厉害，高宗很想满足她这个愿望，但大臣长孙无忌、褚遂良等人一片反对之声。许敬宗看久拖不决，就对高宗说：“田舍翁多收十斛麦，尚欲易妇，况天子立一后，何预诸人事，而妄生异议乎？”乡下老农民要是多收了几百斤麦子，还想着要换个老婆呢！何况贵为天子要立一个皇后？这事跟别人有什么关系，跟着瞎掺和！有了这番言论，高宗得意，换了皇后。

许敬宗的这类言论，固然有省略价值观，悖逆人伦义理的昏妄，更有他难于言表的心事。按照后人诛心的说法，他大有葬送唐代江山，从中渔利的隐秘心事。唐末五代以来的藩镇大员，往往就乐于看着帝国不断犯错误，而后，取而代之。帝国，在他们那里不是效忠的对象，而是等待追逐的中原肥鹿。

太宗读书后，讲述这类故实，自有深邃的远虑。

大臣苏易简听罢太宗论刘义隆、论杨素、论许敬宗的话题后，回答说：

“陛下阅览往日历史，安危治乱之道，都在心怀之中。这实在是社稷无穷之福啊！”

“仁者之愚”

太宗的好学是出名的。

太宗读书之多，后世帝王罕有企及。读各类书，往往都有自家心得，有时就跟诸臣讨论，成为君臣之间思想、学问进阶的一个常态。但讨论中，太宗也有“偏蔽”之见，可以看出他的“仁愚”——顺便说，大宋帝王十几个君主，几乎个个都有“仁愚”之病。“仁者之愚”是王夫之先生对太祖赵匡胤的一个评价。大意说，太祖知道“兄终弟及”之后，自己的儿子德昭、德芳，还有兄弟廷美，可能吉凶莫测，但不能因为这种还没有实然出现的可能，就将兄弟赵光义事先“解决”掉。天伦为重，大位为轻，人伦大于社稷，伦理重于政治。所以不会以“天位之去留、子孙之祸福”，而斫丧自己的恻隐之心——去制止兄弟赵光义的自发生长。“廓然委之于天人”，豁达地将以后的事委托给天命、人心。西人的说法就是：至于以后的事，上帝知道。这种“仁”就是“愚”；但反过来也成立：这种“愚”就是“仁”。

太宗攻取太原时，看到将士争奋，担心屠城，就在城池即将攻破时，下令稍缓，就是“仁愚”。他读书时，偶尔也可以看到他的“仁愚”心声之吐露。

有一次他读《兵法阴符经》，叹息道：

“此诡诈奇巧不足以训善，奸雄之志也。”

兵家诡道不能导人向善，言之有理；但战争谋略与行政管理，是两个不同向度的问题。慈者掌兵，铁戈撞响之际，如何奋勇？两军相对，很多时刻更不是勇气、血气之争，而是智慧之争。这一层道理，太宗自然懂得，但他不以此为意，更不屑于将这类兵家的诡谋移用于政治管理。从大的战略而言，为正。人类真正的大型战争，整体上，事实上是综合国力之较量，不是计谋小道之较量。但就局部战争而言，如何可以省略“伐谋”？

太宗的“仁者之愚”，细考下来，事实上也许有防备“奸雄之志”的用意。他不期望帝国被“权谋”人物所毁。传统典籍读得越多，就越能理解“权谋”这种黑色智慧瓦解文明、稀释道义的破坏性力量。秦汉魏晋南北朝，隋唐五代元明清，都比大宋更愿意操练“权谋”。大宋，是历来王朝在政治管理方向上最少“权谋”的帝国。大宋诸帝，总是试图沐浴在圣贤光芒之下，在“奇正相守”中，恪守“正”的一面。

“万岁”与“眉寿”

大宋士庶，在民间有一种自发的习俗，往往会每天燃一炷香，祷告天地，祈求天地保佑，让当世天子“万岁”，让大臣“眉寿”——“眉寿”就是“长寿”。眉毛长称为“豪眉”，“豪眉”者，长寿，故称之为“眉寿”。

太宗知道这个习俗，有一次读书，小憩，回顾宰相宋琪、李昉等人，说了一番读书体会：

“朕因思闾里间，每日焚香，祝天子万岁，次大臣眉寿。朕与卿等焉得不日思善事，以符亿兆人之祷？”朕因为常常想到胡同弄堂里的士庶小民，每天都焚香，祝愿天子“万岁”，祝愿大臣“眉寿”，想想这个，朕与爱卿等，哪能不天天想着做些善事，以不辜负天下亿万人民的祷告呢？

宋琪说：“臣等蒙陛下不次擢用，又承戒谕，岂敢为不善之事以负宸恩！惟思公勤，庶补万一。”臣等承蒙陛下不依照寻常秩序，拔用了我们，又承受了陛下的训诫谕旨，岂敢做不善的事情辜负皇恩！只有想着公道仁德，勤快机敏，以此来弥补不足。

太宗读书，始终是关心民生的。

有意味的是，太宗在读书中，还无意间接近了今日流行的“轻饥饿”养生法。

说有一天，太宗对宰相说：

“朕每日所为自有常节，晨间视事既罢，便即观书，深夜就寝，五鼓而起，盛暑尽日亦未尝寝。乃至饮食，亦不过度。行之已久，甚觉得力。凡人食饱无不昏浊，傥四肢无所运用便就枕，血脉凝滞，诸病自生。欲求清爽，其可得乎！老子曰：‘我命在我不在天’，全系人之调适。卿等亦当留意，无自轻于摄养也。”朕每天的生活工作都很有规律：早间公事朝仪完成，就开始看书。夜深就寝，五鼓起床。盛夏时一个整天也不昼寝。至于饮食，也不过度。这样时间久了之后，感觉很是得力。我觉着，人只要吃太饱，没有不身体昏沉头脑浊乱的。如果四肢还没有运动就入睡，那就会血脉凝滞，估计就有各种病症找来了。这样，想求神清气爽，那哪可能啊！老子有话说：“我命在我，不在天”，人之身体，全靠自己调适。爱卿等人也要留意，不要轻视了养生之道。

人君当澹然无欲

王夫之先生对太宗的读书姿态评价极高。

太宗曾对李至说：“人君当澹然无所欲，勿使嗜好形见于外。”王夫之非常欣赏这个意见，给予了长篇评论，以发掘此中的意义系统。

王夫之认为，嗜好，往往因为生活习惯所致，事实上是一种赶时髦心理在蛊惑嗜好者。“群然取一物而贵之，则贵矣；群然取一物而安之，则安矣”，人人都认为“爱疯 6”（ iPhone6 ）很珍贵，我有了“爱疯 6”就自以为珍贵了；人人都购置了“爱疯 6”而后心安，我也购置了“爱疯 6”，也就心安了。君王若存此心态，是很可笑的。

譬如过去那个卫懿公像今人喜欢“爱疯6”一样喜欢仙鹤，唐玄宗像今人喜欢“爱疯6”一样喜欢羯鼓，宋徽宗像今人喜欢“爱疯6”一样喜欢花石，但这类嗜好的对象，在“达者”看来，都跟凡虫、瓦缶、土块之类，没有什么差别。他们的嗜好，不过是因为这类对象的名气而已。当君王这类嗜好被天下所知以后，就会起而效仿，于是，成为一种流行时尚，于是就有了劳形劳神追求时尚的现象，于是有了“殃民”“殄物”等种种不良后果。所以君子所为“无欲”，不是灭绝欲望，而是不悖于理，将欲望控制在“分”上，不让人感到有特殊的嗜好。这样，各类诱导欲望的人言，各种稗官撰写的诱惑性文字，各种谄媚者试图引发嗜好的妾妇之道，各种兜售奇技淫巧方士的蛊惑，都不可能变易我的合理欲望。但人人有欲望，且一旦欲望来临时，往往心旌飘摇，人不能免。这时怎么办？唯有“镇之”。太宗有言：“朕年长，他无所爱，但喜读书。”这就是“镇之”之道。如此“镇之”，外界种种诱惑，不能动我之心，如此，“道存”。

王夫之还进一步分析道：尽管如此，只说“读书”，还是会有弊端。如果以流俗之心读书，书也会为流俗所用。历史上这类读书人，即使在帝王中也不少，最后是消磨于读书之中，日月流失，废事丧德。王夫之认为读书之“淫”，也即“过分”，有三种表现。第一是那种寻章摘句，搜求险僻的典故，用来炫耀自己的博学，这是读书之“色淫”。第二是那种过分注重师承，处处中规中矩，弄一个音韵，互相标榜，顾盼自雄，以为得意，这是读书之“声淫”。第三是那种随着书中意见而喜怒，喜时像醉酒，怒时要操戈，跟着书中人事而情绪起伏，这是读书之“志淫”。

这“三淫”，乃是流俗读书法，所以真读书，一定要“远流俗，审是非”，自家以宁静而“镇”“三淫”，不要被书中的文字所诱惑，演化为“嗜好”，这样，《诗经》中那些兼有的淫乱记载，《春秋》中那些兼有的逆乱故实，各地流行的方言土语，里巷传播的谣谚闲话，都可以令人获益。这样才接近于读书之道。如果不是这样，则书中记载的种种文字，就有可能将人往欲望一途导引而去。所以说，以读书为嗜好，也是嗜好，也很容易将人导向欲望的路径。王夫之最后说：这样来看，“惟无欲而后可以读书”，太宗关于读书的言论，实在是“知道者”的言论。值得嘉赏。

“飞白”

太宗赵炅诗一般，但书法不错。而且乐于在笔墨之间花时间，下功夫。史称太宗善于写“飞白”书法。雍熙三年（986）初秋的一天，太宗拿出自己写的“飞白”字赐给宰相李昉，并对他说：

“朕退朝，未尝虚度光阴。读书外，尝留意于真、草，今又学飞白。此虽非帝王事业，然不犹愈于畋游声色乎？”朕每次退朝，从来没有过虚度光阴。读书之外，就是书法了，我比较留意真书、草书，现在又学“飞白”体。书法，虽然不是帝王事业，但把时间用在这里，不比用在田猎、游幸、声色上好多了？

太宗似乎特别喜欢写了“飞白”大字送人。这也是联络君臣感情的一种方法。大臣们也都乐于得到太宗“赐字”，估计“求墨宝”

的人不少。

有一次，他一气写了二十幅“飞白”书轴，遣中使拿着去送给宰相吕端等人，一人五轴。大宋诸帝身后各有私人图书馆，用来收藏帝王个人的文字文具用具等。太宗似乎有意丰富自己未来的图书馆，淳化元年（990）七月，他就特意将御制诗文四十二卷交藏于秘阁。他对自己的“飞白”作品似乎也很自信，这次还专门写了四十轴，存到秘府。“飞白”字，每一个都有一尺的直径。吕端等人得到赏赐后，到殿上来称谢，太宗对他们说：“我这‘飞白’，是依照小篆字体来写，与隶书不同。朕君临天下，干吗还要在笔砚之间花时间呢？实在是天生喜欢这个，不忍心轻易放弃。岁月久了，慢慢也就得到了‘飞白’的写法。”

有一年，太宗给近臣每人写了一幅“飞白”作品，特别赐给参知政事寇准十八轴。这是因为上一次赏赐大臣时，寇准出使在外，没有得到。这次一块给了他。赏赐之后，太宗又对宰臣吕蒙正等人说：“书札，过去算作‘六艺’之一，不一定是帝王的看家本领，朕不过是听政闲暇时，没事用这个自娱自乐而已。”

真宗、仁宗也善于写“飞白”。写好这种字，有难度。据说是当初东汉蔡邕所发明。他看到修理宫阙的工匠用笤帚蘸了白粉写字，受启发，写了“飞白书”。据说这种字，要在中锋行笔时，见出平行的墨丝，墨丝之间有空白，所以称为“白”，字要写得灵动若飞，所以称为“飞”。这种字类似于“榜书”，字体很大，适合做匾额，古人敬惜字纸，每天练习这么大的字，纸墨伺候不起，所以有“可爱而不可学”的说法。后来学习者中成功者也确实很少。但太宗用点纸墨还是小问题，所以他乐此不疲，且成就不俗。这是他长期沉浸砚边，点滴收获而后达致的成就，但更与一个叫王著的书法家有关。

王著，此人习练王羲之书法，得其神髓，在太宗朝做翰林。太宗听政之余，读书之外，就留心书法。有写得稍稍得意点的，就让内侍拿了去给王著看，史称“著每以为未善”，王著往往评价说“未尽善也”，还不够好。太宗听后，于是就更加刻苦临帖写字。觉得有点进步了，有写得更好点的字了，再拿给王著看，王著仍如以前一般回答。有人就问王著，为何要这样回答？王著说：“其实皇上的字已经写得不错了。但好固然是好，如果告诉他写得不错，恐怕皇上从此不再用意去练，那就没有更大进步了。”时间长了之后，太宗又写了比较满意的字让王著看，这一次王著感到字确实好，夸赞道：“功至矣，非臣所能及！”功夫到了，这种成就，不是臣所能够达到的。太宗就这样在王著的鞭策下，越写越好，史称“帝笔法精绝，超越前古，世以为由著之规益也”，太宗笔法精妙绝伦，超越前面的古人，世人都认为这是由于王著的巧妙规劝而获益的。多少年之后，真宗还对宰相说到这个事，并且嘉奖王著“善规益”，认为他在侍书、待诏这个职务上，没有人能和他相比。

史上叫“王著”的人很多，五代宋以来，就有几个“王著”。有个五代后周时期差点做了宰相的高阳酒徒王著，在太祖朝还常常酗酒。他曾是后蜀的一位县主簿，宋太祖时，继续做他的县主簿。

契丹的学术成果

太宗看到汉字在使用中常有舛误，很想动用国家力量，做一场汉字纯洁化运动，便于中原子弟们能有学习汉语文化的基础依据。

此时，契丹燕京崇仁寺有个和尚释希麟，看到唐代和尚释慧琳编纂的《一切经音义》有不足，于是续写为《续一切经音义》。此书选取佛经词语，先注音，再释词，并引用传统各种字书、韵书和多种文献。注音则用反切和直音。书十卷，到大宋太宗雍熙四年、辽圣宗统和五年（987）年写成。契丹对自家文化很看重，名流写书，只言片语不准出境，故中原地区始终未见流传。但此书曾流传到高丽，由高丽传入日本，清光绪年间，此书从高丽和日本再传回中国。不过这类大书，起心动念，就是对传统文化的一种集成，须动用多种文化资源和力量，因此，中原虽然未见此书，但应该对此书的起念、流布会有感觉。文化的整合，会规模性忽然勃兴，如“轴心时代”，世界范围内的文化展开就是。但也会在某个具体方向上忽然勃兴，如汉代的注经，宋代的疑经，清代乾嘉时期的整理国故，都是在同一个方向上，形成为学术共相。宋代太宗、真宗时期，中原、契丹都有了对文字音韵方向上的学术展开。

契丹在做《续一切经音义》的同时，大宋正在做《雍熙广韵》。

太平兴国七年（982），刚刚结束了“赵廷美大案”，这年的五月，契丹三万骑，分三路来侵略大宋，雁门关潘美、府州折御卿、高阳关崔彦进正在抵抗中；陕州也正在闹蝗灾，其他州郡也有人报来河水决口、冰雹灾害等消息，但太宗仍然好整以暇，组织各地通晓汉语文字的专业人才进京，“详定音韵”。王著，就是在这个时候从成都府调入京师的。

太宗提拔王著为著作佐郎、翰林侍书与侍读。

《淳化阁帖》尽显大宋风韵

王著，乃是王羲之的后裔，晋代名相王导、大唐名相王方庆，都是他的先人，是门阀大户，有家学渊源，他的书法为时人所称赏。后来他还主持编辑了著名的书法集大成著作《淳化阁帖》，成为中国书法史上的一个重要工程。

《淳化阁帖》，是将先秦至五代著名书法家的作品墨迹，经过双钩方法描摹下来，而后刻版，再拓印，成为书法之帖。此书共十卷，收录一百零三人的四百二十篇墨宝，这就是中国“法帖之冠”“丛帖之祖”。还有记录说太宗曾将内府所藏历代墨迹，由王著编辑、摹写，而后刻石，称《淳化阁帖》。这类石刻后来在战争中遭到破坏，残碑散见于各地。我曾在西安见到《淳化阁帖》的一块残碑，字极小，然刻工精良，不免驻足良久，让人想见大宋风韵。

作为书法家也是文字学家的王著，与另一个同行句中正，都是原来后蜀时的文人。句中正也精于字学，对古文、篆书、隶书、行书、草书，都有研究，太平兴国二年（977），他进献“八体书”。太宗早就听说过他的大名，召入京师，授著作佐郎、直史馆，与诸文臣详定各类文字学专著。

当时的名臣张洎也有文采、有学问，曾与徐铉重新校订《说文解字》，刻版颁行。太宗看后很高兴，就问句中正："汉语中有声无字的，有多少？"句中正答应回去检点，不久，整理为一卷献上。太宗看后说："朕也得到二十一个字，可以一块录下来。"

《孝经碑》与《雍熙广韵》

句中正曾经用大篆、小篆、八分体三种字体书写《孝经》，刻石，到了真宗时进献给国家。真宗在便殿召见他，问他这块《孝经碑》写了多久。句中正回答："臣写此书，十五年方成。"真宗嘉叹很久，赏赐甚厚。命人将《孝经碑》藏在秘阁——此地太宗时就有意要刻《孝经碑》，而且自己书写了《孝经》给当时的大臣李至，也曾刻碑。句中正的则是三体碑。

当时乾州（今属陕西咸阳）献古铜鼎，四方形，有四足，上有古文二十一字。没有人能解读。句中正与另一位文字学家杜镐，详细查验，引用典籍一个个解读了字义，有根有据，为人所信服。

句中正、王著，还有著作佐郎吴铉、大理寺丞杨文举等人，共同开始撰定《雍熙广韵》。句中正第一步先分出了字韵的门类，等于完成了结构性工作。太宗给了他很优厚的赏赐。《雍熙广韵》书成，凡一百卷。

这是一部韵书。韵书是将汉字中相同音韵的字编排在一起的字典。韵书需要注音，"反切"法为韵书所常用。传统文化中，字书、字典，是基础性建设，但需要极高的文化素养才有能力修撰。字书字典，属于“小学”一类，筚路蓝缕的工作，从最早的《尔雅》开始，到《说文解字》，是一个高峰；到了《雍熙广韵》是又一个高峰。这是中国文化中至为重要的一个环节。很多学问，如历史、文学、经学乃至于诸子学，都需要有“小学”的功底，才有可能升堂入室。王著、句中正、徐铉、张洎等人，以及更多的学问家，在太宗朝，一直延伸到真宗朝，所做的工作，都可以被称之为“中原文化重建”。五代乱世之后，有了这样一批人，中国传统文化得以不坠。他们生平事迹都很简单，除了学问，似乎没有更多业绩可以谈。“杜门守道，以文翰为乐”，是他们共同的特点。他们是承续传统文化，使“中国所以成为中国”的文化守望者。

顺便说，《雍熙广韵》是对隋唐之际陆法言的《切韵》的一个补充、修订；也是真宗朝定名为《大宋重修广韵》的前期形态。或者也应该说，《大宋重修广韵》（简称《广韵》）是太宗、真宗两朝的修订成果。

《广韵》为何重要？

它第一次将二万六千一百九十四个汉字整理分属于二百零六个韵部。而这些韵部，又按“平上去入”四声分布。每个韵部都有一个代表字作为名目，史称“韵目”，这就成为韵部的排列顺序。而这个顺序，如“一东、二冬”之类，就成为记忆汉字，进入韵书的钥匙。之后，到了金朝、南宋，又有了著名的《平水韵》。《平水韵》将《广韵》一书中允许互通使用的韵部合并，另外合并了不能互通使用的几个韵部，成为一百零六韵。于是，此书成为世人写作近体诗不可离手的工具书。它基本反映了中原诗人从隋唐以来作诗的音韵规则。因此，宋人乃至于今人创作近体诗，要有赖于《平水韵》，理解唐诗，也离不开《平水韵》。由这部韵书，可以上溯中原唐音，复盘千年前中国人发声用语的语音形态。而由此为依据，可以考据、解决的学术问题多不胜数。没有《广韵》可能就没有《平水韵》，那就像今人理解《诗经》一样，困难重重。

《太平御览》《太平广记》《文苑英华》之外，太宗朝主持修订的《广韵》，以及《说文解字》《淳化阁帖》等，极大地丰富了中国文化。这是比“平北汉”以及和平收复吴越国与清源军，更久远也更深沉的“文治”功勋。

“十六字教”

国子监总管李至推荐了国子博士杜镐、直讲孙奭、崔颐正等人之后，这些大儒都对帝国的文明推演贡献了学问、智慧和道义方向。太宗录用这批人物，一直嘉惠后人，若干年后，有一天，真宗皇帝对李至说：“朕宫中无事，乐闻讲诵。”我在宫中没有事的时候，愿意听听学者们讲诵经典。于是召崔颐正到后苑，讲《尚书·大禹谟》。

《尚书·大禹谟》，在学界被一部分人认定是“伪书”，但即使是“伪书”，从“制造”这部“伪书”的东晋梅赜算起，也在中国流行了一千六百年以上。其中很多思想已经进入传统，传播有效，成为中国记忆的一部分。《大禹谟》中最重要的意见是被人称为“十六字教”的四句话：

人心惟危，道心惟微，惟精惟一，允执厥中。

我在本书第一部《赵匡胤时间》中简略介绍了“十六字教”。现在重复来说它，实在是因为它太重要了。“十六字教”直指传统政治管理，它直接叩问：政治，如何才是合理的、合法的、正当的？人性恶，不可测，意味着政治充满风险。而如何治理，其道隐而不彰，并不是那么明白显示，让人轻松掌握。但一定存在一种唯一的精准之路可走，这条路是什么，也不知道，但“中道”也即“中庸之道”是必须考量的总体战略。“中庸”，不是“中间”；“中道”，也不是“中间”；不是所谓的“第三条道路”；而是“平衡”。政治治理的“平衡”状态，是一种从“实然”起步，走入“应然”的过程。而“应然”，是一种价值诉求。文明邦国，必须以价值诉求为导向，而不是以利益诉求为导向。古今中外，概莫能外。在人性恶的普遍环境中，在士庶对利益的普遍追求中，如何推演价值文明？这之中的“平衡”之路，就是优秀政治家的从政之路。一味顺从人性恶，引导本来就是“经济动物”的人类去瞩目于经济方向运转，等于“教猱升木”，教本来就会爬树的猴子去爬树，等于省略了价值诉求，天下攘攘，乃成一无义动物世界——文明规则的破毁，丛林法则的流行，原因在此。一味演唱灭绝私欲，推演纯洁利他世界，等于背离人情，天下嚣嚣，乃成一虚假天使世界——在虚假圣洁中自我高潮，在自我旌表中廉耻流失，最后演绎为一个犬儒主义天下，原因在此。

背离“允执厥中”的圣贤意见，不祥。

太祖、太宗明白这个道理，真宗也明白这个道理。在他们无数的治理经验中，这个理念指导下的政治经验，至为珍贵。

太祖“允执厥中”，以一种赎买而不是杀戮，或无所作为的方式，解决了可能的“阴谋拥戴”问题。

太宗“允执厥中”，以一种政策性向“文治”倾斜的姿态，省略了多种“以暴易暴”的模式，尽量减少对武臣的各类制裁或轻蔑，引导大宋慢慢消弭五代以来，甚至秦汉以来的藩镇尚武的骄悍之气，收敛天地之间的杀气、戾气，以一代人的时间，推演了一个强盛的文明之邦。

真宗“允执厥中”，以一种“商谈”而不是“硬拼”的模式，与契丹平等对话，解决了多年对峙、流血的连绵战争问题，为大宋赢来了百年和平。

到了宋仁宗时代，晚期，开始渐渐偏离“允执厥中”的平衡路线，国家开始在祥和气象中隐约潜伏了不祥之兆。三百年帝国，有了危机。

“家法”与“家学”

宋代史论家吕中有专著《宋大事记讲义》，内中说大宋“家法”，有言道：“宋朝以家学为家法，故子孙之守家法自家学始，此范祖禹《帝学》一书极言宋朝承平百三十年，异于汉、唐，由祖宗无不好学也。然人君之学，尤在于所共学之人，故在太祖时则有若王昭素，在太宗时则有若孙奭、邢昺，在真宗时则有若崔颐正、冯元辈，皆极一时之选也。”这意思是说，为人所称赏的大宋“家法”，其实是来源于“家学”的！后代帝王之所以“守家法”,其实是从“家学”开始的。而这种“家学”，在于他们都有很好的“共学”之师，这些人物都是当时顶尖的儒学大家。

宋代的“家法”是一个绝大话题，千年以来，议论不休，近人也有专著、专文反复讨论。理解大宋“家法”可以有几个方向，吕中先生这一番话让我思考这个问题，有了几个节点——

第一,大宋“家法”,与“家学”有关,并来源于“家学”；而“家学”乃是以圣贤说法、儒家义理为核心的经典传承过程。

第二，并不存在“成文”“家法”，所有“家法”皆以“家学”为思想资源，因此，“家学”有多么复杂，“家法”就有多么复杂；但一以贯之的大道是“公道”与“仁德”——因为这是儒学价值的核心。

第三，“家法”事实上乃是一种诉诸“价值应然系统”的政治伦理规则。这种“规则”，由太祖、太宗开始，包括真宗的言行，成为后代帝王效法、援引的前代经验，但这种经验，具有“习惯法”而不是“成文法”的性质。

理解这三个节点，可以理解大宋“家法”大意。

太祖、太宗、真宗，作为十世纪后期、十一世纪初期的中国领袖，合格。

崔颐正的《大禹谟》讲述甚为精彩。在以后的日子里，真宗不断召他来禁中讲《尚书》，一直讲到十卷之多。因为他讲得好，赐给他五品服。

太宗一朝听儒士说圣贤义理，成为一种传统。后来演化为“经筵”。

所谓“经筵”，就是延聘时贤，为帝王讲授儒学经典，令帝王接受儒学教育的小课堂。“经筵”制度化，是要帝王接受的教育有连续性，不但这一代帝王日常要连续学习，以后一代代都要连续学习。这种教育的持续，成为一种宫廷文明，在规则化的管理下，推演为有效引进圣贤理念的政治机制。是否接受圣贤理念，成为君主光荣与耻辱的尺度。在荣誉感召之下，君主的尊严也有了理性方向。因此，“经筵”之实质，是对君主行为奇妙的“价值制衡”。

李觉讲《泰卦》

端拱元年(988)的一个夏天，太宗车驾到国子监礼敬孔子。礼毕，升辇，准备回驾，临出西门时，看见一间经堂内正有讲座。

左右告知:“博士李觉正在聚众讲学。”

太宗知道此人。

太平兴国五年(980)时，因为通“九经”，李觉起家成为将作监丞，后来到建州（今属广东罗定）做通判，任期将满时，当地人舍不得他走，一力挽留。郡县治，天下治。太宗喜欢治理地方有德有能的“循吏”，就下诏褒奖他，迁为左赞善大夫，知泗州（今江苏盱眙），转秘书丞。后来又刊定唐代大儒孔颖达的《五经正义》，被同僚举荐，做了《礼记》博士。

雍熙三年（986）时，李觉与右补阙李若拙出使交州。交州此前有乱象，侯仁宝征讨当地叛乱者黎桓，失利；黎桓坐大，建立黎朝，正在与大宋欲战不敢、欲降不甘中，多次遣使修贡，但又多次背命。李觉二人到达交州后，李若拙就对左右说："虽然黎桓称帝，但我们不能跟他称臣！"太宗曾封黎桓为节度使，见面后，黎桓还算尽礼，但没有下拜，说是患有脚疾，不方便。欢迎宴会时，黎桓在大厅里摆满了南方所产的奇货异物，很有炫人耳目的意思，但大宋使臣一眼也不看。黎桓试图送给各位礼物，也被拒绝，只要求黎桓将此前失陷于交州的一个使臣带回汴梁。黎桓答应了，然后又安排休息，对二人说："我们这里风土如此险峻，你们中朝之人乍来此地，能不疲倦吗？"这话显然有刺，意思是交州不容易攻取，如果攻取，会很"疲倦"。李觉回答道："国家提封万里，列郡四百，地有平易，亦有险固，此一方何足云也。"咱们国家版图总共不下万里，排列州郡四百多。各地有开阔平原一马平川，也有险固山岭重岩叠嶂，这一块地方何足道哉。据说黎桓闻听此言"默然色沮"，无话可答，神色沮丧。

现在听说李觉在这里讲学，太宗忽然来了兴致，就让人召李觉御前讲学。李觉来到车驾前，看到坐在御辇上的君王，未免不爽，就对皇上说：

"陛下六飞在御，臣何敢辄升高坐？"陛下您乘坐六匹马拉的御辇，臣子怎么敢就来升座讲学？

太宗惭愧，于是从六匹马拉的御辇上下来，命有关部门另外张架帘幕，为李觉另设一座，开讲。从臣都有座位，列席听讲，赵普也在座。

讲什么呢？陛下您出题。太宗于是让李觉讲《周易》的《泰卦》。

泰卦，在《周易》六十四卦中属于第十一卦。卦象是坤卦居于上，乾卦居于下。按照寻常理解，乾在上，坤在下，但这一卦恰恰相反。但李觉很高兴，就顺势讲述了“天地感通，君臣相应”的道理。他这个讲述，取法于《周易》的《彖辞》，而《彖辞》是讲述六十四卦主旨的文字。乾坤倒置，等于天地相交，是吉相。“小往大来”“其志同”“内阳外阴”“内健外顺”“内君子外小人”“君子道长，小人道消”等等，都是泰卦的主题词。循此类主题词展开，是一篇大文章。熟悉《周易》的人，会约略理解李觉讲了什么道理，大意是天道与人道的对应关系，君臣相会相交，“皇帝与士大夫共治天下”的大道理。古来大儒，往往不失时机地“点化”君主，在“帝王之师”的荣誉下乐此不疲，且往往收获政治效益，是事实。

传统士大夫，就这样用圣贤精神、儒学义理作为思想资源，一点一滴地矫正着帝王的致思方向，在不自觉地作着隐秘的“价值制衡”。

太宗听他一番讲座很高兴，特赐帛百匹，第二天还在跟赵普的一次谈话中说这个事：“昨日听李觉讲‘泰卦’，文义深奥，但足以作为帝王鉴戒，朕当与爱卿等共同遵守这个卦中所言：君子道长，小人道消。”

“羁縻文人论”

有一种说法，意思是：宋太宗太平兴国年间，大宋建国已经二十年，原来的割据政权首领们，如李煜、孟昶之流，一个个都已经死了，但还有些旧臣，往往会对新朝有不满，太宗“疑其怀故国、蓄异志”，于是有了高招，将这些人全部“收用”，安排到各个馆阁之中，让他们去修书，如《太平御览》《太平广记》《文苑英华》之类，而且要尽可能地做到卷帙浩瀚，然后给这些人比较优厚的待遇，“姑以是縻之，录其长，柔其志”，姑且以此来“羁縻”这些文人，用他们的长处，消磨他们恢复故国的意志，役使他们可能不安分的心。如此一来，这些人就老死于文字之间，不可能在政治上发挥作用了，云云。

可以将这种“政治深刻”的讲述概言为“羁縻文人论”。

率先讲述这种论调的，是南宋诗人朱希真，南宋学者王明清《挥麈后录》则记载了这个说法。

此类“政治深刻”从古至今并不鲜见，基本上可以归类到“阴谋论”大范畴。“阴谋论”除了奉旨操作之外，基本上可以看成是二三流文人对自家“政治深刻”的一种炫耀。但这种“政治深刻”古今套路一致，模式统一，只要熟悉这种套路和模式，可以很轻松地炮制无数“阴谋论”。这个套路或模式就是：

以诛心也即猜测动机为手段，视权威人物光明正大的安排或讲述为障眼法，在障眼法背后，是权威人物的根本利益。

古今“阴谋论”一般没有思想含金量。不仅仅因为它太简单、太粗糙、太过于程式化，属于“精致的坊间思维”，基本上不提供证据链，更重要的是：它所有的讲述，罕有真实判断。但最主要的是：几乎所有的“阴谋论”，都是对人类正价值的一种攻讦。“阴谋论”不仅仅是“反智”的，也是“反道德”的。从现在可以看到的“阴谋论”考察，几乎没有例外。

王夫之《宋论》专章说到大宋太平兴国年间的“羁縻文人论”。

他毫不客气地批评这种说法：“忮人之善而为之辞以擿之，以细人之心度君子之腹，奚足信哉？”忌恨他人的善行，而编造诛心的言辞，去批判人家的言行，这种用小人之心度君子之腹的“阴谋论”，哪里值得相信！

按王夫之先生的意见，大宋一朝因为五代藩镇造成乱世，所以对武将比较提防，“宋所忌者，宣力之武臣耳，非偷生邀宠之文士也”，但尽管这样，太原降将杨业，父子握兵，麾下都是“死士”，为杨氏父子所用，而且威震于契丹。这样的人，比那些文人，对大宋的“威胁”大多了，但太宗仍然对他不猜不忌。而那些偶尔会发牢骚的文人，如张洎、徐铉、句中正等人，不过是“浮华一夫”，虽然他们自诩“不为之用”，也即没有得到“大用”，但这些人根本用不着担心，“已灰之烬，不可复炊”。张洎算是这些文人中智慧比较“敏给”的，太宗也用了他，正经政治活动，国家大事，他都参与，太宗并没有提防他。其他的人，就可以推知了。过去连李煜那样的人，俘虏之后，连曹彬都知道，不必再提防，几个弄笔杆子的文人，实在不值得为之重重防御。

王夫之的深刻还不仅在这里。他看到了太宗更深远的用心。

为什么要让这些“降臣”做纂修大书的事呢?

从唐末以来，后梁篡夺大位，也需要文人装点门面，但他那种凶戾，那种对文人的无情杀伐，让富有唐代遗风的文人战战兢兢。大诗人杜荀鹤，被后梁聘任，几乎要吓死。所以“文藻风流”成为文人的大忌，谁也不想因此而受到“重用”。到了后唐、后晋、后汉，这些篡位的武夫执掌国柄，那种“犷悍”一代又一代，互相之间比的是弓箭刀枪。所以文人被武夫瞧不起，也根本谈不上文明之治。等到契丹进入中原，蹂躏得中原大地“千里为墟”，人与人之间，“救死”都来不及，哪里还有时间沉吟于文藻？谁还有心思整理中国典章？到了周世宗时代，他很想有所作为，但中原故老大多已经凋零，年轻的读书人还没有被起用。有几个文人，如王朴、窦仪，都从北方燕赵之地起身，都有“简质”，也即简易质朴的特点，与古来涵咏于典章的文人还有距离。几十年、百余年来，中原文明就这样在战乱中呈现为凋敝之相。

但在江东、西蜀，则因为画疆自守，较少战乱，保存了汉唐以来的文化文明。那里的文人得以在相对和平中，“以其从容之岁月，咀文苑之英华”，这样，就为中华文明，留下了一批读书种子。大宋统一中原，要想求得“博雅之儒”，在各种文明推演中，能够有成果，除了后蜀、南唐保存下来的人物，没有其他人可用。太宗可以说是“善取材矣”。

光武帝中兴大汉，要复兴中原道德文艺，雅乐礼仪，是从偏安巴蜀已久的公孙述那里得到人才。“四战之地，不足以留文治”，那么偏处于边鄙之地才可能会保留中原文明。士大夫生于礼崩乐坏之世，如果处于偏僻之乡，珍重古来遗文，必有承传，如果承平之世来得早，他可以自身重振文明；如果来得太晚，他的弟子必能重振。考乱世到承平的古来历史，几乎没有例外，都是这种规律。

在太宗一朝修书，那可不是简单的悠悠岁月，人才羁縻！那是士大夫“得道”。“道胜者，道行而志已得；文成者，文著而心以亨”，以“道”而人生胜出者，道能行，而志向已经实现；以“文”而成就人生者，书已著，而内心已经通达。这样对文人而言，做官与否，封侯与否，都不是他们的荣誉。他们的荣誉在“立言”不朽。现在想想汉代复兴，很多功臣都已经隐没不彰，但过去儒学的托命之人申培、伏胜等，他们整理古籍的“遗泽”却至今被人享用。

太宗一朝，纂修“文事”，完成那么多重要文献整理，如果不比大明纂修《永乐大典》、大清纂修《四库全书》《古今图书集成》还要重要，至少一点也不次于它们。如果没有大宋太宗一朝纂修的文化典籍，中国文明可能是另外一种样子。就如此意义上说，大宋馆阁中的这些文人，是可以恒久享有中国文化光荣的文化英雄。

肆

法制

文明立国，必有法制。而法制之有效推演，在人。太宗赵炅深明此理。赵廷美大案后，他观察到士庶守法易，勋贵守法难。于是在推行国家法制时，格外注意“择人”。

不完美的圣贤大义

大宋法制，是大宋“文治”中的重要一环。

说大宋法制，千头万绪，先从“大赦”说起。

赵普多谋善断，口才厉害。很多时候，他所提出的意见，也往往符合正道。这也是为何太祖太宗两朝都很敬重他。

当初，太宗曾有一次要搞大型祭祀活动，按常规，要施行大赦。有一个人上书说，希望不要大赦，理由，则援引诸葛亮治理蜀地时，几十年不赦的故实。太宗听上去，觉得有理，但又感到差在哪个地方，就问赵普。赵普回答说：“凡是祭祀大典，圣朝都有原典，一定要赦免，表示‘其仁如天’。像刘备、孔明之类，只不过治理区区一个地方，臣不信这个，也不会援引这个做例证。”太宗很高兴，就将大赦事定了下来。

大赦这件事，有两面理。

司马光曾有名言：“杀人者不死，虽尧、舜不能以致治。”如果杀人者不能绳之以法，即使是尧舜时代也不能达到天下大治。大赦，其弊端在此。明人张燧《千百年眼》就曾批评“大赦”，书中认为，自春秋时代以来，后世屡有大赦之法，但是这种不问情深情浅，罪轻罪重，凡遇大赦，杀人者可以不死，伤人者可以不刑，盗贼及作奸犯科者可以不问，这种做法，只能有助于“长奸”，让奸邪生长。

大宋自太祖太宗以来，三年之中，遇到郊祀就大赦天下，成为一种制度。但到了仁宗时代，有言官认为“三岁一赦，于古未有”，这是唐代兴兵之后开始有的做法。但这种大赦，“有罪者宽之未必自新，被害者抑之未必无怨。不能自新，将复为恶，不能无怨，将悔为善。一赦而使民悔善长恶，政教之大患也”。有罪的人得到宽谅未必能够自新，被害的苦主得不到正义伸张岂能没有怨恨。不能自新，作恶人就会继续作恶；心中有怨恨，就会后悔做善事。这样一个大赦，结果却让士庶后悔为善、滋长恶行，实在是政教的很大祸患。

仁宗对这个道理很重视，但还是坚持大赦，只不过批复道：“罪人情重者，毋得以一赦免。”犯罪的人情节过于严重，不得统一按照大赦法免罪。

到了北宋末年，大赦开始变样。宋徽宗在位二十五年，大赦天下二十六次；“曲赦”，也即不大赦天下，只赦免一个或几个地方，十四次；“德音”三十七次。所谓“德音”，也是一种赦免令，唐代开始有，大宋最流行。它与大赦不同处在于：大赦是罪无轻重都赦，德音则是将量刑减重就轻，譬如大宋有“德音”：“死罪、流罪各降一等”，就是将“死罪”降格为“流罪”，“流罪”降格为“徒罪”，而徒罪、杖罪、笞罪则全部释免，所以还是一种“大赦”。这样计算，宋徽宗时总共有“赦令”七十七次，祖宗时代的“三年一次”，到了他这里几乎变成了“一年三次”。这种“滥赦”，在南宋，到了光宗时代竟然达到一年四次正式的大赦。史称“刑政紊而恩益滥矣”，国家的刑法之制已经乱套了，朝廷的德政恩赏已经太滥了。这样的大赦，不仅政乱，对苦主而言，也是一种不公。譬如某甲杀害某乙，某乙家属千辛万苦将某甲搞倒，某甲被判为死罪，结果遇赦，死罪免了。这就是对某乙和某乙家属的不公。

所以太祖时代，格外注重大赦的范围，遇到特别需要大赦的年份，总要有诏令，告知天下，有些罪恶是不能赦免的。如改元开宝，这是一件大事，开始大赦天下，但诏令规定：“十恶、杀人、官吏受赃者不原”，犯有十恶罪、杀人罪、官吏（而不是士庶）受贿罪，这三种罪犯，不在赦免范围内。开宝四年（971）冬，南郊祭天，也是大事，开始大赦天下，但诏令也规定：“十恶、故劫杀、官吏受赃者不原”，犯有十恶罪、故意劫掠杀人罪、官吏受贿罪，不在赦免范围内。太宗时代也有这类规定，雍熙末年，以襄王赵元侃也即后来的宋真宗为开封尹，改封寿王，这是立太子的节奏，大事，大赦。但诏令也规定：“十恶、故谋劫斗杀、官吏犯正赃”者是不能赦免的。但太宗即位的当年，“大赦，常赦所不原者咸除之”，是全面赦免，平常赦免令下，有规定不可以赦免的，如“十恶”“杀人”“官吏受赃”等，这一次也赦免了。这种赦免，看似宽大，其实是对十恶罪、杀人罪的受害者的不公，是对官吏受赃罪的“纳税人”的不公。

总之，大赦，是一个有弊端的法律制度。

大宋帝王也深知这个制度性规定的弊端所在。但为何还是要施行大赦呢？

因为要收敛天下刀兵之刑，推演祥和之气；也因为天下被量刑的“罪囚”之中，很可能有冤案。后者让大宋帝王寝食不安，让大宋贤臣无比焦虑。

中国圣贤可能是世界上最早展开“疑罪从无”法理思想的人物。《尚书·大禹谟》留下了名言：“罪疑惟轻，功疑惟重。与其杀不辜，宁失不经。”如果有疑狱，罪犯判罪要轻；如果有疑功，功臣受赏要重。与其可能杀掉一个无罪的人，宁肯不杀，哪怕失去正常的经义。后人解释这句话说：“人命至重，治狱宜慎，宁失不常之过，不滥杀无罪之人，所以崇宽恕也。”

周代时处理案件，对很多疑犯都实行了赦免。唐代还有规定，疑犯可以用财货自我赎免。现代西方对疑案也是从轻从无处理，怕的就是万一出现冤狱，有伤天地和气。美国的“辛普森杀妻案”就是一个著名案例。辛普森杀妻证据很多，但在审理中，控方要求辛普森戴上现场发现的血手套时，结果发现手套小，戴不上。就是这样一条漏洞，让辛普森的辩护律师得到了机会，要求陪审团宣判辛普森无罪。这一案件的意义就是，再一次以西方的经验，肯定了传统中国圣贤“与其杀不辜，宁失不经”的合理性。

大赦，当然存在缺陷。但内中很可能存在“不辜”，在无法证明囚犯有罪或无罪的情况下，首先选择推定无罪。南宋朱熹的弟子蔡沈在他的《书集传》中，也解释《大禹谟》的这句名言说：“辜，罪也。经，常也。谓法可以杀，可以无杀。杀之则恐陷于非辜，不杀之恐失于轻纵。二者皆非圣人至公至平之意。而杀不辜，尤圣人之所不忍也。故与其杀之而害彼之生，宁姑全之而自受失刑之责。”辜，就是罪；经，就是常。《大禹谟》的意思是：执法，可以杀，也可以不杀。不知道人是否有罪，杀了，就恐怕陷于杀害无辜；不杀,就恐怕失之于轻易放纵了罪犯。这二者,都不是圣人“至公至平”之义理。但比较起来，杀害不辜，尤其是圣人不能忍心的。所以与其杀了这人害了他的生命，不如让他活下去，而宁肯自受量刑不当的“失刑”之责任。

所以赵普鼓励太宗大赦，符合古来圣贤大义，虽然大赦并不完美。

刑罚“鼠弹筝”

文明立国，必有法制。而法制之有效推演，在人。太宗赵炅深明此理。赵廷美大案后，他观察到士庶守法易，勋贵守法难。于是在推行国家法制时，格外注意“择人”。

雍熙元年（984），开封有一个刑事案。

有个寡妇刘氏，让她的婢女到开封府，起诉她亡夫前妻的儿子王元吉多次毒害她，差点毒死。

当时开封府沿袭后周以来制度，设左右巡军院，执掌缉捕刑讯，略相当于今天北京的东城、西城区法院兼检察院。刘氏案初到右军巡院，经过推问，王元吉死不承认，执法官觉得事实也不像这个寡妇所说的那样，于是转移到左军巡院。到了这里碰到了一个酷吏，将王元吉上了酷刑。这个酷刑被他冠了一个名称：“鼠弹筝”，在手指上用刑，十指连心，受刑人受刑过程中，会不断痉挛般抖动十指，极为残酷。王元吉熬不住，只好承认，于是炼成“毒杀继母”一案。

忽然案子出现了转机：刘氏寡妇在案件审理过程中，死了。

王元吉也有了翻供的意思，这时开封府也愿意认真对待囚犯，重新审理时，得到了一些刑讯逼供的细节，但是案子还在拖，几个月没有宣判。开封府觉得这个案子不好断，就上报给朝廷。

太宗认为没有明显证据可以证明王元吉下毒，但毕竟有个继母的状词在，就给出个意见：免死，徒刑（服劳役）。

王元吉的妻子看到这个宣判结果，不接受，于是击登闻鼓，称冤。

太宗亲自“听断”，召问王妻，知道了事情原委，确是冤案，于是派遣中使拘捕原来左右军巡院的执法官，审问。

案情大白。原来是刘氏寡妇有通奸之事，又惭愧又恐惧，更怕前夫的儿子王元吉知道，就设法做局冤枉他，要置他于死地，借官府之力杀人灭口。而这个寡妇的兄弟早就在欺骗隐瞒王元吉父亲的财产，并用了一部分给军巡院推官行贿；还有个医官，也被收买，说寡妇确有“中毒”的征兆等等。

太宗将此案所有的推官和左右军巡院的主管全部降职，下调俸禄；做假证的医官流放海岛。而那位发明“鼠弹筝”刑罚的左巡军院执法者，被太宗调来，以“请君入瓮”法，即以其人之道还治其人之身，现场“鼠弹筝”，史称此人“宛转号叫求速死”。太宗对他说：“你看看，你也不能接受这种疼痛之苦吧？谁能接受得了呢？”

于是放了他，令人解开捆缚他的绳索，只见此人两手很久很久不能动弹。太宗对观看的宰辅大臣们说："京邑之内，乃复冤酷如此，况四方乎？"京城之内，居然还有这样的冤滥酷毒之案，何况天下四方偏远之地呢？开封府的几位重要官员也得到了惩罚，当时知开封府刘保勋、判官李继凝都罚了一个季度的俸禄。

可见，太宗对地方上主持法律工作的官吏格外重视。

好"言事"者王济

淳化元年（990）冬，朝廷要派遣专使提辖总管诸道的茶税、盐税、酒税。除了夏秋二税之外，国家的重要经济来源在此。太宗还考虑到，既然派遣专使下去，就责成他一并查访民间利病，以及地方上吏治的善恶。这个人物最好能有刑部工作的经验。于是就问左右："刑部中，谁最喜欢'言事'？"好"言事"者，就是那种看到问题愿意提出建设性意见的人物。左右说有个大理寺丞王济，是刑部的官员，他多次给刑部、给中书、给朝廷上奏。太宗知道此人，是烈士子弟，有才，有性格。于是任命了他去管辖各道的国家税务。

他在福建时，发现当时朝廷曾要此地输运仙鹤羽毛作为制作雕翎箭之用。当时这东西属于战略物资，地方必须按朝廷要求备齐输运到京师。哪里会有那么多仙鹤？所以，地方为了凑齐鹤羽，费尽了千辛万苦，史称"民甚苦之"。王济认为这事不行，不能这么干。他上书要求除了部分鹤羽之外，可以用鹅毛来代替，太宗觉得意见不错，就如他奏请，改了。

太宗很高兴，知道这个人有能力，于是改任通判镇州。

镇州，治所在真定（今河北正定），辖今天的河北石家庄附近七八个县市，是唐五代以来天下雄藩之一，石敬瑭割让燕云十六州之后，此地地当边境，紧要性仅次于河东。所以太祖太宗以至于后来的大宋帝王，都要派出重臣把守。久之，驻守此地的文武职官就有了骄悍之气。王济来此做通判，宦海风波甚险。

但王济不怕。他本来就是河北人，出生在深州（今河北饶阳）。他的父亲王恕，在太祖开宝年间曾经知秀洲（今属浙江嘉兴），但是赶上了当地的盗匪之乱，盗匪进入秀洲，王恕被杀。家人收尸后，王济趴在灵柩上悲痛号啕。盗匪又来，要杀王济。王济看着这一伙盗贼说："我父亲已经死了，我哪里还想活着！只恨我没有力量杀掉你们，为我父亲复仇！"史称"贼义之"，盗贼认为他有父子大义，放掉他没有杀。王济在兵乱之中，带着父亲的骨殖逃匿在山中。不久官军来剿匪，王济找到官军首领，陈说了盗贼情形，提出了破贼的建议。盗匪平定后，他的母亲也病死了，于是他护送父母的灵柩回到深州。深州的主将向朝廷汇报了他的情况，太祖还召见了他。

王济经常涉猎经史，好读《左氏春秋》。太宗雍熙年间，他给朝廷上书，介绍了自己的身世，在学士院考试中中第，被补为县主簿，后来做到刑部官员。

改判镇州之后，王济面对此地藩帅太守们，有理有据地开始了法制推演。牧守们大多都是功勋之臣，大多都有捍御契丹的武功，所以多少都有点倨傲，待下人不免刻薄寡恩。王济新到，不过是第三把手，所以他们没有把他放在眼里。但王济从不向知州藩帅们挑战，也不向他们屈服，就是四个字："秉公执法"。州官们也无可奈何。

戍守此地的悍卒往往恣意侵暴庶民，做不法之事。有人竟在夜里焚烧民居，乘乱盗取民财。王济知道后，就在各个兵营附近放出耳目，有一天报告某地有火，王济就安排数十壮士潜伏观察，果然在火光中看到几个兵匪带着盗窃物资往外跑。捉住后，不上报，现场平盗，当即正法。然后再"驰奏其事"，向朝廷快马报告盗贼正法之事。太宗闻讯很高兴。

有一个都校，街市上吃酒，撒酒疯，耍无赖，打落人牙齿。王济行使判官权力，不等上奏，直接给予杖刑，而后捆了这无赖，送到汴梁。

地方得到治理，史称"军城畏肃"，军事要塞镇州人知畏法，境内肃然，平安。太宗听说镇州吏治业绩，"大悦"，连下三道诏书褒奖慰劳镇州，更拜王济为监察御史，这是大宋除帝王裁断权、丞相行政权之外的第三种权力，监察权。御史属于察院，品级很低，但权限甚重，内外官吏均要受到察院监督，"御史"，为百官所忌惮。王济在御史任上更关心国家大事，上书讨论"统天下之术"，管理中国的政策策略，核心意见是"节民物之道"，包括慎重选择近臣，注意区别贤愚，理正国家名器，削减靡费用度等等，都很切合时弊。

一直到真宗朝，他在做地方官，兼任江南路安抚使时，看到大旱民饥，就亲身督促官吏熬粥，舍粥，并每天都要亲自尝一尝这粥熬得合格不合格。还录取了很多饥民作为州郡的厢兵，救活了很多人。

他在临终之际，给真宗上遗书，要皇上“进贤退谀”，并停止不是很紧要的土木工程。他已经看出了真宗朝比太祖太宗两朝更多了谄谀之辈，也更多了奢靡之风。他不希望大宋帝国出问题。

就王济的执法策略而言，他的执法断案，未必尽合法条，但在勋贵盘踞之地，在犯罪性质过于恶劣之际，需要“止乱”，因此就有非常法之制裁。但这之中的分寸把握很重要。如前述焚烧民居，乘乱盗窃的兵匪，王济的处置是，捉住之后，当即斩首，这是执行军法，因此是合适的。

法制需要能吏推演。

修《刑统》，重“听断”

大宋法条相当严密。

宋法制因袭唐代律令、格式，而随时有所损益。这个“损益”的文本成果就是《编敕》，类似于“宪法修正案”，是对前面唐律、《宋刑统》的修正补充。当时，一司、一路、一州、一县又别有《敕》。太祖建隆初年，即下诏判大理寺窦仪等人修订《编敕》四卷，凡一百零六条，然后与新编订的《宋刑统》三十卷，一道颁发天下。这些《编敕》在“损益”传统法条时，参酌轻重很详细，“世称平允”，人们认为很公允公正。太宗太平兴国年间，又增加《编敕》到十五卷，淳化中增加到三十卷，真宗咸平中增至一万八千五百五十条之多，太多了，不好操作，于是又下诏，由给事中多人重新修订，合并同类，删除重复，最后定为《编敕》二八六条。这些都预示了大宋向着法制化管理天下的努力。

《宋刑统》从《唐律疏议》而来，各类刑断都有明文规定，但如何执行？执行还是不执行？这之中就有了“空间”。地方，并不是人人都有执法能力，或按照法条执法的积极愿望。于是，太宗下诏：

> 自今京朝、幕职、州县官，并须习读《律令格式》。秩满至京者，当试问，若全不通晓，则量加殿罚。

从今开始，在京的朝官、幕府职员、地方州县官员，都要学习《律令格式》。任期满后，都要到京考核，面试。如果全不通晓，即根据情况给予惩罚。

但是如果有哪位官员熟悉律令格式，可以上书自荐，试问通过，可以补官到刑部、大理寺任职，三年之后，可以升迁。太宗还给近臣每人颁发了一部《宋刑统》，申命百官除了日常公职之外，要看看《律令格式》之类文章，用来作为大宋法学资源，并自我检点，据此决断狱事。

太宗对武官们带兵打仗，一般可以听其自专，但对官员们判案却始终不放心。如果有冤案，那是太宗最为心痛的大事。太宗至为焦虑之事在此，于是有了“录囚”，“听断”。

“录囚”，就是帝王或官员亲自到狱中去巡视审理案件，这是传统司法不废的常典。“听断”，就是听取当事人或法官陈述案由，而后提出决断意见。也称“听讼”或“断狱”。荀子认为政令合法，举措适时，听断公明，是衡量邦国文明与否的三条标准。听断，国之大事。它的要义在于：减少误判，洗雪冤情，尽力避免司法不公。“听断不明”是很大过失。“听断不明”，必有冤情，国有冤情，必有戾气，而戾气不祥。所以大儒韩愈认为，帝王能够“躬亲听断”，是“旋转乾坤”的大事——对于罹冤的士庶而言，雪冤就是一场“旋转乾坤”的生命事件。所以“弭冤白谤”是“第一天理”。历代文明邦国之最高管理者，心底略存一点善根，略有一点天良，无不瞩目于此，大宋帝王对此事更是极为重视，所以，太宗“听断”不断，史称“太宗在御，常躬听断”，太宗在统御天下时，常常抽出时间来，亲自去审理案件，尤其是“疑狱”。

京师有“疑狱”，大理寺难于判断，太宗往往会到现场，亲临审理、判决，人称“每能烛见隐微”，往往能窥见案件隐微之处，得以公正处理。

击登闻鼓“民告官”

大宋的“登闻鼓”制度，可能是历朝历代实施得最好的。下面有冤情，有话说，地方处理不当，都可以直接到“登闻鼓院”，敲击“登闻鼓”，直接跟皇上对话，谁也不敢拦着。

雍熙年间，大宋正在跟契丹打仗，有个开封女子李氏来击登闻鼓，案由呢，是说自己没有儿女，而且有病，一旦死去，家业没有托付。

太宗据此下诏：开封府要根据这个李氏女子的意愿裁断、处置。

也即，她名下的财产，要根据她的意愿处理。

开封府在处理过程中，发现这个李氏女子的父亲还在，就囚禁了这位父亲。根据案件的逻辑分析，很可能是：李氏女子与父亲是一体的，要自行处置私有财产，但遭遇他人觊觎。于是，在他人的陷害下，开封府逮捕了李氏女子的父亲。李氏女子不甘心，又击登闻鼓，搞“行政诉讼”，将官府告到朝廷。

知道来龙去脉后，史称“帝骇”，太宗大吃一惊。他说：“此事岂当禁系，辇毂之下，尚或如此。天下至广，安得无枉滥乎？朕恨不能亲决四方之狱,固不辞劳尔！”这种事也要拘禁人家的父亲吗？天子脚下，还出这种事！天下这么大，哪能没有枉法滥刑下的冤案呢？朕恨不能亲自去审理天下四方的案件，真要能做到，朕是不辞辛劳的！

于是，李氏女子案处理完毕后，当即派出朝廷能臣十四人，分头到江南、两浙、四川、荆湖、岭南等地，审理刑狱。规定三条：

一、地方官吏在司法及军政处理方面有不作为，或渎职懈怠者，要劾罪上报；

二、如有临事精明允当，勤勉机敏，刑狱公正没有延滞者，要论功上报；

三、各州郡都要做到十天过问一次刑狱之事，不得拖拉。

淳化四年（993）冬,更发生了一件“奇案”。说这个案子“奇”，是因为它太小了：京畿有个小民牟晖丢了一只小公猪。更“奇”的是，这位小民牟晖居然为此而击登闻鼓。尤其“奇”的是，登闻鼓院和太宗都受理了这个“私有财产丢失案”。最“奇”的是,处理办法是：

由国家拨款千钱“偿其值”，按价赔偿。

国家赔偿私人财产损失，太祖时代就有案例。当初大兵进入汴梁，有士庶遭遇痞子劫掠，太祖抓住痞子，并拨款赔偿了士庶损失。太宗此举亦然。

当时应有官员对此事提出质疑。太宗对宰相说：“似此细事悉诉于朕，亦为听决，大可笑也。然推此心以临天下，可以无冤民矣。”像这等小事也到朕这里来起诉，朕还为之听决，确实太可笑了。但推演这种听断的耐心公心，用以君临天下，可以做个表率，都这样做，世上就不会有冤民了。

申理冤滞，感召和气

太宗担心的是“冤民”。

他自己也说：“朕于狱犴之寄，夙夜焦劳，虑有冤滞耳。”我的心思常在刑狱诉讼这件事上，日夜焦劳，怕的就是有冤狱，久拖不决的案子。

所以，他不断地派出使臣到各道去巡视，他自己更在京师多次“听断”。有一年冬天，他亲自过问京师狱中的囚犯，一个个审理，一直到很晚。近臣都劝谏他不要劳苦过甚。太宗说：

“傥惠及无告，使狱讼平允，不致枉桡，朕意深以为适，何劳之有？”

如果我这么做，能够有利于上告无门的人，让案件公平允当，不至于枉法，我会非常适意高兴，哪里有什么劳苦。

为此，他特意在宰相面前发表了一通议论：

“中外臣僚，若皆留心政务，天下安有不治者。……惠养黎庶，申理冤滞，岂不感召和气乎？朕每自勤不怠，此志必无改易。或云有司细故，帝王不当亲决，朕意则异乎是。若以尊极自居，则下情不能上达矣。”

朝廷和地方的官员，如果都能留心政务，天下哪里有治理不好的道理！……有恩惠给百姓，审理冤案滞案，岂能不感召天地和气呢？朕常常要自己勤勉不要懈怠，这个意志是绝不会改易的。有人说，主管官员的小事，帝王不应该亲自决断，朕的意思与此不同。如果以尊贵自处，那就无法做到下情上达了。

由于相信“天人感应”学说，遇到严寒酷暑，或雨雪反常的日子，太宗就亲自来复审狱中囚犯，大部分都给予了宽大处理。淳化元年（990）四月，因为天气大旱，太宗就亲自到京师狱中“录囚”“听断”，史称“多所原减”，很多都得到了宽大处理。这一天，太宗还专门令尚食御膳房进素膳，派遣常参官分别到各道决狱，还派出中使到五岳去祈雨。

地方诸道则继续派遣朝廷能吏前往听断。诸州有大狱，更随时组成专案组，官员由太宗亲自选定，要他们乘驿站车马前往审理。临行前，太宗会有嘱托。审理完毕后，太宗一定会详细了解审理经过。渐渐已经成为常例，后代也都遵守这个常例，这在大宋各个帝王本纪中都可以看到。

到了端拱年间，各地方的州郡负责司法的官员司理参军，也都由太宗亲自拣选。地方上士庶有到京师来喊冤的，太宗也会派出御史官员乘坐驿站车马前往地方会审。史称“数年之间，刑罚清省矣”，几年的工夫，天下的刑罚之事越来越少，显示了“无讼”“狱空”的太平景象。

“狱空”，就是监狱里没有人，这就预示着无人犯罪，是传统至为赞叹的治理成果。而大宋也确实经常性地出现“狱空”。太祖太宗时代，凡是地方州郡有“狱空”现象，一般都会降诏褒奖。如果州司、司理院“狱空”达到三日以上，就可以随处建立一个道场，供奉神灵，表示感恩。道场所用的供奉之物，如酒肉水果香料布幔之类，都由官钱支付，州府节镇给五贯钱，州郡给三贯。而且道场建立，不许扰民，也不许扰吏。

但是由此也出现制造“假狱空”的现象。当时一个州府有司理院、有州司，还有靠近州郡的县城，都是系捕囚犯的地方，有时地方就会将囚犯从司理院移往州司，这样就腾空一处，可以报“狱空”。为了解决这类问题，有人建议允许本州官吏互相监督，如有虚奏“狱空”，就要受罚。另外规定，司理院、州司等都要没有禁囚，才可以上报“狱空”。

由此也可以看到，即使是制度性规定，即使在大宋，即使都是读圣贤书的人物，即使有严刑峻法，也还总是有人钻空子，弄虚作假。这不是制度问题，而是人性弱点问题。

烂葱案

太宗亲自“录囚”“听断”这个做法，曾经有不少人反对。但太宗虽然褒奖他们的建议，却并不接受他们的意见，继续“录囚”“听断”。

有一个归德（今属河南商丘）节度使的推官，名叫李承信，他购买大葱时，发现里面有烂的，于是就鞭笞了卖葱的菜园农民。卖葱，以次充好，也是一过，但不至于遭遇鞭笞。更麻烦的是：这个农民被鞭打后，伤口感染发炎，几天后，死了。农民家人不干，告到朝廷。太宗“听断”后，认为这位推官是滥用职权，等于私设公堂，故意伤人致死，被正法。“私设公堂”，在太祖时称为“擅掠囚者”，擅自以酷刑对待囚犯，是一大罪恶。

太宗对“狱囚”的同情完全是一种天性的善良。当时有规定，死刑大案，必须由朝廷覆按审核。但这样一来，有些未必够得上死刑案的案子，也要大理寺审阅。这样一拖，就是几个月，甚至长达一年以上。太宗在“听断”时，发现了这个问题，就对宰相说：

“每阅大理奏案，或节目小有未备，必移文按覆。封疆遥远，动涉数千里外，禁系淹久，甚可怜也。自今卿等详酌，如其非人命所系，即与量罪区分，勿须再鞫。”

朕每次阅览大理寺的案卷，看到有些案例，有的是有些文案方面的小的环节没有完备，这就要下文重新审核。大宋封疆很远，动辄就是千里之外，这样，狱囚在里面待得太久，实在是可怜。从今天开始，卿等要详细斟酌这些案卷，如果不是人命关天的大案，就尽快量罪，做出处分，不要来来回回地审核了。

太宗对“录囚”“听断”的躬亲，源于对天道的敬畏。在儒学设计中，“天道制衡君权”，是一种不宣之秘。圣贤深通“不语怪力乱神”之基本语境，但全面接受了“天人感应”学说，这之中，就有“制衡君权”的大义。君主非神，与士庶一样，乃是介于神与兽之间的存在。且传统圣贤对此几乎众口一词，形成了强力传统，无人可以挑战这个传统。在文明推演中，“天道制衡”，成为君主的自觉选择，成为一种值得自豪的荣誉。

礼治未病，法治已病

传统中，“礼”与“法”有着密切联系。一般来讲，“礼”更重，“法”不过是“礼”的补充。假如将邦国视为一个有机体，则“礼”是用来做预防的，是“治未病”；“法”则是用来进行临床治疗手术的，是“治已病”。“守礼”者，不罹于法；“守法”者，可近于礼。传统认为：只要天下守礼，法可搁置勿用。这样的世道被称之为“太平盛世”。

大宋帝王们一生一世追求的就是太平盛世。

但“礼”的推行，帝王要做表率。

端拱元年（988），太宗到东郊以“太牢”大礼祭祀先农神之后，开始“耕籍田”。

传统有“五礼”：吉礼、凶礼、宾礼、军礼、嘉礼。向先祖或天地神祇祈福称之为吉礼；丧葬哀吊之事为凶礼；朝见、聘问、会盟为宾礼；与战事、田猎、筑城等相关之事为军礼；婚庆宴飨之类为嘉礼。籍田，属于吉礼。一般在年初正月，春天来临之际，由天子率官员或诸侯亲自耕田。这种耕田，是向天下示以农时，告知天下耕种季节的开始。天子带头耕种，是“祈年”的礼仪。“年”是五谷丰熟的意思。“籍田”，是传统中国自周代开始就施行的礼仪。

“籍田”，一般规定，天子千亩，诸侯百亩，这都属于天子或诸侯私人所有。“籍”的意思是“借”,也即天子先自己耕种,而后“借”民力继续耕种。所以，天子“籍田”，只是象征性的耕种，开个头。

太宗下到田里，亲自执犁翻地，按礼制，他应该往前推三条垄，返回来再推三条垄,史称“三推三反”。王公诸侯们要“五推七反”，公卿大夫们“七推七反”，一般士大夫“九推九反”。太宗“三推三反”后，有司高唱:“礼毕。”但太宗说:“朕志在劝农，恨不能终于千亩，岂止以三推为限！”朕来做这个“籍田礼”，志在鼓励天下务农，更恨不能亲自将我这千亩良田都耕一遍，岂止以“三推”作为限度。于是，继续翻耕，旁边的侍臣一个劲要他停止，太宗这才放下犁头，回宫。

为此，太宗还做了诗，说东郊籍田事，并将诗赐给诸臣。他说：

“国之上瑞，惟丰年尔。自累岁登稔，人无疾疫，朕求治虽切，而德化未洽，天贶若是，能无惧乎？”

国家最高的祥瑞，是丰年啊！这些年连着丰收，世人也没有大的流行疫病；朕虽然求治心切，但自认为道德教化还不够好，因而没有料到上天竟给我们这么大的恩赐。想到这里,能不心存敬畏吗？

于是，又下诏：诸道百姓有生活艰困的，要在当地发放粮库的粮食接济他们。他对宰相们说：“累年以来，百物丰阜，自京师达于四方，并无灾沴，五谷顺成。若非上穹降福，何以及此！今郡县至广，生齿甚众，每闻一方小有凶歉，即命赈给，虽不能遍，亦表朕勤恤之意也。”

多年以来，国家越来越富有，从京师到地方，也没有太大的灾害，五谷丰收。如果不是上天降福，哪里会有这么好的景象！现在郡县这么广大，百姓甚多，朕每次听到有一个地方小有凶灾、歉收，就命令地方赈济，虽然也许不能周遍，但也以此来表示朕勤于政务，存恤四方的一点意思啊。

赵普在旁，鼓励这位君王道：“文王葬枯骨，天下称仁。夫民犹草也，草上之风必偃。若帝王用心行道，上合天意，民自悦服。臣等每闻陛下发言必思为苍生建长利，宁忧和气之不降也？”

过去文王收葬野外的枯骨，天下认为他行仁道。民很像草，草上有风一定随风俯仰。君王就像风一样。如果帝王用心行仁道，上合天心天意，下民自然高兴而钦服。臣等常常听到陛下发言，一定是在为苍生推演长久之利，这样，哪里还用得着担忧上天不降和气呢？

心里总是存有苍生之“长利”，就不会以任何“宏大”借口，掠夺侵凌苍生的私有财产；敬畏、感恩于上天所降之福祉，就会远离种种血脉贲张的激进情绪，在“战战兢兢，如履薄冰”的邦国管理中，星星点点地改善民生。爱民、敬天，有此政制之主要诉求，于是可以在“礼”与“法”的规定情境中，推演并建构帝国的秩序。

如此，就是有道邦国。

“法当原情”

太宗执法，有一个基本思想：“法当原情”。

这个思想事实上来源于“春秋决狱”，而“春秋决狱”又来源于孔子“亲亲相隐”的法学大义。说清这个问题需要相当篇幅，但也可以用有限的文字勾勒这一公案的义理。

父亲偷了羊，儿子要不要举报？在文明邦国看来，可以不举报，因为“父为子隐，子为父隐”，是一种源于亲情的当然之理，是“法上之法”，符合自然法原理。西方现代法律也承认，当事人有犯罪嫌疑，亲属没有举报的责任，应回避。但在激进思潮主导下的国家主义“法律”中，规定必须举报，否则就是藏匿罪犯，属于犯罪。显然，“亲亲相隐”奠定了中华法系的文明道种。

在此基础上，汉代董仲舒提出“春秋决狱”。这个意见的框架是：以《春秋》大义为司法裁判的思想资源，同时援引儒学各类经典，作为审判依据。凡是法律无条文规定的案例，法官即可援引儒学经义定谳。在具体判案中，第一考量案件事实，第二考量犯罪动机。如某甲之父与人斗殴，某甲持棍帮助父亲，但不小心将父亲打死。由于某甲动机并非打死父亲，所以，按“春秋决狱”，某甲无罪。这类动机性考察，执法者的自由裁量权甚重，因此，确有利弊参半的结果，但是，即使现代司法，全重证据，细细考察，也是利弊参半的。人类问题，没有一揽子彻底解决之道。试图一揽子彻底解决人类问题的政治诉求，是一种辉煌梦想，梦很美，但不具有现实意义。就这个意义说，“春秋决狱”自有其合理性、合法性、正当性。它是中国最重要的文化遗产之一。

“春秋决狱”，有“原心”也即考察动机之必要条件。如果动机善，有罪也可减免；如果动机恶，无罪也可加刑。

宋太宗赵炅在此基础上提出“法当原情”，“原”是考察案件的缘由，“情”即天理人情。判决结果，要将天理人情考虑进来，这样，就让司法有了更趋于公正的可能性。

西北泾州（今甘肃泾川）安定县，有一个庶民的妻子，对庶民前妻的儿媳妇很是痛恨，将其断喉杀死。此事成为一个大案。按一般法条，这是“婆婆杀儿媳”，而“婆婆”属于父母一辈，“儿媳”属于儿女一辈，这样就可以界定为亲族之内因纠纷而起的杀人案，且因被杀者为子女辈，或有“忤逆”情节，故“婆婆”杀儿媳，似可减免一等罪过。

卷宗到了太宗那里，看过后，给出的意见是：

> 法当原情。此必由继嫡之际爱憎殊别，固当以凡人论也。

司法应该考察天理人情。这个案子，一定是嫡子继承，继母心不能平，因此有绝然不同的爱憎喜恶所导致。可以不必考虑宗族内部关系，就当是普通士庶杀人论罪。

撇开“婆媳关系”，按法律事实定罪，这个“庶民之妻”就是一个“杀人犯”,“婆婆”的身份并不能让她享受豁免权。这是从“杀人”的动机给予定罪的大宋案例,具有“同态复仇”的自然法精神,也符合“春秋决狱”的“原心”大法。太宗还因此下诏,对《宋刑统》做了补充意见:“自今继母杀伤夫前妻之子及其妇,并以杀伤凡人论。”从此以后,凡是继母杀伤丈夫前妻的儿子及儿媳妇,都要以普通人杀伤论罪。

与此连带的还有继母改嫁问题。

继母的丈夫死了,家中的财产归谁所有?继母还是前夫的子女?太宗给出的意见是:继母改嫁自由,但不得占有已死丈夫的财产,应当全部给丈夫的子孙。丈夫的子孙如果年纪幼小,要有官方为之检查,封存财物,待幼子长成后,交给他。如果继母将财产带走,以盗窃论处。

这个处理看似对继母不公,但丈夫与前妻留有子女,如果继母将财产带走,则子女不免处于啼饥号寒之中;而继母改嫁,后夫应该能满足她的生存所需。如此处理,也是对丈夫和前妻以及他们的子女权益的一种保护,值得肯定。

叔叔告侄内有隐情

宋时,有“场务”,经营各类物资,包括粮食、木材等,也有制造业,造船、造酒等。“场务”属于官办企业,由朝廷派出官员监管。一般由官方额定经营指标,指标可以是实物,也可以是钱帛。完成指标之后，还有盈余，这个就叫“羡余”，也称“羡利”。有些比较贪的监官，往往就将这部分盈余收归己有。但难免被人告发。一旦败露，按当时大宋法条，属于“监守自盗”，应“弃市”，也即街头正法。太宗了解到这个情况后，认为量刑过重，不符合法典精神。于是下诏：从今以后，凡是贪用“羡余”的，只算“偷盗”，不算“监守自盗”，刑罚只能判处“流”罪以下。

传统判罪，由轻到重，有“笞、杖、徒、流、死”之五刑。“流”刑就是发配流放，下“死”刑一等。大宋太祖太宗，对于贪污罪犯，极为厌恶，一般都有“从重”判决的倾向，但就贪污“羡余”的这个案例看，太宗也有尽力“原情”，从天理人情考虑，此类案自有“罪不至死”的可能性。于是，减免一等，由“死”降为“流”。从现代司法量刑标准看，太宗此举，可称公允。

有一个著作佐郎龙士元，在老家单州（今山东单县），告他的侄子龙小喜，说这个侄子“无赖”，好赌博，屡教不改，因此想不承认这个侄子，断绝叔侄关系。单州知州刘察、通判田赞就将这事弄成一个案件报到朝廷。定谳之前，太宗看到了这份卷宗，他怀疑这个案子有假，龙小喜可能被诬告。于是交付御史台重新审理。真相原来是，龙士元看上了亡兄龙士安的财产。龙兄死后十余年，龙小喜子承父业，龙士元想夺取这份产业，于是诬告龙小喜。而知州和通判，就在龙士元家一场酒宴上，定计如此如此这般这般，炼成一场冤案。

处理结果是：龙士元决杖，发配商州衙前禁锢，列入另册，终生不得做官。知州刘察、通判田赞同时免官，废为庶人，家财没收。

太宗为此特意下诏："方今抚育黎元，钦恤刑宪，岂容照临之下，尚有冤枉之人！黩乱政经，损伤和气，望其安治，其可得乎！应两京及诸道州府，凡有鞫狱，宜令尽心，无致枉挠。"现在大宋正在抚育黎民百姓，推演法制宪章，岂能容忍法律照临之下，还有冤枉之人！那种贪渎乱法，破坏政制，损伤天地和气的行径在，怎么能期望得到太平治理？以后，两京及诸道州府，凡是有案件审理，应该尽心查验，不要违法断案，导致正义不能伸张。

宽大兵痞，护持工人

有一年冬天，有人报告，有盗匪群伙夜半进入人家劫取财物，经过很长时间侦查，没有结果。但此事恶劣，太宗一定要得到结果，就让人发出高额悬赏告示，果然，就有人来检举揭发了。原来是军队士兵几个人结伙干的事。再查，"尽获其党"，把所有的同伙都抓来了。太宗没有客气，全部正法。但这事还没有完，太宗认为军人干这种事，大有五代恶习，唐末五代以来多次"阴谋拥戴"的兵变，大多由这类兵痞推演而成。于是开始在军中整肃，调查那些积年有罪罚，受过处理的凶恶无赖之辈，得到数百人。但是看着这些兵士的时候，太宗又动了恻隐之心，想想罪恶归罪恶，但是按法，似不当死，于是就给他们上了铁钳颈圈，留在军中察看。过了一个阶段，又将这些人都召到崇政殿，训斥一番，每人赐钱三十文，将他们都放了，算是宽大处理了这些兵痞。

但太宗亲自“听断”，有时也会放出辣手。

有个管理皇宫花圃的小官高进，曾诬告役夫也即园艺工人朱希，说他有种种恶迹，但太宗召问，原来是高进曾经向朱希索要贿赂，朱希不给，于是诬告。太宗发脾气，将高进“杖脊”，打板子，流放海岛。

这事给太宗一点阴影，他感到工人很容易被人欺凌，内心天平开始向工人倾斜。

太平兴国七年（982），有个西窑务，就是管理东西窑务的一个官职，负责烧制瓷器，供宫中用度。此地发生了一个小小的打架斗殴案，说是西窑务的一位役夫，也即雇用的烧窑工人，名叫夏遇，他喝醉酒，殴伤了队长杨彦进。太宗审理卷宗，“听断”，弄清了原委，原来这位夏遇，很有一点“群众领袖”的派头，西窑务有一位指挥使牛鹗，不免对这位“带头大哥”有点嫉妒，就安排队长杨彦进设计做局，试图陷人以法。太宗大怒，将杨彦进正法，牛鹗流放海岛。而夏遇则被提拔为管理人员，还赐给他布帛银带。

宰相们看到太宗总是亲自“听断”决狱，并能察见隐微，于是互相联翩来向太宗庆贺，并要求将太宗听断的故实记录下来，交付史官，将来修《太宗实录》用，太宗答应了。

皇子被推问

端拱元年（988）初，太宗非常喜爱儿子赵元僖，在赵元佐疯癫之后，很想将他立为太子，于是任命他为开封尹，封许王。但是他惹了麻烦，什么麻烦不知道，反正被御史中丞弹劾，而且找去“谈话”，史称“被鞫”。“鞫”就是审理、究查，但不判案。两宋“鞫”是“鞫”，“谳”是“谳”，后者才负责判案。在“鞫”与“谳”之间，还有个过程，就是由专业司法文官，根据“被鞫”之后报上来的案情，援引法条，即告知负责“定谳”的主官，此案适合使用什么什么法条，法条的引用，皆源自《宋刑统》和后来的《编敕》。主官根据案情和适用法条，给出判决意见，称为“定谳”。如果是大案，还要上报，县报到州郡，州郡报到朝廷，朝廷有司会审，最后报给皇帝。现在大宋首都汴梁市市长、许王赵元僖“被鞫”，他这个习惯享受尊崇的人物，受不了这个待遇，于是向君王诉苦，说：

“臣天子儿，以犯中丞故，被鞫，愿赐宽宥。”

臣好歹是天子的儿子啊，因为犯在御史中丞手里，所以“被鞫”。请求父皇开恩，宽大处理我啊！

太宗说：

> 此朝廷仪制，孰敢违之！朕若有过，臣下尚加纠摘；汝为开封府尹，可不奉法邪？

这是朝廷的仪轨制度，谁敢违背？即使朕有过错，臣下还不忘了纠察指摘呢！你作为开封尹，能不奉法吗？

史称“论罚如式”，赵元僖被处罚，一切按法律办。

《续资治通鉴》等书中记录了这个事件，这种法律精神，是传统中国永远的光荣，也是太宗赵炅的光荣，值得为之浮以大白。

太宗担心子弟不能“克己”，于是在这一年的春天，对诸王有过一次训诫。

当时皇子封王，授以节度。陈王元僖进封许王，韩王元侃为荆南、湖南节度使，进封襄王，冀王元份为威武、建宁节度使，进封越王，益王元杰为剑南东西两川节度使。太宗亲自写了诏书给元僖等人，说：

> 朕周显德中，年十六，时江、淮未宾，从昭武皇帝南征，屯于扬、泰等州。朕少习弓马，屡与贼交锋，贼应弦而踣者甚众。太祖驻兵六合，闻其事，拊髀大喜。年十八，从周世宗、太祖，下瓦桥关、瀛、莫等州，亦在行阵。洎太祖即位，亲讨李筠、李重进，朕留守帝京，镇抚都下，上下如一，其年蒙委兵权，岁余授开封尹，历十六七年，民间稼穑，君子小人真伪，无不更谙。即位以来，十三年矣。朕持俭素，外绝畋游之乐，内却声色之娱，真实之言，故无虚饰。汝等生于富贵，长自深宫，民庶艰难，人之善恶，必恐未晓，略说其本，岂尽余怀。夫帝子亲王，先须克己励精，听卑纳谏。每着一衣，则悯蚕妇，每餐一食，则念耕夫。至于听断之间，勿先恣其喜怒。朕每亲临庶政，岂

敢惮于焦劳，礼接群臣，无非求于启沃。汝等勿鄙人短，勿恃己长，乃可永守富贵而保终吉。先贤有言曰:“逆吾者是吾师，顺吾者是吾贼”。此不可以不察也。

后周显德年间，朕十六岁时，那时江淮之地还没有平定，朕跟随昭武皇帝（太宗父亲赵弘殷谥号“昭武”）南征，屯兵于扬州、泰州等地。朕少年时就练习弓马，多次与敌寇交锋，敌寇应弦而倒者很多人。太祖当时驻扎在六合（今属南京），听到朕的事，拍着大腿叫好。朕十八岁时，跟从周世宗、太祖，曾经攻取瓦桥关、瀛洲、莫州等地，也常常在行军阵营中。自从太祖践祚，亲自讨伐泽潞李筠、扬州李重进，朕留守在京师，镇抚首都，公平执政，上下一律。就在这一年，朕接受了兵权，一年后，又授朕开封尹，经历十六七年，对于民间农事的辛苦、君子小人的真伪，没有朕看不懂的。自从继位以来，十三年啦，朕一直坚持简朴生活，对外，谢绝田猎游赏之乐，对内，推拒乐舞色情之娱，这是真实之言，没有虚假的粉饰。你们都生于富贵，长在深宫，对于民间的艰难，人心的善恶，恐怕未必全都知晓。朕这里略说说根本大事，并不是朕全部的心思。帝王之子，作为亲王，首先必须做到的是克己，砥砺意志，励精图治，要做到谦卑地纳谏。每穿一件衣服，就怜悯养蚕妇女的辛苦；每吃一顿饭,则念想耕地农民的劳累。至于司法“听断”之间，一定不要没有问案由之前，上来就以自己的喜怒对待。朕每次亲临军政实务，岂敢怕苦怕累；每次以礼接待文武百官，无非是想求得臣子的竭诚意见。你们千万不要鄙视他人之短，不要仗恃自己之长，这样才可以永远守住富贵,保持始终的吉相。记住先贤的一句话:“逆吾者是吾师，顺吾者是吾贼”。这是不可以不认真考察的啊!

太宗这一番话，啰唆，语言并不凝练，应该属于史官未修改的实录原稿，可以见出作为父皇的真实心意，堪称“语重心长”。

安崇绪疑案

太宗时代的执法,除了太宗亲自“听断”“录囚”之外,遇到“天下疑狱，谳有不能决”，也即寻常所说的疑难案件，也会集合廷臣讨论解决。这方面，没有常法，也即没有制度规定，有了疑难案件，就会临时临事召集群臣，听取各方意见，而后决断。

端拱初年，广安军（今属四川广安）有一个庶民名叫安崇绪，他的亡父安知逸先后有五个女人，其中三个已经不在。生母蒲氏之外,尚有继母冯氏。他要上诉继母,案由是：继母冯氏曾与安父离婚，现在要将资产全部给她自己的儿子。朝廷大理寺审理后，发现继母与安知逸并没有离婚情节，那么这个儿子起诉继母，估计是有隐情，于是按“礼法”判决：安崇绪诉讼母亲，栽赃，罪当死。

报到太宗这里，太宗生疑，反复询问细节，执行这个案子的判大理寺张佖坚持自己的判决是正确的。于是太宗将此案下到台省讨论。台省，乃是中书门下所在，于是一班文职官员都参与了讨论。

大文豪徐铉发言认为:“现在只要知道，这个冯氏如果真的离婚了，那就可以判决她‘归宗’，回到安家，财产不能带走；如果没有离婚，那就是安崇绪做假证，陷害继母，依法当死。现在详细考察卷宗，发现案子没有冯氏与安知逸离婚的情节，一共有四个证据。况且‘不孝’的刑法，是有利于教化天下的大事，不能变，应该依照刑部、大理寺的一审判决，安崇绪当死。”

议论中，很多人赞同徐铉意见。如此判决，很有“政治正确”的意味。

但名相李昉等四十三人提出了不同于徐铉等人的意见。

李昉等人的意见是：

“法寺，也即刑部大理寺，判决为不当。理由如下：如果认为五个母亲都有同样的继承权利，那么蒲氏虽然不是原配正房，却是安崇绪的生母。安崇绪之所以告状，是因为田业被冯氏继母强占。这样，亲母蒲氏就会没有经济来源，衣食不给，陷于饥寒交迫之中，所以来起诉。如果按照法寺意见，安崇绪当死，那么安知逸有什么罪，导致绝后？而蒲氏又将托身于谁度过晚年？臣等结论性意见如下：田产都归安崇绪；冯氏既然没有离异，可与蒲氏同居一堂；安崇绪需要对二位老人供养终生。如此，儿子有父业可以守成，冯氏则终生不至于缺乏赡养。至于安崇绪做假证、冯氏强占安家田产，可以同时赦免。”

这种“法当原情”的集体讨论结果，千年之后，感动了我。

大宋，有地方讲理。

对于大宋管辖之地，偏远地方，往往历史上承袭着“化外”习俗，太宗一般不予“更化”，但是事情涉及民生利害，往往就以疏导方式，慢慢涵养变化。譬如，今天的两广一带，有些偏远的山区，往往有杀人祭鬼、病不求医、和尚娶妻等伤风败俗之习。太宗给出的意见就是：委托本郡熟悉中原衣冠文明的长吏，“多方化导，渐以治之”。他期待能有文明官员用一种温和的方式，逐渐改变这种习俗，不要采用严刑峻法，强力改变。

东汉光武帝时，今属越南的九真郡，曾是“蛮荒之地”，那里的婚丧嫁娶，饮食男女，都与中原礼法距离甚远。光武帝派出一个叫任延的学者去做九真太守。任延看到当地除了射猎之外，不知道牛可以耕田，就教民做农具，垦田。几年后，当地就变得富有起来。又教化当地人婚嫁可以年龄相配，不至于乱婚。于是当地人生了孩子起名，都愿意带个“任”字。任延，成为教化一方的典范。太宗希望的就是大宋能有任延这样的人。

但对于化外之地出现过于血腥的习俗，太宗也出辣手更化其俗。

“采牲”杀人以死罪论

淳化元年（990）秋，峡州（今属湖北宜昌）长杨县，有庶民向祚、向收哥俩，收受了富人的钱财十贯，去“采牲”。原来，巴峡一带有一种风俗，杀人做“牺牲”用来祭祀鬼神。谁也不愿意被杀，于是有钱人就花钱招募人杀人，谓之“采牲”。向祚、向收这哥俩就谋杀了县民李祈的女儿，将割下的耳朵、鼻子、截断的四肢，拿来送给富人。结果此事被乡民告到县里。正好赶上著作郎罗处约奉使出使在巴峡，看到了此事，于是上疏。太宗闻言很是吃惊，下诏：“剑南东西川峡路、荆湖、岭南等处管内州县，遇到此类事，要告诫属下官吏，小心侦查逮捕这类富人和杀手，以死罪论。有举报者，即以富人家财转赠。官吏如果知道而不上报，加罪惩罚。”

太宗对这类邪恶，不手软。

罗处约是一个有气场的人物，史称“形神丰硕，见者加重”，形象神态都有丰满高达气象，看到他的人都会敬重他。他文笔漂亮，也有思想，曾有论文《黄老先六经论》，大意说老子学说与孔子学说相近，没有冲突或矛盾。史称“人多重之”，人们都很看重这篇文字。他也有关于削减冗官的上疏，认为“三司”也即负责经济工作的独立部门可以重新划归尚书省各司，这样可以减少朝廷机构。上疏写得文采飞扬，时有佳句，如：“人者可与习常，难与适变；可与乐成，难与虑始”“法天地简易之化，建《洪范》大中之道，可以亿万斯年，垂衣裳而端拱”，等等。

他应该是大宋较早提及“冗官”利弊的人物。此人还有诗才，与名流王禹偁、苏易简相唱和。但他在做荆湖路巡抚时，人称“欲以苛察立名，而急于进用”，想用苛刻的察举奠定名声，而又急着被朝廷大用，所以就在巡抚工作中，奏劾了很多官员，乃至于他一路下来，不少地方官被朝廷罢免了。史称“士论薄之”，士大夫的议论有点轻视他。

他死得早了点，淳化三年(992)卒，时年三十三岁。此人若有寿，应是一个用法严酷的汉代张汤式人物。有记录说他是唐代酷吏罗希奭的裔孙。罗希奭在大唐天宝年间曾被宰臣李林甫推荐，与一个叫吉温的酷吏共同执掌刑狱。二人很快就弄出罪名，将一批大臣投入监狱，当时有个说法，叫“罗钳吉网”，罗希奭像钳子，吉温像罗网，这是厌恶这二人的罗织锻炼，致人于死罪。大宋酷吏较少，不喜欢用“重典”，但罗处约颇有乃祖遗风，他的存在是一个异数。

禁“生祠”

大宋法制，也比较注意着眼于“风化”。有那种于士庶风化不利的行径，朝廷会有人提出，用法律的形式予以禁止。

有朝廷命官出使川蜀，发现剑南之地，有富人之家，多愿意招上门女婿，上门女婿与富人之子序齿，做兄弟行。等到富人死了，就一起分配富人的财富。于是，当地很多贫民人家就有男儿舍弃父母，出赘到富人家，成为当地一种流行风习。使者认为这种现象不好，“甚伤风化”，而且容易引起争讼，希望朝廷能下文禁止。史称“诏从其请”，下诏同意他的请求。

剑南这个地方，又有地方骄悍的庶民，为州郡县官有功德者建立“生祠”，为活人建祭祀性质的祠堂庙宇，还要刻碑歌颂。官吏有善政，管辖地区的人就愿意干这个事。但建“生祠”要集资，这笔钱就要在乡村市肆募集，于是有“掊敛”，聚敛、搜刮行径。史称“小民患之”，普通百姓深以为祸患。太宗于是下诏：州郡为州县长吏建生祠，禁之。

两浙各州，往往有人穿了奇装异服，拿着刀，吹着角，自称可以治病。这类人行走在乡间市肆，往往有人相信，事实上这是一批走江湖的骗子巫师。有人举报此事，于是朝廷也下文禁止，犯者以“造谣惑众”论处。

帝国法制有时会以“诏令”形式下达，如果照章执行，久之，就成为“祖宗法”，具有了稳定的“法令”性质。法令性质的诏令，大多涉及民生内容。

帝国有武备，制造弓弩就是一项。弓弩最重要的材料是牛筋，但牛筋事实上产量很低，一头牛只有很少很少的几根筋，而最好的牛筋则在牛脊椎骨两旁，产量更低。而牛是帝国农业最重要的生产工具。各地督敛牛筋，逼得紧了，就要杀耕牛。这在帝国是一种悲剧。于是太宗下诏，制造弓弩要节约牛筋，只在“纵理”，也即竖纹方向上使用牛筋，其他臂弓上的横纹等处，可以改用羊马筋替代。史称这道诏令一下，每年可以省下牛筋千万。

钻法律空子的“刁民”

“人心惟危”，大宋“刁民”是很会钻法律空子的。

有盗手持凶器，进入人家，事后破案，按法以“强盗”论处。但太宗朝时，有人知道大宋法律重证据，认为时过境迁，那凶器已经没法考证就在现场，于是自诉凶器在进入人家之前，放弃在户外，是空手进入人家的。

有司认为此事难于核定，就上报朝廷。

太宗“原情”，认为凶器是否带入，很难核实，但还是要以“强盗”

论处。因为不如此处理，容易启发他人的“奸心”也来效法。无论是否携带凶器，既然进入人家，非偷即盗，太宗此举，也可称公允。

在民事纠纷中，庶民争田产，也往往钻法律空子，譬如，有些“刁民”，就让七十岁以上的老人出头，到官府起诉。意思是由这个年龄的老人做“当事人”，不会遭遇拘禁，官司打起来，又不妨碍农活，而大宋还规定：老人不受杖责，即使官司打输了，也不至于挨板子。这样官府调查起来，会有很多麻烦，此举等于搅乱了公法。

太祖时，有个宋州（今属河南商丘）观察判官何宝枢，发现了这种现象，于是上疏，要求制度性处理：从今之后，七十岁以上不得参与刑事案件，有案情，要令家人代为起诉——但家中确实没有男丁，而处于孤老境界的老人不在此例。太祖接受了这个意见，从此制定为法律。

到了太祖乾德四年（966）六月，又下诏，规定：七十岁以上争田产，要令家人陈述案由，如果家人共犯，一家之中的尊者受过；但这位尊者如果按照法律规定属于不被判罪者，则移罪于家人中的第二尊者。所谓法律规定不被判罪者，指的是八十岁以上、十岁以下，以及重病在身的人。

太宗时代，重申了这项法令。并有另外规定：八十岁以上、十岁以下，以及重病在身，这三种情况，如果有人告他们谋反叛逆、子孙不孝、同居之内被人侵犯，这三种罪名，可以受理；除了这三种罪名，其他罪名一概不受理。

雍熙四年（987），太宗针对老少“犯罪”问题下诏道：老人和孩子，不加刑罚，这是“圣人养老念幼之旨”。但是争讼之际，也不可不注意省察，因为奸险的诈术，也有多种途径。仗恃高年，就是其中一端。另外有一种犯人，知道大宋有案件审核制度，而且知道一审核，就可以拖，万一拖到“大赦”，案件就可以不了了之，于是，就不断“翻供”。这是更令大宋头疼的现象。

淳化四年（993），这种“翻供”现象，被提上议事日程。

有一位知制诰柴成务上言此事，大意说：

官员调查刑事案件，案成之后，要派遣差官审核录问，涉及执行大辟罪也即死刑罪前，更要派遣朝廷职员来监督判决、执行。这时候，往往有罪犯翻供，称冤。于是，又另外派遣官员重审。这固然是国家极为重视死刑的制度规定，但经过考察，发现这事也有弊端。有些罪犯犯罪至重当死，但因为多次翻供，赶上三年一次的大赦，就成全了他的奸计。即使不遇到大赦，反正是一死，闹腾一阵是一阵，也无所谓。蓬州（今四川营山）有一犯人贾克明，因为杀人案，前后被拘禁一年半，有过七次勘问审理，每次都认罪，但一经正法前的录问，他就翻供。但陛下英明，对此案做出“经赦不放”的决定，后来经过转运副使蒋坚白、提点使臣董循再次会同审理，才得到最终的处断。但在处理这个案子时，七次都要牵连证人，逮捕嫌疑人，有关的各州县都要追查前因，这些受连累的人太无辜了。期望今后朝廷、转运司、州府差官，审理案件，如果伏罪事实清晰，但到了录问时罪犯翻供，轻者，委派本州另外审理，重者由转运司在邻近州郡派遣官员审理。如果三次推问审理如初，当依法断案。

太宗将这个意见拿到大理寺详细讨论，要意见。

大理寺给出了法理依据：

根据《刑统》记录，唐代长庆元年（821）十一月五日有“敕”，也即唐律的补充法条，罪犯称冤，如果已经三度断结，不再属于重新推定的范围。以后就按这个法子，只要有过三次推问，就不再受理第四次。但如果罪犯告发本推官收受贿赂，推问不公平而称冤，则可以继续受理。如果翻供者所言不属实，除了本犯死刑判定之外，还要加罪一等。如果官员受贿属实，则官员在本罪外另加一等。如果囚徒称冤不虚，则第三度推官要在本法判定之外，加等贬责；第二度、第一度推问则按照降等次序处理。

这样，就将重罪案件最大限度地保持了处理公正。

大宋的文明，有司法成本。

太宗明白民间疾苦，也明白世风浇漓。因此，动用法律手段，保障民生之外，也注重风习的文明更化，是他继太祖之后，推演道义天下的方向之一。

《宋史·刑法志》有一段话评价大宋法制，立论公允。大意说：

宋朝兴立，承接的是五代乱世。所以太祖太宗时代很用了一些“重典”，用来惩治奸恶邪僻的罪犯。但是每年都亲自审理案件，甄别案情，务求谨慎明断，整体上以忠厚为本。中原统一之后，礼乐教化越来越兴盛，士人在开始做官时，都要熟悉法律法令。君王一心以宽大仁政来治理天下，所以尽管立法条文很严，但实际用法却很宽恕。案件只要有一点疑问，在审核时往往都会得到减免。观察几代人下来，在这样连续的和平昌盛环境下，天下士庶都安居乐业，难于犯法，而天下大治的规模很有传说中夏商周三代的样子。但是到了神宗元丰年间以来，刑书越来越繁杂，不久奸邪之人又得到了重用，于是，国家刑法政令就有了紊乱。朝廷南渡之后，大权旁落，州郡的小官员也可以专断刑法，而刑罚的宽大或严厉都在这些人身上。但是尽管如此，南宋的几代君王都知道“以爱民为心”，虽然不免失之于太过于仁慈软弱，但是太祖太宗遗留下来的遗训还没有泯灭。

太祖太宗力求司法公正，“疑罪从无”“法当原情”“法贵有常”的思想，总根于“以爱民为心”。

伍

名臣·名流

薛居正、贾黄中、张齐贤、李昉、沈伦、宋琪、吕蒙正、吕端、寇准、钱若水、王禹偁等人，皆为一时才俊。他们的故实不仅有趣，还往往构成理解传统中国，理解大宋帝国，理解太宗一朝，理解士庶生活的意义系统。

大宋精英

大宋，名流最多的时期是仁宗一朝，晏殊、韩琦、范仲淹、富弼、包拯、欧阳修、狄青、曾巩、司马光、苏轼、苏辙、苏老泉、宋祁、宋庠、宋敏求、程颐、程颢、程天球、刘恕、王素、曾公亮、孙复、石介、邵康节、柳永、张先、梅尧臣、王曾、穆修、滕子京、尹洙、庞籍、张尧佐、夏竦、余靖、王德用、毕升、胡瑗、文彦博、赵忭、范祥、苏舜钦、李觏、蔡襄、吕夷简、张载、文同、周敦颐、苏颂、王珪、吕公著……仿佛春秋战国、清末民初时期人才辈出，这是中国历史上文化灿烂、精英频现的一个历史时段。

考太宗一朝，已经开始有了文化积累。浏览大宋各类编年史，可以发现，太宗在位二十二年，几乎每年都有人才脱颖而出。虽然不如仁宗朝那么星河灿烂，但也足够称得上文采炳蔚。

徐铉，从南唐归附大宋的著名文臣，与兄弟徐锴齐名。《说文解字》在他手上得到一次成果卓著的整理。还曾续编宋代重要大书

《文苑英华》。

刘翰，大宋名医，曾与马志等人详定《唐本草》。

潘慎修，亦官亦隐，善于弈棋，曾与太宗多次对弈，并做《棋说》讽喻治道，标举风尚，为士林称赏。

释赞宁，曾修《高僧传》等，有著作多部。

乐史，著作家，有《太平寰宇记》，名动天下。

邢昺，著名经学家，所著《论语正义》《孝经正义》《尔雅义疏》，都已经收入今本《十三经注疏》。

王延德，应该算是旅行家，曾到高昌（今新疆吐鲁番），两年后，带着回鹘等边族官员上百人回到大宋汴梁。著有《西州程记》。

周克明，天文学家，太宗朝的历法，多由其监定。

苗守信，也是天文学家，太平兴国中主持造新历，太宗命为《乾元历》。

陶裔，画家，与黄荃齐名，史称“西蜀黄荃、东京陶裔”。

许道宁，民间画家，曾在城门外卖药，买药者赠画，一时名公交口赞誉。

易元吉，画家，中国绘画史上的知名大家。

吴淑，著作家，学者，曾与李昉等人编修《太平御览》《太平广记》《文苑英华》。通字学，有《说文字义》等著作多种。

李淑，著作家，学者，著有《国朝会要》《閤门仪制》《三朝训鉴图》等，另有别集百余卷。

林逋，著名隐士。

潘阆，词人。

柳开，诗人。

……

除此之外，太宗一朝的名臣名相也很多，除了本书前面介绍过的赵普、卢多逊之外，更有薛居正、贾黄中、张齐贤、李昉、沈伦、宋琪、吕蒙正、吕端、寇准、钱若水、王禹偁等人，皆为一时才俊。他们的故实不仅有趣，还往往构成理解传统中国，理解大宋帝国，理解太宗一朝，理解士庶生活的意义系统。

中国，十世纪的精英，在此。

“弭冤白谤，第一天理”

薛居正，五代后晋时曾举进士不第，写了一篇《遣愁文》自我排遣，读过他这篇文章的人，有识者看出此人不凡，倜傥豁达中，另有“公辅之量”，古人称“三公”“四辅”，都是帝王的佐臣，这意思就是称赏薛居正有宰相之才。

但在后晋、后汉时代，薛居正一直在下僚之间浮沉。他并不介意。这是一个知道自己荣誉方向的人物。乱世中，他即使在做小官，也有一项了不起的坚守：遇到可能的冤情冤案，必要为之弭冤白谤，还苦主一个清白。我曾不止一次引用过明代大臣吕坤的一句名言：“弭冤白谤，第一天理”。君臣文武，只要心存一点不滥狱、不枉人的念头，就是善根。薛居正在后汉时，不畏惧权臣史弘肇的威权，必要为无权无势的庶民代理官司，平反冤狱；在宋初时，不畏惧名将慕容延钊的威权，必要为一群和尚代理官司，刀下留人。这些故实，本书第一部《赵匡胤时间》已经说到。

太宗时，薛居正做到左仆射、昭文馆大学士，北汉平定后，更进位司空。这是人臣所能达到的最高职务了。在帝国的日常管理中，薛居正“燮理阴阳”，付出了宰辅大臣的智慧。帝国的运转，期间有无数的细节需要处理，薛居正在政事堂、中书省从容调度，帝国十几年的流畅，薛居正有功。

他应该是经由个人努力，在乱世中，俟命待时，不浮躁，不自弃，守正循理的一介名相。

但他的最大功绩，也是他个人的最大成就，不是拜相，而是立言。

他有一部《旧五代史》。

《旧五代史》，是今天能够看到的“二十五史”之一。书原名《五代史》，欧阳修又以“春秋大义”出《新五代史》，故薛相此书，被称《旧五代史》。又因为记录的是后梁、后唐、后晋、后汉、后周五代的历史，史上也称《梁唐晋汉周书》。此书底本有三大来源，一是五代各国的“实录”，二是范质的《五代通录》，三是各位史臣各自掌握的去古未远的各类史料。

参与此书编纂的都是宋初名流，薛居正是监修。

此书的价值、意义，说来宏大，但大略可归结为如下意见：

第一，跻身“二十五史”，为中国连绵不断的历史记录提供了一个完整文献。迄今为止，人们认识“五代史”，此书也是最重要的文本。

第二，创造了一种编排方法，以中原五个朝代的延续变更为主线，故称“五代”；这是在没有更多选择的条件下，勉强撑起“中原正朔”的旗帜，为华夏政治文明的连续性，提供了一种解读模式。而更多的割据政权，如南汉、北汉、前蜀、后蜀、南唐、南平、吴、楚、吴越、闽，则被称为“十国”;“十国”中，又有《世袭列传》《僭伪列传》的区别。其余如契丹、吐蕃等，则被称之为“外国”，进入《外国列传》。要解释的是，所谓“外国”，并非等同于今天意义的“外国”,乃是指“中原以外的地区”。在“帝国”版图内,“外国”属于“羁縻”地区，也即虽然军队不能到达，但按照华夏传承历史，也属于“天下”范畴,“四海一家”范畴，是更大范围的“共同体”。这种编排方法，就赋予了数十年乱世一种结构或线索，中国，在摇摇欲坠中，循此结构或线索，依然有“典章”可寻。赖此“典章”，中国,虽然陷入了混乱状态,但并没有陷入丛林形态；虽然“野蛮”，但并不“蒙昧”。

第三，这种“典章”，就五代十国的政治生态而言，至少凸显两大价值：一是对“秩序”的追求；一是对“民生”的重视。按现代“国家原理”考察,只要还有这两大价值,士庶让渡部分权利（不是权力）组建起来的“国家”,就还有继续存在的理由,剩下的事情，是如何“更化”推演。《旧五代史》在编辑撰写各类人物与故实时，对这两种价值给予了足够倾斜。欧阳修《新五代史》与之不同的是，更注入了批判意识，但不能因为欧阳修的批判，就认为《旧五代史》没有思想。事实上，薛史恪守了儒学价值观，所有的讲述，并不背离圣贤理念。至于对某类人物如冯道的评价，那应该视为儒学内部的分歧。事实上，直到今天，如何评价冯道，仍然是一个不可能划一的聚讼故实。儒学并不试图统一天下意志，儒学承认“道并行而不相悖”。

薛相官拜宰辅，更监修《五代史》，堪称“立功”“立言”，足可不朽。但在“立德”方面，他有两事为人诟病。

第一件事，他信服道教，最后服用丹砂中毒。

那是太平兴国六年（981）六月的一天，他已经服用了丹砂，在朝中奏事，忽然觉得不对劲，赶紧辞别，走出大殿，在外，来不及回家，口渴，喝了一升多水。等到堂吏将他扶回中书时，已经不能说话。但他一定是口渴难忍，只是用手指堂庑间的储水器。左右赶紧取水来给他，他已经喝不下去了。他躺在办公室的阁屋之中，估计是丹砂在胃里发热，史称“吐气如烟焰”，被人抬着送归家里。到家就死了。这一年他七十岁。

大儒，是不服用丹砂的。

并非不相信那东西，而是相信“死生有命，富贵在天”，日常生活自有“居易俟命”之姿态，在“恭而安”境界中，完成儒学的体验、传播或践履。大儒，没有时间去“研究”或“服用”丹砂。

第二件事，他治家无方，儿子薛惟吉乃是一个街头恶少。

薛惟吉养在读书人家，却不像一个读书人家子弟。男子汉大丈夫，往往也有妻不贤子不孝之糗事，但名气这么大的薛相，儿子却是一个恶少，这事在士林被人叹惋不止。这儿子并非薛相亲生。薛相妻子“妒悍”，不允许他纳妾，因此，薛相无子，收留了薛惟吉。薛相很爱这个儿子，不免有溺宠之事，这儿子也利用了这一点，外面做事都瞒着薛相，所以薛相对儿子所为一点不知。薛惟吉有勇力，长得也魁梧高大，就在京城与恶少们一起追逐打闹，蹋球纵酒，还喜欢音乐，与伶人们在一起吹拉弹唱，就是不读书。

跟薛居正一起拜相的沈伦、卢多逊，他们的儿子，都以“父荫”得以为“尚书郎”，做了朝廷的文职官员；但薛惟吉只好做个“右千牛卫将军”，小武官。太宗知道薛相家事，等到薛相病逝时，太宗来到灵柩前吊唁。薛相的妻子来拜见。太宗安慰了薛妻好久，而后厉声道：

“不肖子安在！”

薛惟吉正在灵柩一侧，听到皇上如此称呼他，又羞愧又害怕，不敢答应。

太宗又道：

“这小子能不能改变自己的行为啊？如果改不了，恐怕不能继承先人的志业，那怎么办？”

薛惟吉从此以后，像是变了一个人，史称“尽革故态”，将过去的生活方式全部变了。他开始谢绝那些街头恶少，整个居丧期间，按照礼节应酬往来宾客。后来又常与贤良的士大夫来往，更涉猎一些书史，慢慢有了气质上的变化。史称“时论翕然称之”，时人都众口一词地称赏他。

太宗知道他的行为改变后，就让他知澶州，又改知扬州。后来，薛惟吉做到河南知府、凤翔知府。

改变一个“不肖子”，让他走正路，这是太宗给予薛相最大的恩典。

但这位薛惟吉，虽然改过，却与养父薛居正一样，也是治家无方。他死前娶了后妻柴氏。他死后，柴氏要改嫁，但前妻的儿子不干，将继母告到法院，结果带出来一桩大宋奇案，这一个寡妇居然与张齐贤、向敏中两大名相都有牵连！张齐贤在向柴氏求婚；柴氏要嫁张齐贤；薛惟吉的儿子不同意；向敏中要购置原薛居正大宅子……案子错综复杂，糗事闹大，以至于皇上都要出面来听断、审案。但这已经是真宗时代的故实了。

“等身书”

贾黄中，就是“雍熙北伐”之后，处理曹彬专案的那位大臣。

他的名字就怪，“黄中”，“黄帝之中夏”也；字“娲民”，“女娲之士民”也。由其名字可知，此人乃是一有着“中原情结”的士子。“中原情结”，用今天话语表述就是“爱国主义者”。大宋与以往诸朝有种种不同，其中之一是，有着“中原情结”的武士、文士很多。“驱逐契丹”“驱逐西夏”“驱逐金人”“驱逐蒙元”成为大宋士人的政治正确和伦理正确。这是历朝历代所罕见的文化政治现象。大宋地缘环境恶劣，逐渐培育起中原士子呵护并捍卫中原文明的自觉性，这是中国（不是“中原”，重申：我行文用词往往有细微差异，个中隐衷，知亦可，不知亦可）文化展开中的一道特异风景。

他的四世祖贾耽，乃是唐代一位名臣，在唐德宗、顺宗、宪宗三朝，做了十三年宰相。贾耽先生还是史上有名的地理学家，曾经绘制《海内华夷图》，这图已佚，但据后人推断，俨然就是一幅亚洲小地图。贾耽先生恭行温厚，时人都称赞他为淳德君子。贾黄中身上继承了乃祖的风范。

贾黄中的父亲贾玭，是进士出身，宋初做官，历任刑部郎中等职，最后做到水部员外郎、知浚仪县。贾玭老先生，生性“严毅”，史称“善于教子”，一般有士大夫子弟来拜见他，贾玭先生一定会谆谆教诲他们格物致知正心诚意修身齐家治国平天下。他教育儿子有两个案例值得现在父母思考。

第一个案例。

因为贾黄中从小就聪明，领悟力强，五岁的时候，贾老先生就在每天清晨，要他立正站好，展开书卷阅读。贾先生称此举为“等身书”。揣度其意，就是要求贾黄中小朋友要读完或写完相当于身高一般厚度的书。

我做过一个未必具有统计学意义的计算。我见过影印宋版书沈约编纂的《宋书》，此书每行十八字，页九行，一六二字，《宋书》约两千页，总三十二万多字。厚度达四厘米。于是可以计算，每厘米约八万字。按普通人身高一百七十厘米计算，如此“等身书”，则为一千三百六十万字。

这种游戏式的计算，也有意味。我观察古今中外成就“立言”不朽功业的，当然不在于字数多少，譬如孔子，只有不足几万字的言说，西哲维特根斯坦留下的文字也不多，但不影响其地位之“不朽”。但就更多人而言，俗世的“不朽”，确需要文字的堆垒。一生之中，完成上千万字的大家，比比皆是。贾黄中在父亲的提携督促下，也留下了近千万字的著述。

现在已知的贾黄中著述，至少有五种，全部计算起来，当在千万字以上。

《宋史·礼志·吉礼》记载，贾黄中曾与宋初几位文臣，包括御史中丞刘温叟、中书舍人李昉、兵部员外郎知制诰卢多逊、左司员外郎知制诰扈蒙、太子詹事杨昭俭、司勋员外郎和岘、太子中舍陈鄂等人，撰写《开宝通礼》两百卷。这时贾黄中的官职是左补阙。《开宝通礼》是根据大唐《开元礼》损益而成。

不久，又参与制定了《通礼义纂》一百卷。

这书，今天看来，似乎距离俗世政治、伦理生活很远，但在当时，却有着划时代意义。五代以来之所以战乱频仍，简言之就是“礼崩乐坏”，君臣士庶朝廷地方没有了规矩。礼，是秩序原理的哲学伦理表述，无礼，不能期待秩序之恢复。宋太祖“受周禅，收揽权纲，一以法度振起故弊”，接受后周禅让，收揽天下最高权力，完全靠法度重振，消弭五代以来的弊端。礼制，就是郡县帝制时代的“法度”。从这个意义上说，太祖赵匡胤与周公姬旦一样，都是“立法者”，而贾黄中等人，则是最初起草“立法”的元勋。制礼作乐，非大德不能。参与制礼作乐，在帝制时代，乃是最高殊荣。

《宋史·艺文志》还记载，贾黄中在后周时曾参与编撰过《显德日历》一卷。这应该是记录周世宗柴荣的《实录》的前身。

太平兴国初，太宗赵炅下诏，令贾黄中主持并收集、编辑《神医普救方》一千卷，光目录就达到十卷。

至道二年（996），贾黄中病逝，死前，他还在《神医普救方》的基础上，另编辑精简本七十四卷。

史称，他还有《贾黄中集》三十卷。文集内容我未见，但见过他的几首诗，写得蕴藉典雅，有唐诗风骨。

另外，大宋名臣、从后唐投诚过来的张洎，还编辑了《贾黄中谈录》一卷。

这类"立言"之成就,应该与他从小受过"等身书"的教育有关。

第二个案例。

贾黄中五岁读"等身书"，六岁就举童子科，七岁时已经能够写文章,遇到有感触的物事就可以赋诗歌咏。父亲看到孩子有出息，就让他经常性地吃素食。小孩子要吃肉，不免嘴馋，父亲就对他说："俟业成，乃得食肉。"等你功业有成就了，才可以吃肉。

小黄中不得了，自家立志，十五岁考中进士，并被太祖授予校书郎、集贤校理，迁著作佐郎、直史馆，进入朝廷，成为国家干部。

这在中国文化史上，都算一个奇才神童了。

后来,他在太常礼院工作,因为他对历代典故很熟悉,同行不懂，就会问他，他在详细勘定国家礼仪时，"损益得中"，根据时代变化，有增有减，很得中庸平衡之道，"号为称职"。

贤者贤，荐贤者尤贤

太祖平定江南之后,贾黄中被选知宣州。不料正赶上此地饥荒，很多人开始落草为寇。贾黄中就拿出自己的俸禄来制作"糜粥"施舍，史称"赖全活者以千数",因为他的糜粥,而能活下来的饥民上千人。

然后，他设法平息盗寇，盗寇们被他感动，纷纷改邪归正，继续做良民。

太宗时，贾黄中升迁，做了礼部员外郎，又知升州。升州就是南唐的金陵，今天的南京。他为政“简易”。所谓“简易”，可以有多种解释，理解这个概念，也可以简化一下：无官僚气，即可视之为“简易”。这是古今中外，所有官员不易但又应该达致的境界。升州在他的管理下，得到有效治理，秩序良好。

有一天，他在府署中巡视，发现一个偏僻的房间，大门锁得很严实。他就命人将房门打开，发现里面存放着“金宝数十匮”，几十箱金宝，价值约数百万。原来，这是李煜时期宫廷中的遗留物品，当初曹彬下金陵，没有清点过这批物资，时间久了，也就被人忘记了。

这事，贾黄中不说，完全可以据为己有。但他当即上表，详细说清这批物资的来龙去脉、现存数量等等。太宗看到表章后，对左右说：

“非黄中廉恪，则亡国之宝，将污法而害人矣。”如果不是贾黄中这么廉洁，有操守，这些亡国之宝，就会玷污法度而害人啦！

于是赏赐给贾黄中金钱三十万。

贾黄中最优秀的事迹是奖掖后进，举荐人才。

雍熙二年（985），他知贡举，掌吏部人选。端拱初年，又加中书舍人，后来再典贡部。这期间，他从“寒俊”也即贫寒而优秀的士子中，选拔了不少人才。当他举荐这些人才，安排官职之后，回过头来再看他当初的推荐辞，确实精当。他看人准确，举荐妥当，这是对帝国最大的贡献。譬如，后来著名的大臣谢泌，是一个少年时期就好学，有志操的人物。贾黄中知宣州时，“一见奇之”，一见之下就暗自称奇。谢泌后来的成功，与贾黄中的推举延誉有关。另一个名相吕端，未出名时，就被贾黄中欣赏、尊重。皇上要让吕端出镇襄阳时，贾黄中不同意，努力推荐他做朝官，于是吕端进入中枢，先成为枢密直学士，最后做到了参知政事，副宰相。

古人有句：“不露文章世已惊”，谢泌、吕端，自是人中龙凤，有不凡不俗气质，但贾黄中先生的荐举为他们的龙门一跳创造了极大机缘。故古人有言：“贤者贤，荐贤者尤贤”。贾先生当得。

他举荐人才之后，从不自我表功，当世很多人都因为他的举荐而登上名位，但很少有人知道是他推荐的结果，史称“当世文行之士，多黄中所荐引，而未尝言，人莫之知也”。

贾黄中也有一个弱点：有时缺少一点决断精神。对有些决定，他畏慎得有点过头，做参知政事时，有些文件留在中书，迟迟不能决断。这就等于没有建树，还耽误事，因此，时论对他不很欣赏。

史称贾黄中“端谨，能守家法，廉白无私”，为人端正谨慎，能守住祖宗家法，也即朝廷制度，清廉无私。在翰林时，太宗召见他，问他时政得失，贾黄中只说：“臣职典书诏，思不出位，军国政事，非臣所知。”臣的工作主要是执掌秘书，草拟制书诏令，所有思虑不出所在位置。因此，军国政治大事，不是臣应该知道的。这种态度，也是臣子一格，因此太宗更加懂他，也更加重视他，认为此人确实“谨厚”。但另一方面，太宗也希望大臣能有更大作为。

贾黄中出知澶州时，已经患病很严重。太宗关心他，就让他回到汴梁到朝廷上班。当初，他到澶州之前，循例来宫中向太宗辞行，太宗像朋友一样提醒他:“夫小心翼翼，君臣皆当然；若太过，则失大臣之体。”做事谨慎，小心翼翼，为君、为臣，都该如此；但是太过，作为臣子来说，就失去了“大臣”之体。显然，这话是说给他听的，也是说给其他大臣听的。

“大臣”，不是官儿做得大就叫“大臣”，在传统语境中，“大臣”是指那种置个人安危于不顾，甘以天下为己任，有担当有决断的官员士大夫。春秋时期的人认为:“国之大臣，荣其宠禄，任其大节”，国家所谓“大臣”，因为国家信任、俸禄很高，所以很有荣誉，同时能够担任国家大事。历来明君明臣都认为“得大臣体”是一种至高褒扬。太宗对“大臣”有期待，不希望有作为的臣子不去作为。

宇宙小，一身大

与太宗赵炅一样，贾黄中也有“悯农”情怀。

淳化四年（993），秋，连续几个月阴雨连绵，很多房屋都被雨水泡坏。太宗认为这事阴阳不调。而宰辅之职，哲学一点的说法就是“燮理阴阳”。这个说法意味着：天灾与人祸相连，如果治理人间无祸乱，天象也会祥和，不会有灾异；反之，天降灾异，必因人间灾祸而起。太宗在大雨中，已经了解到各地有“饿殍”出现，于是责备宰辅李昉与副宰相贾黄中、李沆说：

“你们接受那么多俸禄，可知野有饿殍吗？”

李昉等人羞惭而又恐惧。出来后，贾黄中对人说：

“当时但觉宇宙小，一身大，恨不能入地耳！”

大宋君臣，对民生苦难，有担当。这种羞耻心是最接近圣贤气象的地方。

贾黄中从澶州回来后，太宗已经开始建立储宫，也即为太子建府邸。这样就需要选择“大臣”中有德有望的人物来做太子宾友，贾黄中本来也在这个名单中，但因为他病情较重，改为李至、李沆。但太宗知道他的为人，就改任贾黄中为礼部侍郎，兼任秘书监。后者是秘书办公室主任的工作，可以接触到很多宫中典藏图文书籍。这正是贾黄中喜爱的——他一生喜爱读书，史称“素嗜文籍”，所以进入内阁，他很欣慰。

淳化年间，贾黄中曾拜相，出任给事中、参知政事。太宗还召见了他的母亲王氏，赐座后，对老人家说：“教子如是，真孟母矣！”你能教育出这个优秀的儿子，真有昔日孟母的风采啊！说罢，还作诗送给王氏，另外赏赐也很丰厚。但太宗事后对侍臣说：“朕尝念其母有贤德，七十余年未觉老，每与之语，甚明敏。黄中终日忧畏，必先其母老矣。”朕看着贾黄中的母亲一直有贤德，身体还很好，七十多岁了，不显老。我每次跟贾母说话，都觉得她很明白很敏锐。但贾黄中则总是忧心忡忡的样子，弄不好他要走在贾母的前面。

结果，第二年，贾黄中就病逝了，而贾母“尚无恙”，还没有任何疾病。太宗很忧伤，知道贾黄中一向清廉，家中并不富有，于是赠礼部尚书之外，另赐钱三十万。等到葬事完毕，又召见他的母亲王氏，再赐白金三百两。还对王氏说：“勿以诸孙为念，朕当不忘也。”不要为你的孙儿们担忧，朕不会忘记他们。

《宋史》中，贾黄中与名臣李昉、吕蒙正、张齐贤同《传》，史称“四臣”。李昉为人毁谤时并不与之计较；吕蒙正被人污蔑时并不辩论；张齐贤被同列牵连并不解释；这些，与贾黄中多次荐引他人而不自居其功，是同样的品德。《宋史》中盛赞了“四臣”的这种君子人格，认为有圣明的君主才有贤明的臣子；正因为有了贤明的臣子才足以辅佐圣明的君主。这样的明臣顺应时代，道德高尚，与太宗一起，由修身明德而造就“承平之治”，“可谓君臣各尽其道”。这是传统军政治理中很动人的风景。

人民，本也；疆土，末也

张齐贤，可能是大宋历史上最难于理解也是性格最丰富的一个人物。

说清张齐贤，要先看看他给太宗的“主和”上疏。

太平兴国五年（980），太宗“高梁河之战”失败后，朝臣中很多人还想“速取幽蓟”，张齐贤反对，他说：

> 圣人举事，动在万全。百战百胜，不若不战而胜。自古疆场之难，非尽由戎狄，亦多边吏扰而致之。若缘边诸寨抚御得人，但使峻垒深沟，蓄力养锐，以逸自处，宁我致人，此李牧所以用赵也。所谓择卒不如择将，任力不如任人。如是则边鄙宁，辇运减，河北之民获休息矣。然后

务农积谷以实边用。敌人之心，固亦择利避害，安肯投诸死地而为寇哉！臣闻家六合者以天下为心，岂止争尺寸之土，角强弱之势而已！是故圣人先本而后末，安内以养外；人民，本也；疆土，末也。五帝三王，未有不先根本者也。尧、舜之道无他，在乎安民而利之尔。民既安利，内安本固，则远人敛衽而至。陛下爱民人、利天下之心，真尧、舜也。臣虑群臣多以纤微之利，克下之术，侵苦穷民，以为功能。至于生民疾苦，见之如不见，闻之如不闻，敛怨速尤，无大于此。伏望审择通儒，分路采访两浙、江南、荆湖、西川、岭南、河东，凡伪命日赋敛苛重者，改而正之，因而利之，使赋税课利通济，可经久而行，为圣朝定法，除去旧弊；诸州有不便于民者，委长吏闻奏，使天下皆知陛下之仁，戴陛下之惠，以德怀远，以惠利民，则契丹不足吞，燕蓟不足取也！

这一段文字说尽后来“主和”意见的义理。各种史料记载原文略有不同，我略为之整理补纳，疏通其大意是：

圣人做大事，不动则已，动就要考虑周全。百战百胜，不如不战而胜。自古以来，不得已诉诸疆场的种种灾难，不一定都是由异族导致，很多也是驻守边疆的官吏自生边衅所致。如果沿边要塞的将军任命得人，只需要修缮城防，高墙深沟，积蓄力量，养育锐气，以逸待劳，从容自处，不去侵扰敌人，宁肯敌人来侵扰我——这就是战国李牧之所以在赵国大破匈奴的功用。这就是所谓“择卒不如择将，任力不如任人”。这样，则边境安宁，转运减省，河北一带的士庶能够休养生息了。然后，积极务农，储存粮谷，以此可以充实守边之用。敌人的心也是人心，他们也会趋利避害，哪里肯心甘情愿趋赴死地来做寇盗呢？我听说统御宇宙者，以天下为心，岂肯争夺尺寸之地，角力强弱之势呢？所以说圣人做事首先务本，而后关注枝节，这就是先安定内部，以此来教化夷狄。人民，就是根本；疆土，就是枝节。从五帝三王以来，没有不先注重根本的。尧舜之道没有别的，主要在于安民、利民而已。人民安利，内部之本就坚固，夷狄就定会恭敬前来朝贡。陛下爱民人、利天下之心，真是尧舜在世。但臣担心群臣会为了微小的个人利益，施行苛刻下民的盘剥之术，以侵犯穷苦百姓为功为能。以至于民生疾苦，看到了就像没有看到，听到了就像没有听到。招惹怨恨、导致过错，没有比这个更大的了。恳望陛下审慎地选择有通识的大儒，分路采访过去吴越盘踞的两浙、李唐盘踞的江南、武平盘踞的荆湖、孟昶盘踞的西川、刘盘踞的岭南、北汉盘踞的河东，看看他们过去都有哪些赋敛苛刻沉重的制度规定，以圣贤之意为根本，将其改正过来，并因此而行利民之道，使国家赋税有定额，可融通调剂四方之用，可经久而行，这是为圣明的天朝立法，除去旧日的弊端。而各州郡有哪些不便于民生的旧式章程，可以委托有道义的地方官员直接向朝廷汇报，也要将其改正过来。这样，天下都知道陛下仁爱之心，普受陛下仁德之惠。用仁德来怀柔远方，用利益来惠泽人民，大宋能做到这个份儿上，吞灭契丹、收复燕蓟，实在不是什么难事了。

不仅如此，张齐贤这一番话事实上还另有深意。

原来，张齐贤在“高梁河之战”后似乎是“主和”派，但在后来的“岐沟关之战”前,他又是“主战”派。结果他“主战”的“岐沟关之战”大败，太宗很羞愧，对张齐贤说:“你看着，你看我以后还干这种事吗！”张齐贤更羞愧，几乎无地自容。

这个令人不解的矛盾，其背后的真相是什么？

张齐贤，在我看来几乎称得上是太宗朝绝顶聪明的智者、志士。他为何会有此前后不一的陈言？这不是“反复”小人的做派吗？

王夫之先生看出了个中门道。

概括王夫之《宋论》中的意见就是：

张齐贤事实上是“主战”派，这就是他在后来的岐沟关之战中赞同北伐的原因。但他看到太宗时代实在是无像样的将帅，如此，出征必败，所以主张暂缓征伐。但契丹得到燕云十六州，时间越长对大宋越是不利，因为契丹得其地，更知道大宋有收复之意，所以非常警觉，日夜修缮城防，边地日益巩固；契丹得其人，时间越久，当地士庶回归中原的意愿也就越是淡漠。到岐沟关之战时，其地其人已经沦陷近五十年，故老还在的，不足百分之一，更多人则食用契丹之俸禄、耕种熟悉之土地，渐渐为契丹同化。当地人已经开始视中原为“绝域”，太过于遥远的隔绝之地；视衣冠为“桎梏”，不愿意承受束缚之礼。这样，沦陷区士庶之心已经渐渐开始忠诚于契丹而不再忠诚于大宋。如此，则山前山后，永无可以收复之期了。所以，有志之士，急切地争取早一点恢复汉唐旧疆，担心的是来不及，哪里还忍心继续等待呢？太宗使用的曹彬、潘美诸将帅，也都不是张齐贤心目中的名将，与战国李牧比，他们还差得太远。但现状如此，张齐贤也只好姑且听之，长久蕴蓄在内心的收复之志，不得不“降志”，降低自己的期待和意志，姑且顺从这个安排吧！张齐贤为何在瓦桥关战役后反对太宗北伐？为何又在岐沟关战役前赞同北伐？这种前后矛盾并非是张齐贤主张的摇摆，更不是反复多变，实在是因为他知道无可以统率之将，但又不能一时一刻忘掉幽燕之耻啊！但有志于恢复汉唐旧疆的名士，胜利不足以得意，失败也不足以沮丧，这就是为什么岐沟关战败之后，张齐贤独守代州而有捷报。与那些怯懦的臣子们在一起，张齐贤实在无能改变他们，只好孤独地出头，独当一面，“少寄其磊砢之壮志而已”，稍稍以此一战之捷寄托其磊落不平的壮志。据此可以知道，张齐贤始终以收复为心，而不是游移多变、没有定力的人物。太宗也深深地知道他有忧国之诚，但也实在是因为藩镇割据以来“阴谋拥戴”的祸患太重太深，不得不疑忌将帅，不能消除这种私念，所以在控驭武将时，不期望他们坐大；武将们也深知太宗之情，故一力躲避大的战功、推卸大的军权。由张齐贤的前后矛盾之言，察看言论背后深不可测的隐情，君子实在认为张齐贤这种作为，是一大悲剧啊！

《续资治通鉴长编》说到张齐贤这个上疏，有评论道：

> 齐贤之论，其知本矣。然齐贤徒知契丹未可伐，而不知燕蓟在所当取。岂惟齐贤不之知，虽赵普、田锡、王禹偁亦不之知也。

张齐贤的议论，可以说是“知本”之论了。但张齐贤也仅仅知道契丹不可以讨伐，却不知道燕蓟必须要收复。太宗时，又岂止张齐贤不知道此理，就是赵普、田锡、王禹偁等人也不知道啊！

按这一评论的意见，张齐贤不过是为“主和”而“主和”。显然，此论并非知人论世，还远没有洞悉张齐贤内心的隐衷和苦衷，更无法理解张齐贤“智慧的痛苦”。与王夫之的精彩评论比，二者见识，高低顿现。理解人物很难；理解智者更难；理解大贤尤难。看懂史上智者、大贤，须别具只眼。

偶像李大亮

张齐贤几乎算得上一个传奇人物。

他是跟着哥哥学习儒学经典的，后来的滕公，也即向拱的老师，滕秀才，也对他有提携之功。他在贫困中长成后，逐渐有了四方之志，与友朋们论及时事，往往慷慨激昂，陈述意见，很有远略。史称“孤贫力学，有远志”，“议论慷慨，有大略”。

像很多年轻人一样，他少时也有自己心目中的偶像，是唐代的李大亮。

李大亮乃是大唐一等一的开国功臣。他的文武才略在很年轻时就已经显露出来，而且气场强大，在一堆人中，他最显眼。当初他曾与瓦岗军作战被捕，瓦岗军有一大将张弼，一见之下“异之”，当即认为此人不简单，于是杀了跟他一起被俘的一百来人，独独留下了他。俩人一番长谈之后，成为莫逆之交，成为一生的朋友。以至于后来李大亮富贵了，还在到处找张弼。但张弼也是人物，不想麻烦人，就总是躲着李大亮。过了很久，李大亮在街上认出了他，抓住他胳膊就大哭起来，说要将自己的财产全部赠送给他。张弼不受，李大亮就奏明唐太宗李世民，说自己之所以能为大唐立功，主要就是因为张弼当年有过不杀之恩，表示要把自己的官爵俸禄全都转赠给他。唐太宗就封赏了张弼。

李大亮还对民生问题很关注，对战后逃荒的难民，他都有周到安排，官财不够用时，他就卖掉自己的坐骑，资助百姓。

抗击突厥时，他更是屡立战功。有一次，他驻守一个小县城，突厥来犯。他看到形势不妙，众寡不敌，于是单骑到突厥营垒，与豪帅谈判，聊了一通祸福之理。史称“群胡感悟，相率请降”。李大亮又将自己的坐骑当场杀掉，与突厥宴饮，随后徒步而归。如此，突厥先后投降的有一千多人。

后来，他在大唐名将李靖麾下做凉州都督时，在青海大败吐谷浑，俘获其名王二十人，斩首数千级，缴获羊马牛畜二十万。他还曾经打疼了北方一个著名的异族薛延陀。

在平定国内叛乱时，李大亮曾连下十余城。

李大亮还有“中原本位”思想，在唐宋以来的“主战”“主和”争论中，他这个意见显得与众不同。当时境外突厥以及诸夷，有的归附大唐了，有的还没有归附。唐太宗李世民感到境外的番族部落在天寒地冻中，很苦，于是派人将粮食运输到边境，让李大亮为西北道安抚大使，赠送各部落，以示天朝皇恩浩荡。李大亮反对。他认为中原士庶也并不富有，将“本根”需要的生活资料这么大方地赠予外邦，是对本邦的扰烦。于是，给太宗上疏，留下了一段著名的奏章。他说:“臣闻欲绥远者，必先安近。中国百姓，天下本根；四夷之人，犹于枝叶。扰于根本，以厚枝附，而求久安，未之有也。自古明王，化中国以信，驭夷狄以权。故《春秋》云:‘戎狄豺狼，不可厌也；诸夏亲昵，不可弃也’。”我听说要安抚境外远方的部落，一定要先安定最近的人。中原百姓，乃是天下根本；四夷之人，好比枝叶。扰烦自己的根本，用来厚待枝叶，以此来求长久安定，是从未有过的。自古以来的明王圣君，教化中原靠的是诚信，驾驭夷狄靠的是权变。所以《春秋》有句话说得好:“戎狄部落像豺狼一样，很难满足他们；华夏诸民像亲人一样，不可以放弃。”

李大亮“化中国以信，驭夷狄以权”说，深得儒学精髓，也符合现代社会学对“组织”系统的分析。国家，也是组织。按社会学理论，组织系统内部，与组织与组织之间，其公平诉求和程度是不一样的。组织内部，作为本体，就是“本根”。那种薄待组织系统内部，厚待组织系统外部的行为，在文明组织之间，是不可想象的。所以《大学》有言:“其本乱而末治者否矣。其所厚者薄，而其所薄者厚，未之有也。”就这个意义而言，李大亮实乃大唐儒将。

画地十策

张齐贤为何欣赏李大亮?

他在给太宗赵炅的上疏中，恳切讨论“本末”问题，说“人民，本也；疆土，末也。五帝三王，未有不先根本者也”，似可看到与李大亮的脉络相近之处。圣贤人物，往往心意相通，在各类政策性决策矛盾时，圣贤人物的第一选择是民生，而不是君王、社稷、江山，或其他“大词”。

大唐名相房玄龄曾对唐太宗夸赞李大亮，“每称大亮有王陵、周勃之节，可以当大位”，经常表章李大亮有大汉顾命大臣王陵、周勃的节操，可以将大事托付给他。《旧唐书》认为房玄龄对他的评价公允，“名下无虚士”，是一个名实相副的大唐名士。

此中所论李大亮种种，也正是张齐贤后来所追求的，有些故实几乎就是对李大亮的模仿。张齐贤这一生就在做大宋名士。他也确实成就了自己的名士风范。顺便说，向拱也是这样的人。张齐贤为向拱作传，也有自家寄托。

张齐贤“画地十策”的故实，正史、野史都有记录。这故实很方便让人看到大宋初年的文人做派、帝王做派。

说张齐贤年轻时，什么功名还没有的时候，赶上太祖赵匡胤巡幸西京洛阳，张齐贤就自我推荐，拦住太祖御驾，说有平定天下的“十策”，史称“布衣献策”。古人做官要有官服、朝服，未做官时，年纪又轻，只能穿“布衣”。但这个“布衣”其实是麻衣。棉花用来织布并普及是很后来的事，而丝绸绫罗要老年人才可以穿。所以没有功名的人一般都穿麻布、葛布、兽毛衣服，而且多是短衣。“布衣”又称“褐”，所以古人又称做了官、中进士为“释褐”，就是脱去布衣的意思。这时，太祖就召这位“布衣”到行帐里，在便座前让他面陈。

张齐贤举止大方，在帝王之前毫无扭捏惭怍之相，他开始侃侃而谈。没有带“十策”的文字材料，就随手在地上比画。他献上的“十策”题目是：

一、下并汾。攻取河东北汉伪政权的方略，内中当涉及“选将”重要意见。

二、富民。此策乃是文明邦国题中应有之义。由张齐贤提出，带有“天下为公”的自觉意识。自觉“富民”，乃是推演国家目标、天下目标的制度性努力。民生问题，在张齐贤这里居于重要位置。

三、封建。主张起用宗室作为大宋屏藩。根据后来的军政演绎观察，虽然恢复西周封建制可能性不大，但是如果强化一下宗室分封于地方的力量，也许在靖康年间、祥兴年间，抵抗北方铁骑，会有另外的可能性。《宋史·宗室传》就认为：宋代宗室，虽然有分封，但名实不符，最后世代一远，宗室中人已经与士庶之家没有什么区别。到了靖康之乱，遭遇金人之虐，一个原因就是“无封建之实”，所以没有得到“封建之国”的助力。就这个意义来看，张齐贤有在大宋帝国恢复东周制度的美妙设想。

四、敦孝。孝道，是生命对生命的感恩文化。有此感恩，方有敬畏；有敬畏，方能对道德律令有坚守，方能有望演绎道义天下。因此传统中国秩序良好的时期都是主张并推行孝道的时期；反之，乱世，一般都是反孝道的。近代以来亦然。

五、举贤。邦国治理，举贤为重。古人成就自我，很大程度上要依托他人举荐，也包括自荐。制度设计为人才脱颖留出口，一般就会形成公序良俗；反之，遏制人才脱颖，就容易形成士庶戾气，久之，即形成社会危机。

六、大学。即太学，自西周以来即为培育高端人才的教育机构，但太学又不仅为培育人才而设计。更重要的功能，黄宗羲在《明夷待访录》中论“学校”，有言：“使朝廷之上，闾阎之细，渐摩濡染，莫不有诗书宽大之气，天子之所是未必是，天子之所非未必非，天子亦遂不敢自为非是，而公其非是于学校。”这就是在“学校”也即“太学”中演绎“天下为公”的舆论场，仿佛战国时齐国的“稷下论坛”。读书人可以在此评论时政和天下大事。这就是西哲所谓的“言论自由”。

七、籍田。核定土地，公平收税。国家财政主要来源在此，但必须透明公正。

八、选良吏。国家官员，从朝官到地方官，都有一套考核指标，德、能，是重要的两个尺度。

九、惩奸。贪赃枉法者、奸邪酷毒者、里通外国者，各类邪僻，在礼制和礼治无效时，即诉诸王法法条。

十、恤刑。疑罪从无，是古来圣贤至为切要的治狱、审案精神。“明德慎罚”，不以惩罚为主，而以明德为尚，对罪犯给予尽可能的文明待遇，是收敛天地不祥之气的必要法门。滥逞酷刑，非圣贤之道。

“画地十策”不俗。没有“以天下为己任”的情怀，一个无官位、无职衔、无声望的人物，会做这类思考？不说犬儒主义理解不了这种情怀，一般士大夫也总是先有著作，而后攀援名流，干谒豪门，等待荐引提携，而后成就一生，也很难理解这种情怀。人间的差异，很大程度上是格局的差异。“布衣”张齐贤，出手就是宰辅气象，这就是凡人与天才的差异。但有意味的是：赵匡胤理解他，而且深深地理解了他“以天下为己任”的士大夫情怀。

于是，赵匡胤认真思考了他的“十策”，认为其中四策很合理，可以施行。

不料张齐贤不干，坚持说其他那六策“皆善”，都好，都可以施行。

两人在御驾行进的路边争执起来。这位“布衣”操着鲁西南口音，梗梗着山东人的倔脾气，一个劲儿地说这“十策”多么多么重要。皇上则操着豫中口音，梗梗着河南人的倔脾气，一个劲儿地说只有“四策”可行。我仿佛听到俩人像庄稼汉一样在比画，在争论——

赵匡胤：“噫！恁说的那个不中，为啥？我告诉你……”

张齐贤：“啥不中？俺说的那些个没有一个不中，俺要讲那个道理啊，老鼻子去了。你听我慢慢儿跟你说……”

赵匡胤：“恁还说啥？就有四条中，剩下的全不中！”

张齐贤：“中！我说中就中！”

赵匡胤：“不中！”

张齐贤：“中！就中！”

史称“太祖怒”，赵匡胤发火了，令武士将张齐贤拽出行帐，扔道边上去。

但在起驾回东京的路上，他越想越认为“十策”确实“皆善”，虽然未必一定要挨个施行。在东京，赵匡胤对兄弟赵光义说：

“我巡幸西京洛阳，最大的收获是得到一个张齐贤。我不想给他爵位，给他官位，以后，你可以将他收在朝廷，让他辅佐你做宰相。”

这是老赵对兄弟的爱，也是对张齐贤的爱。对兄弟，他决计死后传位，且为大宋第二任帝王预备人才、延揽人才。此外，让张齐贤在太宗一朝最终成就宰辅事业，也是对他二人的一个期待。张齐贤后来在真宗一朝时说过：“臣受陛下非常恩，故以非常为报。”这是古来士子的一种普遍心态，也是儒学“君使臣以礼，臣事君以忠”的基本模型。孟子更将这一层意思发挥到了极致：“君之视臣如手足，则臣之视君如腹心；君之视臣如犬马，则臣之视君如国人；君之视臣如土芥，则臣之视君如寇仇。”赵匡胤要张齐贤去受太宗的“非常恩”，去做“非常报”。这种对大宋未来的设计和安排，只有政治家赵匡胤做得出。

对张齐贤，太祖所做是部分肯定，然后挫抑他的傲气，让他明白世界是有规则的，多一点谦逊敬畏之心，会成就更大。史上如此培育人才的案例不少，老赵这里是一个。

法贵有常，政尚清净

另有一个记录说是赵普向太宗推荐了张齐贤。张齐贤还在“布衣”时，多有士大夫行为，也即“士行”，赵普很欣赏。张齐贤出生于后晋石敬瑭时代，父亲去世早，他三岁时跟着母亲到洛阳。父亲死的时候，家中几乎没有钱来办丧事，河南的一个县吏为他们操持了这个事。张齐贤一辈子没有忘记这个人，以“兄礼”来对待他，直到他富贵之后，这个“兄礼”也没有变化。有个太子少师名叫李肃，张齐贤年轻时也曾寄托在他那里。李肃待他不薄。张齐贤做官后，李肃病逝，张齐贤一力操持办理了他的丧事。据说赵普一开始推荐时，太宗没有用。赵普于是将张齐贤这些事讲给太宗听，并说：“陛下如果能进用张齐贤，张齐贤感恩，他日给陛下的回报会比这个还多还大。”于是太宗起用了他。

是天才就不会受挫后一蹶不振。受挫感太强，一般离天才较远。天才的自信不是外力可以击垮的。“画地十策”之后，张齐贤在超级自信中，继续磨炼，动心忍性。他在修炼中等待。

一年后，太祖崩，太宗践祚。张齐贤来考进士。太宗想起哥哥的推荐，放榜时，很想将张齐贤拔为高等，但主持考试的官员将他置于第三甲之末。太宗也没有办法改变这个“考分”，但他也有变通的办法。等到这一榜进士要任命官职时，太宗将所有进士全部放为京官，再到地方通判州郡。张齐贤这一榜“释褐”就做了将作监丞的京官。将作监，为掌管宫室建筑和用器的官署，丞为将作监的监事。一说张齐贤“释褐”为大理评事，大理即大理寺，略相当于现代的最高法院，评事，大理寺属下官员，掌推按，参决疑狱。然后以这个京官身份到衢州去做通判，正六品，比七品知县职位还高。

张齐贤在官期间，做了不少利民利国事，除了抗击契丹，所有政绩都与“民生”主题相关，以至于他离开地方时，地方士庶都很怀念他。这里不做介绍了，说几个张齐贤跟“法”有关的故实，看看这些故实是大事还是小事。

他刚到衢州，就赶上一个大案，当地抓获了一干劫盗犯罪分子。地方论及这个案子，要将所有人全部正法。但张齐贤不愿意这样简单执法，他从中很细心地甄别出五个人，属于“失入者”，非主观作恶，不小心掉入“劫盗”之案的人。这就等于救了五个人的命。

这是小事还是大事?

就帝国而言，甚至就地方而言，这确实不是大事；但就这五个人中的每一个人而言，就是大事，天大的事。事实上，就张齐贤而言，也是大事。儒家伦理，自孟子以来，就有这样一个铁逻辑:“杀一无辜而得天下，不为也。”传统中国法系，自从汉代以来，就有儒学儒家的介入,因此,经由儒学儒家推演的法理,成为“法上之法”,它具有西方所谓“自然法”的性质。这个“法上之法”的核心是“救人”而不是“杀人”。中国史上，凡读圣贤书者，皆知此理。

以前，诸州郡有罪人，大多要解送京师，由朝廷审问。地方这么做的原因与“抑制藩镇”有关。自太祖时代起，对地方大员“收兵权”，也收“财权”和“法权”，这是为了从源头上解决藩镇作恶的问题。就“法权”而言，五代以来的地方藩镇独立处理法案，杀剐随意，草菅人命，没有任何制度性的制衡。这种司法不公造成的冤假错案比比皆是。于是太祖时代将终审权收归朝廷，死刑更必须由朝廷复核，而后才可以执行。那种地方随意“以法治之”的现象，渐渐转换为“依法治之”。但这样一来，又新生一个弊端。地方上干脆将疑难案例上交，不再承担责任。随后就出现了更糟糕的事：各地往京师递解“嫌疑犯”,越来越多,朝廷等于在为地方干活。这种越俎代庖的事，事实上在瓦解着帝国的司法管理正当性——你还有没有能力管理邦国的执法？不仅如此，“嫌疑犯”们在往京师押送时,从江南到京师,从河北到京师,从甘肃到京师……路途遥远，五冬六夏，气候无常，又因为没有法律法规保障，吃喝都没有人愿意无偿供给。所以这样的“嫌疑犯”，一路上比林冲发配沧州还惨。史称“诸州罪人多锢送阙下，路死者十常五六”，路上要死一半人以上。这个现象应该从太祖时代就出现了，但是没有人看到，或没有人愿意为这个事情在“吏治”方向上想对策。张齐贤，这个读圣贤书的书生，在后来做江南西路转运使时，路上一次次碰到由江南诸州送往汴梁的一队队“嫌疑人”，他都要向解送的官吏要犯人的案卷查看。从中，他发现了很多被判决正法的犯人不是首犯，于是，就一个个为他们伸冤。并因此而提出解决问题的办法：

以后，凡是往京师递送囚犯，未送之前，要有地方委托精明有能力的官员反复审问，落实，再递解；如果审问不实，则从事审问的官员算犯罪。

这个意见得到了太宗的认可、接纳。地方官员开始认真办理案件，谁也不敢玩忽职守。从此，江南送往京师的罪囚减少了一大半。

这就是从制度性源头解决问题的“社会零星改造工程”，也即不做“彻底”“坚决”“一揽子”改变社会的梦想，而是从一个个具体的弊端开始改造。西哲波普尔认为这是自由邦国应该有的决策模式，有意味的是，吾土大贤王夫之先生也持这样的意见。而张齐贤，以及大宋帝国的圣贤们，往往就是这样一点点地在改造着中国。

显然，这不是小事情。甚至，比起他的“画地十策”来，更重要。按照王夫之先生的意见，甚至范仲淹，动辄“一揽子”解决帝国问题的“策划案”，那种“亟议更张”，着急要讨论大的变革，也是导致后来王安石变法种种问题的“先声”。于是“百年安静之天下”开始有了纷扰。如此，则张齐贤的“画地十策”与范仲淹的“条陈十事”,就有了逻辑上的同构关系。从政治“安静”这个秩序原理来看，太祖赵匡胤只肯认“十策”中的“四策”是有道理的。这个话题较大，留待以后慢慢展开。事实上，张齐贤后来再也没有重新提起过“画地十策”的实施,即使他多次出入相府,也没有再继续推行的念头了。这是因为他明白了一个道理:“法贵有常，政尚清净”，实在是天下福音。

这八个字就是张齐贤的语录。

他说这句话，也是他在做转运使时对民间疾苦的一次考察。

南唐李氏朝廷,对民间多有搜刮。一些小民居住在“国有土地”上，就要缴纳“地房钱”，这也罢了，但有的地方小民居住在江边，江水已经淹没了租住地，也要收“地房钱”；更有甚者，有人租不起地，就编排了大木筏，浮在水上居住，也要榨几个散碎银子出来，巧立名目曰“水场钱”。这些前代的弊政、恶法，到了张齐贤这里，全部割除，免掉。

他还看到一个现象。李氏据有江南时，有一个规定：稍稍有钱的人家，纳税超过三千钱以上的人家，每户都要出一个壮丁，还要在脸上刺字，并要这户人家自备军服盔甲和兵器，然后送到官府代为保管。遇到战事起，就将这些军服盔甲兵器交给壮丁，每天给米两升，组成武装力量，名“义军”。南唐归附大宋后，这些人都被太祖放归，重新务农了。但是到了太宗朝，有人认为这些壮丁过去曾经算行伍之人，恐其不乐于耕种，可以派遣使者挑选一些人重新入伍,并其家属一块都送到京师来。张齐贤反对这个意见。他上言道:

“江南义军，例皆良民，横遭黥配，无所逃避。克复之后，便放归农，久被皇风，并皆乐业。若逐户搜索，不无惊扰。法贵有常，政尚清净，前敕既放营农，不若且仍旧贯。”

江南过去的“义军”,一个个都是良民,不幸横遭刺字,配隶行伍，没有办法逃避。大宋克复江南之后，都放归务农了。多年来已经在皇风之下，安居乐业。如果像这位说的，挨家挨户搜索，去找够得上条件送往京师的壮丁，那是免不了要惊扰地方的。法律，最珍贵的是稳定不变；政制，最崇尚的是清净无为。太祖时既然已经下诏要他们回家务农了，不如不变，“仍旧贯”。

“法贵有常，政尚清净”，这是受过保守主义政治哲学训练的思想者都能理解的正价值。文明邦国的政治家都明白这个道理，以及这个道理的重要性。尤有意味的是“仍旧贯”三个字，这是孔夫子非常赞同的一个意见，是孔子的弟子闵子骞语录。此事重大，值得略略展开。

仍旧贯

《论语·先进》：鲁人为长府。闵子骞曰：“仍旧贯，如之何？何必改作？”子曰：“夫人不言，言必有中。”

鲁国要重建国库。闵子骞说：“仍用旧库的老样子，怎么样？何必一定要改建？”孔子说：“此人很少说话，但一说话就在点子上。”

改作，就要大兴土木，就要劳民伤财。所以不如因袭旧事不动为好。朱熹为《论语》做《集注》说：“言不妄发，发必当理，惟有德者能之。”因袭旧事,是一种“有德者”的保守姿态。动辄求新“改作”,其实是不自爱不自信之表现。从思想背景考察,“改作”往往与激进或激进主义有关。府库翻新,若无必要,即属多事。这类求新在现代市政建设中往往可以概见。一些城市的老建筑,承载着历史的文化信息,凝固为城市的古典音符。古建筑的存在,因为时间参与,具有了四维的性质。它们在寂静中给人的沧桑感,透逸出的古雅之美,是不可再生,不可再创造的。每一栋古建筑,都是一件独一无二的艺术品。公开破毁这类古建,就是在公开破毁艺术品,与公开焚烧一幅名画没有什么两样。这是比焚琴煮鹤还要煞风景的蠢行。但一栋栋古老的艺术建筑,在“求新”的建设心态(以及利益的追逐)下,已经(并正在,且还将)频频遭遇破毁。这类“改作”行径所透露的就是激进思想。而激进,是与保守完全不同的一种思想理路。

在文明的推演中,保守或保守主义,是比激进或激进主义更值得推许的思想价值。原因就在于,保守主义尊重人类往昔的创造,注重经验的累积,不相信世有“能人”可以快速地推进历史进程。这样,在保守主义的文化保守过程中,共同体间的传统得以保存,道德的架构得以保存,文明得以保存。而激进主义不这样。激进主义专以破毁为要务。有意味的是,一些破毁,却是打着建构的旗帜出现的。为了建构一个新世界,必须破毁一个旧世界,就是激进主义的常见模式之一。而破毁的结果是:共同体间的传统也遭遇荼毒,道德架构开始崩塌,文明罹难。文化的浩劫,往往起源于激进或激进主义。激进或激进主义,往往远离文明,这是今天的人们应该反思的精神事件。

孔子和闵子此处讨论的，可能有节俭的观念，但更重要的还是保守精神。这是圣贤的光荣，很珍贵，值得今人记取。

张齐贤对南唐壮丁案，坚持“仍旧贯”思想，已经与“画地十策”时的慷慨激昂，有了距离。

此外，“政尚清净”也是政治治理中的一大关节。

淳化四年（993），太宗赵炅已经接受张齐贤的意见，有此思想。他对宰辅吕蒙正、吕端等人说：

“清静致治，黄、老之深旨也。夫万务自有为以至于无为，无为之道，朕当力行之。至如汲黯卧治淮阳，宓子贱弹琴治单父，此皆行黄、老之道也。”

以清静无为而达到天下大治，这是黄帝、老子非常深奥的思想。天下万物大都从“有为”而走向“无为”。无为之道，朕应当努力施行。从古人经验来看，汉代的汲黯，清静不多事，卧在床上就治理了淮阳；春秋时的宓子贱，清静不多事，每天弹着琴就治理了单父县；这都是在行黄帝、老子的清静之道啊。

参知政事吕端回答说：“国家若行黄、老之道，用这种办法来达致升平之世，效果很快。”宰臣吕蒙正说：“老子称‘治大国若烹小鲜’，就是说那鱼不要一个劲地去翻动搅扰。锅里的鱼来回翻动搅扰就烂了；邦国之民来回翻动搅扰就乱了。现在大臣中，上封事议论制度变更的人很多，陛下可渐行黄、老清静之化，来镇定这些议论。”

太宗回应说：“朕不欲塞人言。狂夫言之，贤者择之，古之道也。”朕不想堵塞人的言路。狂人有话让人家说就是，贤者自有选择，这是古来之道。

这一段对话意味深长。

它至少表明了如下几层意思：

一、张齐贤“政尚清净”说，在太宗这里得到了肯认。

二、此说来源甚古，与“黄老哲学”相关。而这种不扰民，也即“无为而治”的思想，其实也是儒学的。“无为而治”是《论语》而不是《老子》中的话头。而这个思想最为接近现代政治哲学哈耶克的“自发秩序原理”。

三、大臣们在淳化年间已经有了“上封事”议论更化的意见。这些意见，有的属于折腾。所以吕蒙正主张“镇之”，也即中止他们的进言。

四、太宗认为“人言”不可“塞”。即使是折腾言论，也让他人去说，说话在人，选择在我，是“古之道”。

史称张齐贤做转运使时，周行若干州郡，“勤究民弊，务行宽大，江左人思之不忘”，勤于研究调查民间之弊政，务必行使宽大政策，江南士庶都很思念他，无法忘记。

食料羊

张齐贤，是最优秀的帝国官员之一。

他有很多轶事。据说他长得很美，“姿仪丰硕”，姿态仪表很丰满高大，其实就应该是个大胖子。

据说他在河南尹张全义的门下时，有好几个人的饭量，常说自己没有吃过一顿饱饭。遇到村子里有人做祭祀做法事之类，他跟着参与，才能吃个饱饭。有一次到人家做法事，看到人家宰牛后有一张牛皮，他取来煮熟，全部吃掉。甚至还传说，他在“画地十策”时，太祖召他进入行宫，赐给他卫士们吃的工作餐“廊餐”，一份不够他吃的，就在大盘子里，也即公用盘子里，直接用手抓食。太祖好笑，就用柱斧点他的脑袋，让他说那“十策”。他就一边吃一边说，根本不害怕，据说太祖还给了他一束帛。这个记录出自大宋哲学家邵雍的儿子邵伯温，见于《邵氏闻见录》。但此说与“令武士拽出”说不同。变通一下，当时的历史场景可能是：人是拽出去的，但拽出去之后，又给了一束帛。

另一个野史，宋人周辉的《清波杂志》，还记录了张齐贤的一个梦，说他“布衣”时，在嵩山游历，醉了卧在一块大石头上，梦到有人驱赶一群羊到他跟前说：“此张相公食料羊也。”这是张相公您这一生要吃的食料羊啊。等到他富贵之后，每一顿饭都要吃好几斤羊肉，还往往不够饱。史称“健啖世无与比”，他的能吃，世上几乎无人能比。

看来张齐贤乃是大宋第一吃货，天下头牌饕客，应该没有问题。说张齐贤曾经知安陆州。安陆在今天的湖北，此地比较偏僻，一般人没有见过大官，张齐贤带着京官的身份下放地方，人们听到、知道他的能吃以后，感到此公不类常人，史称“举郡惊骇”，整个州郡都很惊奇咋舌。结果就有一个好事者——在一次与宾客的会宴中，厨房的一个小吏就准备了一个金漆大木桶，放在大厅旁边，偷偷地盯着张公吃什么，只要张公吃一样东西，他就将同样类型同样分量的东西投入大木桶内。等到晚上，又喝酒，就连酒也倒进去，最后连酒水带食品，将整个木桶都装满了。史称“郡人嗟愕”，州郡之人都很感叹吃惊，认为“享富贵者必有异于人”之处。记录这事的乃是欧阳修，就在他的笔记《归田录》里。

张齐贤因功得到提升，到了淳化二年（991）的夏天，他已经做到了参知政事，这是正式管理国家行政事务的职务，不久，又拜礼部侍郎、同中书门下平章事，这是宰相正职。此时，他已经富贵。太宗知道他少年时代家庭贫寒，由母亲带大，这样的母亲带出这样的儿子，应该不是简单人物，就同时封赏了他的八十岁母亲孙氏为晋国夫人。按例，命官夫人可以到宫中来与皇后聚会，这类活动略相当于当时流行于欧洲的贵族沙龙。孙氏年老但身体康强，有时就到宫中来。太宗每次见到这个老太太，都要慨叹她有福、有寿、有令子。经常亲笔写诗、写诏书慰问老人家，另给赏赐，待她犹如家人。就像欧洲贵族得到国王恩赏，视为荣耀一样，大宋当时的“缙绅”也都认为这是很大的光荣。

记录这事的大宋“缙绅”名流叶梦得，曾与张齐贤后人有来往，他在张府亲眼见到太宗写给孙氏的诗和诏书。诗云：“往日贫儒母，年高寿太平。齐贤行孝侍，神理甚分明。”手诏云：“张齐贤拜相，不是今生，（乃是）宿世遭逢。本性于家孝，事君忠。婆婆老福，见儿荣贵。”太宗诗文都有“简质”的特点，叶梦得认为“简质”，也即简易、质朴，也是太祖太宗历来待臣之道。故实见叶梦得《石林燕语》。

张齐贤嫉恶如仇，但对仆役下人又有优容的一面。

他在做江南转运使时，一日家宴，有一个仆人某甲偷偷地窃取了几只银器，放到怀里。恰好被张齐贤在帘子后面看到。他盯着仆人看，但一句话也不说。当时不说，三十年也不说，跟任何人都不说。后来他三次出任宰相之职，门下的仆役们也都有提升，而某甲的位置却一直没有动。一日，某甲瞅了个机会，对张齐贤说："某服侍相公您时间最久，但是比我晚到府上的，都得到了一个官职，相公您独独把我遗漏，这是怎么回事啊？"说着眼泪都下来了。张齐贤说："我本来不想说，你却来埋怨我。你还记得在江南时，某日，你偷盗我银器那事吗？我带着这个往事三十年，不告诉任何人。我现在做国家宰相，推荐百官，哪里敢以盗贼来蒙羞受辱？这样，念你服侍我多年，我给你三十万钱，你离开我门下，另外去选择一个安身之地吧。我现在揭发了你过去的糗事，你应该有愧，此地不可再留你啦！"某甲闻言，又震惊又害怕，哭着离开了张府。

君子、小人，永远会有。世界没有希望成为君子国，因此，这类故实就总有警世、醒世、喻世的意味。懂此理者，小人可以戒惕，君子可以守恒。

张齐贤读圣贤书，但他不是循循儒者，不是那种可以唾面自干的人物。

大宋言论自由，但很多人不大珍惜这种格局，借着可以自由说话的机会，多行诽谤之事。

“居官弛慢”与“清净之理”

张齐贤曾经以吏部尚书的朝官身份知青州，长达六年。治理地方很是“安静”，这是儒学和现代政治哲学肯认的较好治理模式，既不轰轰烈烈做泼天的政绩，也不绞尽脑汁做搜刮的恶事，地方诉诸民间自治，在“自发秩序原理”下，推演“无为而治”。但好大喜功之徒不喜欢这种“安静”模式，总要折腾点“动静”出来，于是与张齐贤有龃龉。有人就诽谤他“居官弛慢”，做官很懈怠，啥事也不管；很傲慢，啥话也不听。朝廷听说后，就将他从青州召回，免了知州之职。张齐贤对人发牢骚:“向作宰相,幸无大过。今典一郡，乃招物议。正是监御厨三十年，临老反煮粥不了！”过去做宰相，还好没有大的过错；现在执掌一个州郡，却遭到非议。这真是管理御厨三十年,到老了,反而不会煮粥了。张齐贤这话肯定是正话反说，他对“弛慢”说并不买账。

懂得“清净之理”，懂得“无为而治”的士大夫们听说这话后，对“弛慢”之说也甚为不满,认为持此说的人纯粹是对张相公的诋毁，史称“士大夫闻之，深罪谤者”。

张齐贤一生富贵，虽有起落，但不碍平安。晚年退休，不想再参与政事，做一个江湖散人。他在洛阳购得大唐中兴之臣裴度留下的午桥庄，一大片园林。这里曾经是裴度与白居易、刘禹锡等名流宴饮盘桓的居所。张齐贤得到后，很愉快，经常在院子里与老朋友乘坐一小车，带着酒具，游玩，垂钓。他还另外造一卧辇，可以坐在上面，让人抬着，一边吃酒，一边看园子里庄稼的长势，醉了，就栖息在树荫下。他还写了一首诗给人看，诗云：

午桥今得晋公庐，花竹烟云兴有余，
师亮白头心已足，四登两府九尚书。

裴度曾被大唐封赏为晋公；师亮，是张齐贤的名字。《续资治通鉴》说他“四践两府”，四次到两府，也即枢密院、中书省工作，一个是武职，一个是文职；“九居八座”，九次兼任八个要职，也即仆射、枢密使、六部尚书。

他对自己俗世的一生似乎很满意，但仍有内心的孤独。他似乎很明白当朝显宦们没有补天浴日的大手笔，甚至连寇准这样一等一的人物，他也不愿意再多来往。真宗朝大搞“封禅”“天书”，虽然有试图以此震慑蛮夷的隐衷，但读圣贤书的张齐贤视此为“怪力乱神”，不认为是治国正途。他给真宗上疏，没有得到肯认，于是有了退隐之念。所以午桥庄大门上题写着他的一个榜文：

老夫已毁裂轩冕，或公绶垂访，不敢拜见。

老汉我已经毁弃了官服官乘，如果有当朝名公来访，老汉实在不敢相见。

他内心孤独，可能一生没有知音。

愿得制度狭小

沈伦，原名沈义伦，因为名字中的“义”与“赵光义”重合，避讳，所以改名为沈伦。

他在太祖时奉使到吴越，路过扬州、泗州时，见到因为“民饥”，饿死很多。沈伦回到朝廷，就说服太祖将当地的军粮储备拿出来赈济饥民。王师伐蜀，他做转运使，王全斌等将领竞相搜取民间财货子女，沈伦独居佛寺“饭疏食”，吃粗粮素食。转运使，也是一方大员，有人就拿了搜取而来的珍异奇巧献给他，沈伦一概拒绝。东归汴梁时，他的囊中，只有图书数卷而已。

沈伦信佛。他的居处很卑陋，但他“处之晏如”，很泰然，无所谓。当时权要们都在设法冒着朝廷禁令，到陕西、甘肃去购置大型木料，用来营造私宅。等到事情败露了，只好向太宗检讨。沈伦也曾为母亲购买西部的木料营建佛舍，于是也来检讨自首。太祖看见他一笑，说：“你不是破坏纪律的人。”太祖更知道他的私宅还从未修过，就派遣中使带了图纸，为他营建。沈伦私下告诉使者说：“愿得制度狭小”，希望房屋构造不要太大，小一点。使者告诉太祖，太祖同意，史称“不违其志”，不违背他廉节之志。

太宗时，编《太祖实录》，沈伦为监修，李昉、扈蒙等人修撰。

他与卢多逊私交不错，卢多逊事情败露之前，沈伦已经上表请求退休；等到卢多逊事情败露，因为沈伦与卢多逊为“同列”而不能察觉其“阴谋”，太宗狠狠地斥责了他。

沈伦一直很清介，醇朴、谨慎。因为信佛，相信因果，曾经在盛夏之时坐在室中，任凭蚊虫叮咬。有照顾他的童仆拿着扇子来赶蚊子，他就将童仆斥退。沈伦期望用这种行为祈福。他在相位时，也曾赶上“岁饥”，闹饥荒，乡里人有向他借粮的，他都给予，最后的数目达到“千斛”。“斛”乃是容量单位，以前一斛十斗，约合今一百二十斤；宋时改为五斗，约合今六十斤。“千斛”，就是六万斤。这在宋代不是个小数目，对任何人家而言，都是一笔“财产”，但沈伦将粮食借出后，到了年底，把所有的借据都烧掉了。

但沈伦道义上有一事不免有“惭德”。

他还在不知名时，曾娶阎氏，无子。后又纳田氏生儿子沈继宗。等到他富贵时，原配阎氏觉得自己无子，有愧，就多次将朝廷封赏给她的封邑让给田氏。沈伦的做法是：答应了，并开始为田氏营建府邸，于是正式由田氏做了正室。

这件事，“搢绅非之”，当时的士大夫都认为沈伦不对。

我也认为沈伦不对，待阎氏不公。

广开言路与楚文王

宋琪则是另一类型的宰辅。

他本来是幽州蓟人，石敬瑭割让燕云十六州后，此地属于契丹。契丹也开科举，宋琪举进士及第，曾经做过契丹王子的侍读。契丹侵略中原，灭后晋，宋琪跟着，并留在了中原。后汉、后周，他都在做官，曾有辨别冤狱的记录。于是太祖时，提拔他为开封府推官，负责京师刑狱工作。当时太宗赵光义为开封尹。但太宗看到他与赵普等人过从甚密，那是结党营私的节奏，因此不喜欢他，就跟太祖说，将他从开封调走，到外地做官。一直到太宗践祚，还是不喜欢他，史称“抑琪久不得调”，压抑宋琪好久不得升调。

太平兴国三年（978），授宋琪为太子洗马，这是皇子的侍从文官。但太宗在给他职官之前，召见他，为他此前与人勾结朋党之事，批评了他。宋琪拜谢，愿意悔过自新。正在他一步步升迁时，又遭到卢多逊的抑制。卢多逊败，宋琪才得到机会。后来做到尚书，成为宰辅大臣。但太宗还是有点不放心他，就特意对他说：

“世之治乱，在赏当其功，罚当其罪，即无不治；谓为饰喜怒之具，即无不乱，卿等慎之。”世上的治理乱世乱局，在于赏罚分明，赏就应符合他的功，罚就应符合他的罪。这样，就没有不能大治的。假如将刑赏当作发泄自己喜怒的工具，那就没有不乱的。爱卿等人要慎之又慎。

但宋琪并不谨慎，他在“晋邸”时，就曾经因为“结党”，被当时的晋王赵光义鄙视，但还是不能改掉这类习惯。有一次，太宗很诚恳地对宋琪等人说：

“过去，帝王们大多因为居于九五之尊，颜色态度很严厉，弄得左右没有人敢说真话。朕与爱卿等在一起，一直很平易，尽量和缓颜色，商榷时事，就为能通达上下之情，不要有拥塞窒碍。爱卿等尽管直道而行，不要有所顾忌避讳。”太宗这一番话，事实上是期待言论自由之下的太平治世。

广开言路，这个国策，太宗一朝堪称一以贯之。

雍熙元年（984）九月，太宗对宋琪等人说：

“今岁西成，四方大稔，人民亦无疾疫，皆上天垂佑所致，当与卿等力行好事，以答天意。”

今年秋熟，四方都有丰收，人民也没有什么疾患疫情，这都是上天垂佑我们大宋所致。朕当与爱卿等做更多好事，来报答上天恩典。

然后说：“昔楚文王得茹黄之狗，苑路之矰，畋于云梦，三月不返。保申谏之，王引席伏地，申束箭五十，跪加王背者再，申趋出请死，王召而谢之，杀狗折矰，务治国事，并国三十九。朕观书至此，未尝不嗟赏数四，自古君臣，非道合何以及此。若君不信用，虽有直臣，亦无以行其道。”

太宗这话是一则比较偏僻的典故，补足前后语意和来龙去脉，大意如下：

过去，楚文王得到茹黄那地方的猎狗、苑路那地方的好箭，就到云梦去打猎，三个月都不回来。得到丹那个地方的美女，就沉湎在淫欲中，一年不理朝政。大臣保申劝谏他，说：“先王让我做太保，按规定，您这样表现应该受到鞭打。”楚王说：“我从小生在富贵中，请改变刑罚，不要鞭打我。”保申说：“我承受先王之命，不能废弃这个规定。”楚文王只好接受，趴在席子上，保申拿了五十支一束的箭（一说荆条），跪着放到楚王的后背上，几次这样。就算象征性的鞭打了。楚王说：“反正我也有了受鞭刑的名，还是真实地打我一顿吧。”保申说：“对君子，要使他内心感到羞耻，如果羞耻都不能改变，皮肉受苦又有何用？”说罢，匆匆离开王宫，自己流放到沼泽之地，并请求给他死罪。楚王说：“这是我的过错，保申有什么罪？”于是，楚王召回保申，杀了茹黄的猎狗，折断宛路的名箭，放走丹地的美女，改正了以前的过错。后来楚国兼并了三十九个国家，变得强大。这是保申极言劝谏才有的结果。朕读书至此，往往叹息不已。自古君臣，如果不是以道相合，怎么能做到这样。如果君不能守信用，即使有直言之臣，也没有办法通行正道啊！

宋琪听后，为太宗的博学感到很惊讶，就说：

“这事，百年来，人君很少有知道的。如果不是陛下博览群书，哪能得到这种鉴戒。但是臣听说：‘知之非艰，行之惟艰’，愿陛下勉励啊！”

这是宋琪最大胆的一次言说。

太宗认为他说得对。

但宋琪，偶然会有的那种鄙陋，暴露了他庸人的一面，不仅与“敢以天下为己任”的赵普不同，即使与“清介醇谨”的薛相、李昉比较也有距离，甚至与沈伦比较，似也缺少一点信仰中的坚守。他看中了卢多逊的大宅子，就与同列柴禹锡串通，由柴禹锡向皇上吹风，要将卢宅转移给宋琪。广州那边转运使王延范试图“偏霸一方”的大案中，柴禹锡与宋琪也在为之辩护，让太宗不得不猜忌他们的“结党”行为。如果他们的“结党”如仁宗时的范仲淹为天下计，那将是另外一种性质。现在，为了一个远房的亲戚王延范，为了得到卢多逊的大宅子，就这样叽叽喳喳，确实有失大臣风范。

宋琪本来是燕人，对契丹形势很熟悉，他曾经给太宗上表，长篇大论讨论攻取契丹的谋略，有大而无当之处，也有切合实际之处，太宗曾有选择地采纳过他的意见。后来在攻取西夏时，他也有可取的意见贡献。

与薛相、李昉比较，沈伦、宋琪这两个宰辅少一点“大人”气象。

吕蒙正与太宗的博弈

吕蒙正，在宰辅中比较特殊。

他是正式科班出身，太平兴国二年（977），太宗朝头一场科举，他获进士第一，“释褐”授绶将作监丞，通判升州（今江苏南京）。

吕蒙正很顺利做到参知政事。最初，他的父亲好“内宠”，与妻子刘氏不睦，于是休了妻子，吕蒙正跟着母亲一块被扫地出门，生活很窘迫。但他像后来的范仲淹一样，越是困窘越是努力，终于一举中第，朝廷赐给府邸一座，于是接父亲母亲来住，但刘氏仍不与前夫来往，二人同堂异室，吕蒙正仍然恭谨伺候父母，没有怨言，直到吕蒙正父亲去世。

吕蒙正气量很大。参知政事是国务工作最有实权的宰辅职务，他第一次进入朝堂时，被朝士轻视，其中一人指着他说：“这小子也参政啊？”吕蒙正假装没听到走过去。同列人不能替他咽这口气，回头就问是谁这么大胆口吐狂言。吕蒙正急忙阻止他说：“不必不必。若果一旦知道此人姓名，恐怕终生不能忘。不如不知道为好。”此事传出，时人都很佩服他的气量。

太宗对这位新科状元有期待，对他说：

“凡士未达，见当世之务戾于理者，则怏怏于心；及列于位，得以献可替否，当尽其所蕴，虽言未必尽中，亦当佥议而更之，俾协于道。朕固不以崇高自恃，使人不敢言也。”

一般士大夫还没有发达时，往往看到当世政务有悖于义理的地方，就内心不快；现在你已经位列朝臣，有机会可以批评时政哪些有益哪些有害，贡献有益于政制的意见，要竭尽所有的智慧。即使某一个意见未必精当，也应当群策之际有所变更，使适用的意见有益于正道。朕是不会自恃地位崇高而让人不敢说话的。

不久，李昉罢相，吕蒙正拜中书侍郎兼户部尚书、平章事，监修国史。这就从副宰相往宰相又迈进了一步。在宰辅期间，吕蒙正为政重内涵，不重形式，务行宽大，有简易之风。这是宰辅的正经品质。因此不久就获得士林“重望”。吕蒙正也更以正道自持。他记住了太宗的一番嘱咐，遇事敢言，每一次议论时政，有不精允的地方，他一定要争论，要求趋于精允。太宗很欣赏他这种“无隐”的工作风格。赵普也欣赏他。

吕相的敢言，是薛相、李昉、沈伦、宋琪做不到的。

淳化年间，太宗检讨此前的历代征伐，有一番自我辩解的话头。他说：

“朕以前征讨北汉、契丹，目的只有一个，就是为民除暴。如果我要是好大喜功，穷兵黩武，天下恐怕早就被战火烧光了。”

这番话说的是实情。如果战争一味求胜，不计一切代价，也许会有另外的战绩，但那样一来，天下恐怕就会出现杜甫《兵车行》中的场景：“……边庭流血成海水，武皇开边意未已。君不闻，汉家山东二百州，千村万落生荆杞。纵有健妇把锄犁，禾生陇亩无东西。况复秦兵耐苦战，被驱不异犬与鸡。……君不见，青海头，古来白骨无人收。新鬼烦冤旧鬼哭,天阴雨湿声啾啾！”如此“武功”，是太宗,乃至大宋王朝十八帝都不愿意看到的景象。惜民力、重民生，是大宋与其他王朝比较，很突出的“特色”。

但吕蒙正还不满意，他进一步敲打皇上说：

“隋唐数十年间，四次征伐辽东，那时人没有法子承受王朝命令。隋炀帝乃至于全军覆没，唐太宗则自己都运送土木去攻城，最后还是没有法子成功。说起来,治国之要,在内修政事！做到这一点，则远人自会来归，国家也可以因此自然导致安静。”

显然，“修德以来远人”，也是吕蒙正的关键词。就此也可以判断，他是一个“主和派”。

有一次晚上张灯设宴，乘舆之外，士庶云集，都在看皇上。吕相与太宗在一起。太宗再一次对自己的文治武功有了飘飘然的自诩。他对吕相说：

“五代之际，生灵凋敝，丧亡太多。周太祖郭威，从河北南归，士庶都担心大军剽掠。那时候，下面是火灾，头顶则是彗星，看到的人都很恐怖。朕当时亲历那个乱世，以为不会有太平日子了。但现在朕亲揽庶政，到今天，已经做到万事粗粗理顺。朕就经常想，感恩上天的赐予，让我大宋如此繁盛。于是朕知道：治理乱世，在人。”

吕蒙正避席，一本正经地回答：

“陛下现在看到的灯火辉煌，是因为陛下的车驾所在，士庶都聚集来看，所以繁盛如此。臣曾经在京师城外不到几里地的地方，看到很多因为饥寒而死的百姓。所以‘繁盛’不一定都是这样。期望陛下能够看到近处也看到远处，这才是苍生的幸运啊！”

太宗听到这一番话，变了脸色，什么话也不说。

吕相不慌不忙，泰然回到自己座位。

史称“同列多其直谅”，同列僚属们事后都称赞他的正直、诚信。

这一个故实，有意味的是“同列多其直谅”。大宋正在太宗一朝形成精英敢于同君权博弈，推演文明价值的倾向。乃至于这种倾向到了仁宗一朝，有了精英们越是被贬黜越是光荣的风尚。大宋群臣“敢言”，不仅仅是“胆儿大”的问题，而是价值认同的问题。精英们有了这种“民生为重”的理念，君王必得向此倾斜，否则就是“无道”，就要遭遇士大夫的“清议”批评。久之，以道义价值制衡君王权力的力量产生了。除非遇到“浑不吝”式的痞子皇帝，否则但凡有一星一点价值敬畏之心，就不得不严肃对待这种来自王朝精英的“道义价值制衡”。一般来讲，没有哪一个帝王敢于向“道义价值”挑战。这是传统中国秩序治理方向上的一大隐秘力量。在现代政治哲学中，还没有足够的讲述理清这一隐秘力量。它在何时，以何方式，由什么人主持，推演这种隐秘力量？帝王为何在道义价值制衡模式下老老实实，不敢挑战？个中更隐秘的力量是什么？都需要更大篇幅来条分缕析。这是一篇思想史大论文。

吕相对自己认为是正确的意见，会一直坚持，在跟太宗的“博弈”中，不胜出不罢休。这个特点很像赵普对太祖。

不可夺之志

有一次，太宗要派遣人出使朔方，下旨告诉中书选人，要选那种可以负责做事的人。吕相提出了一个人选。太宗不许。第二天，太宗又问，吕相还是提这个人选。三问，吕相人选不变。太宗恼火，将他的奏章扔到地上，道："一定要换人，你怎么这么执拗？"吕相答："不是臣执拗，是陛下还不了解这个人。"然后又固执地推荐此人道："这个人可以出使，其他人都不及他。臣不愿意用'媚道'来随意地顺从君主之意，怕害了国家大事。"说罢，将举着的笏板错开，让出脸来，俯首，将奏章拾起，纳入怀中，徐徐而退。同列都屏住呼吸，替他害怕。太宗退朝后对左右说："这老家伙的气量，我不如。"后来就用了吕相推荐的这个人，果然很称职。太宗对他这种"不可夺之志"很赞赏。

吕相也确有知人之明，为朝廷推举贤人不遗余力。

他有一次问自己的儿子："我做了宰辅之后，外间对我有何议论？"儿子实话实说："大人您做丞相，四方无事，蛮夷都向化本朝，很棒。但也有人说：吕相无能做事，朝中权力都被同僚们争去了。"吕相说："我确无能，但有一能，善于用人而已。这才是真宰相应该做的事。"

吕相有个"夹袋"，就是一个小布囊，里面有一小册子，常常随身带着。遇到新结识的某某人，或遇到官员之间的替代，也即交接任免，他都要与人交谈，了解对方有何特殊才干，以及对方所在之地有何特殊人才。客人走后，他就马上记录在小册子上，人才在这个小册子上都有分类。等到朝廷对某类人才有需要，他就随时找出向皇上或百官推荐。

真宗朝时，他年老要求回到洛阳居住后，真宗曾两次到洛阳去看他。有一次还问他："爱卿诸子哪个可以大用？"吕相回答："诸子皆不可用。但有一个侄子吕夷简，正在出任颍州推官，这是一个宰相之才。"从此吕夷简浮出水面，在后来的日子里，吕夷简成为仁宗一朝重要的栋梁人才。

还有一个人，叫富言，是吕蒙正的门客。一天，富言对吕蒙正说："有个小儿子十来岁，想让他进入书院，可以干个小活。"吕蒙正答应。等到见到这个孩子时，大吃一惊，道："这个小家伙，他日名位跟我差不多，但是功勋会比我还大！"于是让富言的儿子跟着自己的几个儿子一块学习，供给很丰厚。富言的儿子，就是后来的大宋名相富弼。

吕蒙正就是这样富有鉴别人才的能力。

吕相也有后来的名臣王安石的风采，对各类误解，基本不辩解。

吕相四故实

吕蒙正刚做宰相时，有个金部员外郎张绅，知蔡州，因为贪污事被免职。有不满意吕相的人就说："张绅乃是西京洛阳的豪富，哪里肯接受赃物？那是吕蒙正还没有中进士时，曾经向张绅求资助，未能如意，所以现在因此而锻炼成一场冤狱。"太宗听说，就恢复了张绅的官职。但吕蒙正并不解释，任人去东说西说。不久他还因为这个原因而罢相，他也不申辩。正好赶上考课院这个审查部门得到了张绅过去事的实情，此人确有贪赃事，于是罢黜了他。而吕蒙正也再次复相。太宗对他说："张绅果然是真的犯有贪赃事。"吕蒙正听了，给个耳朵而已，也不谢。

吕相故实多。

他还很清廉。过去，大臣入相，子弟可以"袭父荫"博得一个清要之职,就像皇上的子弟出生不久就可以封王,享受"食邑"一样，大臣的儿子也可以在出生之后即享受俸禄。这算是一种皇朝特权，与现代君主国袭用祖辈爵位意思相仿佛。但这种"特权"只在物质俸禄和荣誉尊严方面，并没有政治上的参政议政权力。卢多逊做宰相时，循例为儿子卢雍授官，起家即为水部员外郎。这是属于工部的一个司下面的干事，当为八品，后来就援例成为制度。现在吕蒙正儿子也要"袭父荫"，就上奏说："臣忝居甲科及第，释褐只得授将作监丞，九品京官。天下才俊，很多人没有机会，最后老于岩穴，默默无名，不沾寸禄者，太多了。今臣之子刚刚离开襁褓，就获这个荣誉职务，臣担心受到阴间谴责。请求以臣释褐时的九品小官补给他吧。"太宗答应他的请求，从此成为定制。

吕相应该属于"不语怪力乱神""不贵难得之物"的人物。有一个朝士家里藏有一面古镜，自言这面古镜"能照二百里"，打算献给吕相，意思就是要与吕相结交。吕相一笑道："我一张脸横竖不过碟子大，哪里用得到去照二百里。"听到的人很叹服他的机智。

吕相没有做官时，因为母亲被休，生活很贫困。等到富贵以后，特别爱吃一种“鸡舌汤”，每天都要吃一碗。有一天他在自己家花园游逛，老远看见墙角有一座土山，就问这是谁干的，干吗用的。左右回答：“这就是相公您吃鸡剩下来的鸡毛啊。”吕蒙正很惊讶：“我能吃多少鸡啊？能有这么大一座土山？”左右回答他：“鸡，一个舌头才多大点？相公您一碗汤要用多少鸡舌头？您吃鸡舌汤多久了？”吕蒙正这才恍然大悟。于是默然反省，从此绝不再食。

太宗驾崩后，营葬时，吕蒙正感到自己这一生主要业绩在太宗一朝，很感谢太宗对自己的知遇之恩，他不弄虚假的“感恩”，直接拿出家财三百多万，来资助修建陵寝。下葬日，他哭得特别悲哀。人以为“得大臣体”。

吕蒙正死后的谥号是“文穆”。

风浪中端坐

吕端，是那种轻易“不动心”的人物，看事、做事，有定力，外界纷扰，不影响他的判断力。

太宗朝，他做朝官考功员外郎兼任侍御史知杂事，前者略相当于负责考核官员政绩的组织部干事，后者则属于监察院和最高法院的副官。在这个职务上，他有一次漂洋过海出使高丽，回程时，大船遇到风浪，船上桅樯被大风折断，船上人没有不恐惧的，但吕端就是不恐惧，端坐读书，一如在自家斋阁之内。跟他同行的另一位官员，将船上所有比较沉重的东西，包括高丽国赠送的物品，都扔到海里，这才勉强回到中原。

此事一如后来的王阳明，在千军万马箭矢飞射中，可以端坐不动，在死亡来临之前，可以微微一笑，道一声“此心光明，亦复何求”，而后长眠。这种修养，史称“功夫”。获致这种“功夫”，必有此前多年历练而后可以功成。

“功夫”，来源于孔子。孔子可以在恶人桓魋的围困中，道一声：“天生德于予，桓魋其如予何？”还可以在颠沛流离中“弦歌不辍”。而在日常的姿态，则是“恭而安”，心存对天道的恭敬，而安于种种际遇。

这种“功夫”的思想源头则来源于《大学》：“……知止而后有定；定而后能静；静而后能安；安而后能虑；虑而后能得。”知止，就是知道自己的存在目标。对一个心存高远的人来说，他的目标即是使命，那是必须要达至的此岸存在。当这种目标已经内化为生命运动惯性时，轨道是不可能变更的。如是，外界种种纷扰，不可能让他“动心”。知止，而后，有定；定，而后，能安。

吕端是知道自己方向目标的人物——读圣贤书、致君尧舜时或立德，或立功，或立言，此生不朽。当着樯倾楫摧之时，死亡来临之际，慌乱，是无意义且有失圣贤气象的。夫子有言：“死生有命”，无须为猝临之灾难手忙脚乱。

看懂吕端这个故实，可以理解为何太宗要评价他“小事糊涂，大事不糊涂”。凡是与“知止”无关的事，在他看来都是“小事”，可以“糊涂”处理；凡是与“知止”有关的事，都是“大事”，必须勇决判断。

我猜想，就是在高丽回国的大船上，吕端开始被人讥笑“糊涂”的。

但吕端在大事上，确实“不糊涂”。

吕端曾在秦王赵廷美府邸公干，赵廷美做开封尹时，他就在府中做判官。当赵廷美被贬黜后，秦王府中一干署吏也都因为“经济案”遭到了“清算”，纷纷被贬。吕端被贬到商州为司户参军，从副部级贬到副科级。但他从容上道，不辩解，不忧虑。后来又被移往汝州，再被召回京师，做朝官，又出知蔡州。在蔡州时，有善政，当地吏民签名上表挽留。但还是被改为祠部员外郎，知开封县，迁为考功员外郎兼侍御史知杂事。然后出使高丽，回来后，一直做到右谏议大夫。

吕端也曾在许王赵元僖任开封府尹时再做判官。但没有想到的是，元僖，这位太宗很期待的太子，居然暴病而死。有人就认为吕端“裨赞无状”，作为王府判官，对王子没有有益的帮助。于是，御史武元颖、内侍王继恩就来到王府找吕端“谈话”，史称“推问”。

吕端正在堂上办公，看到人来，慢慢站起。二位使者很客气地说：“有诏推君。”有皇上诏令，要来推问先生。

吕端神色自若，对侍从说：“过来取走我的帽子。”

二位使者说：“哪里到那个地步？”

吕端说：“天子有诏令来问，那就是犯罪嫌疑人；既然是犯罪嫌疑人，哪里可以在堂上对待制使。”

于是，下堂，面对制使，随问而答。

吕端由始至终，讲礼，守礼。

得嘉赏未尝喜，遇抑挫未尝惧

赵元僖之死，是个大事件，吕端作为副职有轻微的连带责任。事件要处理，最后贬一级，由开封尹判官贬为卫尉少卿，俸禄掉了不少。这时又赶上“考课”也就是述职审查。群官之中有受到迁谪成为闲职的，那样，就没有了正职的重要俸禄，收入少一大截。到了跟皇帝“引对”，也即回答皇帝询问时，很多人在哭诉削官之后家中不免饥寒。

轮到吕端“引对”时，吕端对太宗说：“臣以前辅佐秦王，因为没有尽职，所以贬谪商州，但陛下还是擢拔了我，继续委任要职。现在许王暴薨，更是臣辅佐不力。陛下又没有重重惩罚我，还是让我列于朝官。臣真是罪过太大，幸运太大了。现在有关部门又来考核，决定我们的进退。如果能得到一个颍州副使，这是臣的愿望。”

太宗对他说了四个字：“朕自知卿。”

此语一出，我相信吕端心中应该一块石头落地。

当初太宗北伐，正是吕端劝谏“兄终弟及”的赵廷美，放弃“监国”的特权，随同太宗征略契丹。这一件事，太宗不会忘，更不会不懂个中的绝大机巧。而正是吕端此一提议，让太宗的儿子有了继承大统的可能性。

果然考课之后不久，吕端又恢复旧职，还被提升为枢密直学士，这是参与军机的文官之职。升迁谪降过程中，吕端心中有数，始终雍容大度，从容闲暇，不忧不喜。当时赵普在中书，观察到吕端气量洪深，就对太宗说：“吾观吕公奏事，得嘉赏未尝喜，遇抑挫未尝惧，亦不形于言，真台辅之器也。”我看吕先生奏事，得到陛下嘉赏，他也不喜形于色，遇到陛下挫抑，他也不忧惧生色，也不解释缘由。这人，真是台辅宰臣的大器啊！

赵普“倒卢”，反对“取幽燕”，有“鄙夫”的一面，但他那种“敢以天下为己任”的大人格局，让他有一种“英雄惜英雄”的天然直觉感知能力。他推荐的人物，太祖太宗都很重视。于是，不久，吕端又被拜为参知政事。

事实上，不待赵普推荐，太宗就一直很重视他，很想让他来做宰辅，转了一圈，等于在给他一个历练的机会。太宗不说，吕端东转西转，心里明白。他知道自己能断大事，知道如果做到宰辅的位置，自有“燮理阴阳”之功。但万事需要水到渠成，这是个急躁不得的事。所以他在连续的转换工作中，很踏实。这是对自己人生大事的一种决断姿态。他不忙。

终于，太宗将吕端提拔到与吕蒙正相近的职位上来，官拜参知政事。这是副相，却是主管中书实际事务的副宰相。

据说，雍熙初年，太宗在后苑赏花钓鱼，有时就与群臣赋诗唱和，史称“曲宴赋诗”。有一天，吕端在后苑与太宗在一起，太宗有诗两句“欲饵金钩深未达，磻溪须问钓鱼人”，这意思是：我很想获得更大成绩，但是力量有限，水太深，我做不到；因此需要问一问在磻溪钓鱼的那位姜太公。这里的姜太公，太宗暗指的就是吕端。吕端也和诗两句道：“愚臣钩直难堪用，宜问濠梁结网人。”这是吕端谦虚的说法。但此时的吕端，也确实没有更多功绩，太宗怎么就会将他视为姜太公，西周第一名相呢？应有三个原因。

第一个原因，四弟赵廷美很可能向太宗推荐和讲述过秦王府中的人才。赵廷美应该对吕端很尊重。

第二个原因，当初太宗征讨北汉，本来要赵廷美做京师留守，但吕端说服赵廷美不要留守，而是跟着哥哥去平北汉。这事让太宗很惊讶。吕端的这个意见，是深通人情世故，明了君臣奥秘，看透委曲心思，至为练达的一种决断。吕端很可能懂得未来权力再分配的格局。如果赵廷美接受留守京师的委托，就等于承认了自己可能的合法继承人之位，那就很容易先期引发兄弟之间的隐微角力。现在吕端请秦王跟随君王北征，等于"忽略"了京师留守这个相当于"监国"的继承人位置，如果此事是为秦王想，等于加持秦王平安过渡，如果是为太宗想，则等于暗中提醒太宗：秦王到底可不可以做继承人。无论吕端在为谁想，他都已经介入到一场天大的博弈中来。这不是小机者可以纵横捭阖的场域。但吕端很从容、镇定地在这之中游走，让人不可小觑。

第三件事，就是出使高丽遭遇风浪的故实。那不是常人有的定力。这等人物，猝然临之而不惊，无故加之而不怒，机关幽显断得透，栋梁，栋梁，不就是这等人物吗？

至道元年（995）四月，原吏部尚书、平章事吕蒙正被罢为右仆射。右仆射，也是丞相级别，但不在中书办公，更多属于荣誉职衔。随后，提拔吕端为户部侍郎、平章事。到了平章事，就是名副其实的实相宰辅了。

为了安慰吕蒙正，太宗特意跟吕相解释："仆射，是百官师长。朕认为中书事情太多太麻烦，让吕端上来，跟你平均一下劳逸。"

又对吕端说:“庙堂之上，做宰辅，没有虚的；只要能进荐贤人，斥退不肖，就是称职。卿可要自勉啊！”

吕端这时已经六十岁出头了，做了近四十年官，这才做到宰相位置。太宗常常埋怨自己用吕端太晚了。但吕端在相位上,并不“作为”,史称“以清净简易为务”。有人在朝廷奏事,往往有很多“异议”,但是吕端几乎没有什么建设性意见。有一种记录甚至说吕端“端笏却立俟顾问”，端着、捧着笏板等着皇上发问，不问不答，不扣不鸣。甚至皇上有时问大臣一些事，吕端也听着其他人回应，自己也不说话。太宗也渐渐发现中书报来的“异议”，很多不过是显示自家见解高出一筹，但事实上施行起来，未必有什么效用。于是太宗发布一道手札，戒谕中书诸官:

“从今以后,中书这边有事,必须经过吕端详细斟酌,再来上奏。”

曲突徙薪，方为真智者

至道二年（996）五月，西北那边西夏有事，大宋已经经过了多年的战和，西夏始终反复。而灵州这个地方，在今天的宁夏吴忠市，那时是大宋的北境。此地守卫，难度很大；但放弃守卫，西夏就会侵占。太宗有点犹豫，一时间，更倾向于放弃，以节省民力。于是下诏要诸臣讨论。讨论前，太宗还略略说了下自己的担忧：灵州孤绝于西北,万一有事,救援恐难及时。然后还特意点名宰相吕端、知枢密院事赵镕等人各自说说守卫和放弃各自的利害。吕端主张守卫，但没有说，只说要和赵镕讨论后，做一道劄子上奏。

这时，从南唐归附过来的文臣张洎超越班次上奏弹劾吕端说：

“吕端等人作为宰辅，皇上有问询，居然沉默不语，不符合为国家规划大事的体统。”

吕端反驳说：“张洎有所言，不过揣摩陛下意见而已。”

太宗看着二人，一时心有所动，但什么话也没有说。

不久，张洎上了一道奏疏，主题是请求放弃灵州。

当初太宗有这个意思，也想放弃，但现在已经后悔了，思考后，觉得放弃灵州可能是个错误。而这时恰好接到张洎的劄子，很不高兴，就回给张洎说：

“卿所陈言，朕一句也没看明白。”

张洎闻言知道押宝错误，流汗而退。

太宗召来同知枢密院事向敏中，对他说：

“张洎的上言，果然被吕端料中。”

社稷臣的特点，就是：决断大事，不以帝王之意为意，而以天下、以苍生之意为意；以事件之自身逻辑方向为方向，而不是以帝王喜怒偏好方向为方向。张洎才情不俗，但他揣摩“上意”，判断“上意”是放弃灵州，于是，就做一篇放弃灵州的奏章；如果“上意”是固守灵州呢？他也会作一篇固守灵州的奏章。这类鄙夫做法，就距离“社稷臣”品格差得太远了。

吕端的做派，其实正是古来持重者的风格。

只要中书流畅运转，宰辅不必生事。

坊间一般乐于称赏“惊天动地”的大事，以此来评价宰辅功过。

事实上，越是维持中书波澜不惊，越是证明宰辅“燮理阴阳”功大。那种无端生出乱事，再去平定乱事的宰辅，反而更被坊间“叫好”，是因为不通一个基本道理：“曲突徙薪”比“焦头烂额”更富智慧含金量。

人间的悲剧也往往在此：看重“曲突徙薪”者，寥寥。

吕端在中书，贡献更多的就是防患于未然的“曲突徙薪”之议，这些议论一定很多，他阻止的动议也一定很多，“以清净简易为务”，一定也有不“以清净简易为务”的动议。吕端一定是否定了若干动议，但被记录下的很少，即使是史官，也未必认为“曲突徙薪”有多么高明，所以懒得去记录。

譬如，假定有这样一个案例：一个企业家要投资一笔较大资金，总经理否决了这个意见。事后可以分析得出，如果投资，蚀本的可能极大。但这个总经理的意见，会在事后被董事会赞许为一项业绩吗？一般很难。否定性意见，往往难以进入“业绩”。但圣明的人物懂。他知道“远见”的价值，尤其知道否定性“远见”的价值。假如这个否定性意见告诉他，要将“突”（烟囱）弄成“曲”（弯曲）状，以避免失火，假如这间房屋价值十块钱，这个意见就等于为他保住了这十块钱；假如是一个亿，一万个亿呢？假如是一座江山呢？

圣明的人，就会这样思考问题，于是，成为智者的知音。如果在朝廷，这种现象就叫“君臣际会”。

君臣际会的动人之处

吕端在做参知政事也即副宰相时，一代名相寇准也在做参知政事。寇准也是一位能断大事的人物，但他比吕端要“癫”，更为刚猛，气量却不如吕端。而吕端为社稷计，知道大宋需要这个人，所以对寇准很尊重。吕端首先拜相，做平章事，而寇准没有。吕端担心寇准内心“不平”——如果是张洎，那他内心爱平不平，吕端才不去管——就给皇上上书说：“臣兄余庆任参知政事日，悉与宰相同，愿复故事。”他的哥哥吕余庆曾经在太祖朝出任过参知政事，执政权力范围与宰相是一样的，他愿意恢复到吕余庆时代，意思就是让参知政事寇准先生能有与平章事同等的执政权力。太祖时代，赵普一人为相，特意为他设置“参知政事”作为宰臣的辅佐，后来一个阶段赵普受到冷落，开始由参知政事与宰臣分权。太宗知道这个过程，寇准、吕端，在他内心也实在半斤八两。于是同意吕端意见，下诏：从此以后，参知政事与宰臣轮流掌管中书大印，轮流“押班”。唐代时，上朝也即朝会，大臣奏事，由监察御史领班跟进；宋代开始由宰臣领班跟进，叫作“押班”。日常工作，另有官员朝会之后赴中书政事堂议事。“押班”，成为宋代领衔大臣的日常工作。

这样安排，实有安慰寇准的意图在内。寇准，也确实值得安慰。这是大宋三百年间一等一的功勋大臣，中国在十一世纪之后的百年和平，几乎可以说是由此人一手推演而成。真宗之所以能够平安成为皇储，寇准有功；真宗之所以能够平安继承皇位，吕端有功。吕端、寇准，是太宗晚年择选的最重要的两个人。邦国兴，在人。大宋得人，这是十世纪和十一世纪之交最值得庆幸的大事。吕端深知寇准，寇准也深知吕端；太宗深知寇准、吕端，寇准、吕端也深知太宗；更有意味的是：吕端深知太宗知道他深知寇准，而太宗也深知吕端知道他深知寇准。尤有意味的是，吕端与太宗之间，都深知对方的深知。所以吕端有请，太宗立即心领神会，当即应允，并不解释。这种"君臣际会"，在帝制时代不是寻常可见，确有动人的一面。

吕端对太宗有感情。至道元年（995）五月，开封尹寿王元侃，即后来的真宗赵恒，奏言太康县昭庆乡华阳村的村民，捉获了一只黑色的兔子贡献给朝廷。

太宗听说后，对大臣们说："玄兔之来，国家之庆也。"黑色的兔子能到中原，这是大宋国家的喜庆之事。

吕端等人回答："玄色，是北方之色；兔子属于阴类，因此代表了夷狄之相。华，就是中华，中国，属于阳。这个瑞兆，意味着夷狄将要入朝，接受中原冠带。这很可能预示着国家和民生的喜庆，推动国家进入'太康'之世。"

太宗一向不很相信"祥瑞"，但这一次谈"祥瑞"，事实上大有内心委曲。他与契丹和战十几年，最后的感悟是：虽然输不了江山，但也打不赢契丹；因此，只有"和"一条路可走。但是当他主动向契丹求和时，契丹还记着他十几年前"惟有战耳"一句狠话，"径指西楼之地，尽焚老上之庭"一篇檄文，所以不肯和。而西北西夏正在日益坐大，西蜀西川刚刚平定了李顺王小波之乱；而中原承平已久，虽然有效抑制了藩镇割据之祸，但"冗兵冗官"也开始成为一种渐起的负担。国家在繁盛的背后，已经有了疲惫之相，这让太宗不免忧惧丛生。

吕端“深知”太宗内心之苦，于是，顺势论“祥瑞”，安慰一下这个知音大老板。但太宗还是在不久之后驾崩，我认为太宗在高梁河之战中腿上的箭伤发作自是一因，更重要的原因是，“驴车”之后，他已经心力交瘁。

风波之言不足虑也

吕端捍卫太子赵恒顺利即位，是他决断的重要大事，也且按下不表。且说西夏李继迁。这位李继迁的哥哥李继捧曾经归附大宋，献出了所属的几个州郡；但李继迁不服气，就另立一个山头，且投靠契丹，做大河西之地。太宗时，多次与大宋战了和，和了战。有一次保安军（今属陕西志丹）边帅在和李继迁的战事中，俘虏了他的母亲。消息传到汴梁，太宗有了诛杀这个老妇，向西夏示以朝廷威断的意思，但并未最后决定。当时寇准在枢密做副使。枢密负责军机大事，于是就招来寇准商议此事。寇准觉得此事两可，诛杀老妇，一利一弊；不诛杀老妇，一利一弊。最后寇准准备草拟一篇东西给保安军，杀。

寇准从宫中回来，路过相府，吕端看到，怀疑有大事，就邀请寇准过来一聊，并对他说：“陛下是不是告诫你不要对吕端说什么事啊？”

寇准说：“没有这事。”

吕端又说："边境寻常之事，属于枢密使管辖，我吕端可以不必知晓，如果是军国大事，吕端我备位宰辅，不可不知。"

寇准就将此事告诉了吕端。

吕端问："怎么处理这个老妇人啊？"

寇准说："准备将她在保安军北门外正法，以此来告诫凶逆，对抗大宋，就这下场。"

吕端说："这样处理不见得有益。请您慢慢起草文书，吕端先去见皇上，再论此事。"

吕端进入宫中，对太宗说："过去项羽得到刘邦的父亲，说要烹了老爷子。高祖刘邦说：'如果要烹老爷子，请分给我一杯羹汤。'古训有言：'举大事者不顾其亲。'何况李继迁这种悖逆之人，他就更不会顾忌亲人被杀了。陛下今天杀了李继迁的母亲，明天能擒住李继迁吗？如果不能，反而白白结下一个怨仇，这就更坚定了李继迁背叛大宋的决心。"

太宗认为他说得对。但是怎么处理呢？

吕端说："以臣之愚见，不如将老妇安置在延州（今属陕西延安），使人伺候她，善待她，以此招徕李继迁。即使他不来，不降，也可以由此而系住他的心。他知道他的母亲生命就在大宋手中，不至于太过分。"

太宗听他一番话，不禁拍着大腿说：

"没有爱卿你这番话，几乎就误了我的大事！"

随后，太宗采用了吕端的这个决断意见。

后来，李继迁的母亲病死在延州，李继迁不久也死了。他的儿子李德明改变了李继迁的政策，同时与契丹和大宋“和好”，这样就等于不再与大宋为敌，短时间，也曾迎来西部的和平，这种局面的获得，史称“端之力也”，是得益于吕端的建议。由于这个建议的价值很高，太宗晋封吕端为门下侍郎，兼兵部尚书，吕端虽然居于相府，但已经可以参与军机大事。

吕端像张齐贤，也是个大胖子，也很能吃，他在被贬为地方小官司户参军时，还专门置办外厨，延揽宾客。他身材魁梧，又姿容瑰秀，还善于谈谑，遇到贬谪，意态“豁如”，旷达而自然。被贬往商州时，太宗还给他一个惩罚：不准骑马。官属中有人就安慰他：“您忍一忍吧，可以消灾。”吕端晃晃胖大的身躯，一笑道：“不是某消灾，现在是长耳朵的马消灾啦！”

寇准多次向太宗推荐吕端，说：“吕端不是寻常人，要早一点起用他。他现在已经五十多岁了，渐渐老了！”太宗还在为秦王赵廷美的案子生闷气，就说了一句气头上的话：“朕知道此人，是一个好人家子弟。很能吃大酒肉，其他有何本事？”但是不久以后，还是起用了吕端，显然，这话不过是一时之言，不是太宗心里话。

吕端多次升迁贬谪，都随天意，“无可无不可”。他待人厚道，善与人交往，也轻财好施，又多宽恕。有一个叫李惟清的，从原来知枢密使改为御史中丞，降级了。他怀疑是吕端在挤对他。等到吕端被贬谪，李惟清就开始从外围网罗证据，打算构陷吕端。有人提醒吕端要小心。吕端说：

“吾直道而行，无所愧畏，风波之言不足虑也。”

当初，吕端的祖父因为宦海风波，被举族杀害。吕端的父亲吕琦，那时还是个小孩子，被一个同郡的老乡叫赵玉的救了出来。后来，赵玉的孙子赵绍宗被吕端视如己子。后周时的名相冯道，因为与吕端的父祖有世交，冯道家世败落后，吕端将自己的俸禄分出一部分来救济冯道的后人。

吕端的名气连草原上的契丹人都知道。他曾两次出使沙漠绝域，敌国对他很是尊重，后来又有使者到，契丹人就问使者：吕端还在做宰相吗？

奇才寇准

寇准，是太宗朝提拔上来的名相之一。

他出生于961年，是大宋建国的第二年。父亲曾在后晋时做过官，也算世家子弟。寇准少年时就有“英迈”之气，通晓《春秋》三传，即《左传》《公羊传》《穀梁传》。十九岁时，中进士。太宗殿上取人，很重视老成人物，看到年纪太轻，往往不取。有人知道太宗习惯，就劝寇准虚报年龄，增加岁数。寇准答：“我寇准正在进取，可以做欺君之事吗？”于是不改。但还是中第，受大理评事，知归州的巴东、大名府的成安县。他在治理地方小县城中开始显露治世之才。县里，每当有按期与会、缴纳赋税、参与徭役之事，他都不必专门下发通知，只将官府具体事宜写一张纸，标明何人何时到何地做何事，张贴在县衙大门旁，事就办成了，史称“百姓莫敢后期”，士庶百姓没有人敢晚到不来。这事证明了他令行禁止的能力不是一般。

太宗察觉到这个年轻人的刚猛威断，认定他是个奇才，就将他调入京师，做朝官，做到尚书虞部郎中、枢密直学士，又到吏部负责官员审核工作。

寇准执政，对内格外注重刑法公正。太宗也重视公正问题。淳化二年（991）的春天，中原大旱，按照“天人感应”的传统义理，天灾乃是上天对人祸的示警。太宗一朝的知识精英，与殷商以来的知识精英一样，都会借着天灾讨论人祸。于是，在久旱无雨之际，心焦如焚的太宗召来群臣，问时政得失。一般大臣知道太宗近年对大宋的“文治武功”有得意之色，于是，大多用“天数”来应对太宗，无非说天意如此，我等谨慎修德即好。他们不想直接指陈时政。

寇准就借着这个事说《洪范》，说人祸，说刑法不公。太宗听后果然不愉快，拂袖，起来回到禁中，这一次寇准没有来得及拉住他的衣服。但过了一会儿，有内侍来传寇准。寇准入见后，太宗问他哪里有什么“刑法不公”。寇准回答：“请您将二府的官员都召来，我就说。”太宗答应，就诏召二府官员。二府，乃是中书和枢密两府。都来了之后，寇准就说了祖吉、王淮同是贪赃，却得到不同处理的案子，那原因，就因为王淮是参知政事王沔的兄弟，得到了庇护。

太宗处理了这个案子，更由此知道寇准是一个可以大用的人物。当天即拜为左谏议大夫、枢密副使、改同知院事。

但寇准有一个天生的弱点，他不太会委婉说话。这在日常交流中，要么他听对方的，要么对方听他的，都做不到，那就只好争吵。但他一般也不愿意争吵，那样似乎有失体统。所以往往在对方的“攻击”下，自己无话可说。

刚猛宰辅不敢自辩

寇准在后来做宰相时，一如既往地“守正嫉恶”，恪守正道，痛恨恶行。这样就得罪了很多人，往往被小人倾轧。有一次，有一个布衣，肯定是受到谁谁谁的指使，就来朝廷告发寇准，说他跟王子赵元杰有勾结。寇准毫无准备，他也确实跟赵元杰有来往，但事出突然，怎么才能说清楚呢？史称“准皇恐，莫知所自明”，寇准惶恐不安，不知道怎样说清楚这个事。幸亏有另一位名臣毕士安在，极力为寇准辩白，然后将这个布衣交给审讯机构，一审，原来是诬告。

至道年间，翰林学士张洎执掌考功，负责考核官员政绩，但寇准负责吏部选事，有推荐官员任命某某职务的权力。张洎年纪比寇准大，却知道寇准正是现管，于是一力讨好寇准。而寇准也正好年少气盛，也想着有个老儒能支持自己才好，而张洎从南唐过来，有老儒之名，就很注意这个人。张洎常常观察寇准，总是冠带整齐等着寇准出入，就为了一个“揖而退”，作揖后，恭敬退下，但一句话也不说。他这就是做姿态，所以博得了寇准的好感，因此寇准就召他来聊天。张洎乃是一个铁嘴，能说，敏捷，善于持论，所言很多都能被寇准信服。于是寇准拿他当兄长，反来尊敬他，并多次向皇上推荐张洎的能干。等到张洎与寇准一块在中书执政后，张洎对寇准的态度更是恭谨。

但寇准在宦海几经沉浮，太宗渐渐有点无法忍受这位老朋友的聒噪，这一点恰恰被张洎看出。而张洎因为附和太宗打算放弃灵州的念头，议事不称旨，很担心自己的前途，就要想办法巩固自己的权位。他更担心自己与寇准友好来往，将来有一天寇准被罢黜，自己也受牵连，于是，有一天奏事，堂而皇之地开始弹劾寇准，说寇准退朝之后，有很多“谤言”。这很正常，寇准因为一个阶段以来认同了张洎，“兄事之”，肯定是无话不谈，没有任何戒备。张洎就将这种不设防语境下的言论，拿来弹劾寇准。史称“准色变，不敢自辩”，寇准脸色都变了，不敢为自己辩解。结果，寇准又一次被罢相。

这类故实都透露出，这位刚猛的宰辅，其实不太会为自己说话，不太懂自我保护。人一诬告他与王子勾结，他就没有话说；人一弹劾他下班后胡说，他也没有话说。这在当时，都是不小的罪名，但他不懂自我保护。与吕端不同的是，吕端在张洎试图“倒吕”时，轻轻一句话，就奠定了张洎未来的败局；而寇准做不到，与小人打交道，他不在行，他的智慧不在这里。

太宗罢免寇准后，又不免想念这位聒噪者。

有一次，将寇准罢黜到青州去做官后，太宗问左右：“寇准在青州很快乐吗？”左右回答：“寇准得到一个不错的州郡，应该不算苦。”几天后，太宗又问。左右揣摩太宗可能是想重新召回寇准，但一想这个执拗的相爷太招人烦，就回答说：“陛下思念寇准，总也忘不了他。但我们听说寇准天天纵酒取乐，不知道他是不是也思念陛下呢！”太宗听后，默然不语。但是过了半年多，还是召回了寇准，拜为参知政事。太宗知道寇准的价值。

在对待契丹、西夏方面，寇准不是坚定的“主战派”，但也不是坚定的“主和派”，他应该是坚定的“积极防御派”。真宗时的“澶渊之盟”，是寇准一手推演而成，那就既不是主和也不是主战，而是毫不犹豫地坚决拒敌于国门之外，但也毫不犹豫地坚决不做收复燕云十六州之想。严格说，这是“务实派”。

寇准为相后，西边有麻烦。

从唐末以来，番族部落，有一部分居住在渭水之南。当时有名臣温仲舒知秦州，将这些部落驱赶到渭水北岸，而且设立军事要塞，设卡子口，不允许番族南来。太宗看到这个简报后，很不愉快。他对寇准说：

“古羌戎尚杂处伊、洛，彼蕃夷易动难安，一有调发，将重困吾关中矣！”古代的羌族戎人，不只在渭水一带，甚至在河南的伊水、洛水，都与中原人杂居，这个很正常嘛！西北那边的番族部落喜欢动，不喜欢静，很难让他们定居。万一边警一起，那就会让我关中地区陷入困境啦！

寇准回答：

“唐宋璟不赏边功，卒致开元太平。疆场之臣邀功以稔祸（酿成祸患），深可戒也。”

宋璟乃是唐初名臣，时突厥在边境时有骚乱，边将曾擒杀突厥首领，但宋璟担心边将一心立功，自夸威武，容易“为国生事”，于是抑制边功，一年后才颁发赏赐。大唐之所以有开元盛世，与宋璟以静制动的治国风格有关联。

寇准引大唐故实，也是担心边将乘机“邀功”，那样就容易启动“边衅”，所以不赞同驱赶番族。

太宗认为寇准有理，就派他出使渭北，去见番族首领，安抚了地方。温仲舒则被徙往其他州郡。

太宗朝，寇准最大的决断是帮助大宋帝国选择了第三任君主宋真宗。

君臣选太子

至道元年（995），寇准加给事中。这时已经是太宗在位二十年，快六十岁的人了。大臣冯拯上疏要求立储。太宗大怒，将冯拯贬往岭南。从此朝廷内外没有人敢说这件事。当时寇准从青州刚刚被召回来，按礼要来入见。太宗正在处理“高梁河之战”受到的箭创——这个旧伤近来似乎越来越严重，总是“旧创复发”。

看到寇准进来，太宗就撩起衣服来给寇准看箭伤。一面问：“卿何来缓耶？”你怎么这么晚才来啊？

寇准回道：“臣非召不得至京师。”我没有皇上的命令是不敢到京师的。

太宗直接问他：“朕诸子孰可以付神器者？”我的儿子谁可以做继承人？

寇准回答：“陛下为天下择君，谋及妇人、中官，不可也；谋及近臣，不可也；唯陛下择所以副天下望者。”陛下为天下选择后继君主，如果向后宫、宦官谋划，是不可以的；向近臣谋划，也不可以的。唯有陛下自己选择，看看谁符合天下人的愿望。

寇准这话答得很是机智。一方面将选择大权给太宗，一方面又提出“副天下望者”。当时太宗的长子赵元佐已经疯癫，被废；次子赵元僖已经暴薨；“副天下望者”只有三子赵元侃，也即后来的宋真宗。所以，寇准表面上给太宗一道选择题，其实是让太宗自己说出寇准也想拥立的太子。

但太宗还是很认真地想了又想。史称“俯首久之”。

太宗“俯首”之际，寇准就待在那里，等待结果。他看了太宗大腿上的箭伤，很严重。他知道结果是什么。

果然，太宗将左右屏退，悄声问寇准：

“襄王可以吗？”

襄王，就是赵元侃。

寇准马上回答：“知子莫若父，圣虑既以为可，愿即决定。”最知道儿子的就是父亲。圣上的考虑既然认为可以，请立即决定下来。

于是，定了下来：襄王赵元侃为太子。

这事还有另外的版本，说立赵元侃，就是寇准直接提名。说太宗将寇准从青州召回，就是想“问后事”，所以才给他看大腿上的箭伤。但寇准回答：“知子莫若父，臣愚，不知也。”太宗不满意，坚决要寇准提名。寇准再拜后说：“臣观诸皇子，惟寿王得人心。”寿王，就是赵元侃，此时封襄王，正式立太子后，改封寿王。史官记录，往往以后封者为准。

史称“上大悦，遂定策”，太宗非常高兴，就定下国策，“以寿王为皇太子。”

《续资治通鉴长编》也有记录说：“以襄王元侃为开封尹，改封寿王。用寇准之言也。”虽然这条记录的时间不准确，但太宗立太子，寇准居第一功，是没有疑问的。

立太子，那是要有一番大礼的，很盛大。这种册立太子的“嫡子继承”皇位制度，从唐代中期以来，已经荒废很久了。现在，到了太宗时代，得到恢复。当太子从太庙回来，车驾走在街上，京师之人都聚拢来看，一个个都很喜悦，有人看到太子的丰仪，就说:“少年天子啊！”

后人有议论:“由此可见，真宗之立，不仅是太宗本意，也出于大臣之议论，庶民之推戴，而非出于太宗之私心也明矣。”

但寇准“刚猛威断”得罪人太多，后来遭遇诋毁，再一次让太宗不满意，二次罢官，去做邓州的知州了。这样，太宗病逝时，吕端独自承担起拥立太子的职责。这是后话，容当慢表。

太宗晚年，将吕端和寇准提拔为宰辅，实有作为顾命大臣的意图在。他这个决定，让大宋和平进入第三代，且持续性地步入太平盛世。

而太宗让寇准查看他腿上的箭伤，一定也同时想起了那辆走入历史的驴车，那是太宗由野心勃勃缓缓走入理性平和的一个逻辑起点。那之后，杀伐征略开始正在渐渐地被向慕和平所取代。碍于人类渴血的天性，对战争的赞美往往多于对和平的赞美；而对大人物，往往更是对武功之赞美多于对和平之赞美。太宗虽然是被迫转入和平的想象，但这乃是努力减缓民生苦难的重要理念，需要理解。

而寇准在与太宗的这次君臣际遇中的长谈，由腿上的箭伤、南逃的驴车、契丹的态势，到大宋的未来，二人必有一种默契认知。这应该是寇准在后来的岁月中辅佐真宗走向伟大的“澶渊之盟”的一种“祖宗法”。大宋在当时的国际关系中（事实上也包括契丹），有对政治文明、战争文明的朦胧向往。这是特别令人感动的古人风范。所以，仅仅过了几年，真宗景德初年，在中国大宋和契丹之间，在亚洲，在世界范围内就诞生了人类至为重要的一场和约——“澶渊之盟”，为中国、为东亚迎来了百余年的和平岁月，中国的文治成就，很大程度上得益于大宋帝国，而这百余年，又是中国最重要的文治时代。

这一场和平，与太宗在南逃驴车上的思考和观念的转变，必有意味深长的关联。

价值制衡

钱若水，是完全不同于所有名流的一位大臣。

他在宋初的“君臣博弈”中，以臣子的清望和独立，展现为前所未有的模型。他脱略了五代以来的积习，直接回到春秋战国，以一种孤傲清隽的人格力量，让君王不敢小觑。宋代“皇帝与士大夫共治天下”的格局，在钱若水这里得到一次意味深长的铺垫。

至道三年（997）的一个夏天，太宗对钱若水说：

“士之学古入官，遭时得位，纡朱拖紫，跃马食肉，前呼后拥，延赏宗族，此足以为荣矣，岂得不竭诚报国乎？”士大夫学古人经典，考举入官，遇到天时得到官位，穿戴官服，骑马吃肉，前呼后拥，朝廷荣赏连及宗族亲属，这风景，也足够得上荣耀啦。这样的士大夫，能不竭诚回报国家吗？

钱若水没有料到堂堂大宋帝王，会说出如此一番没有格调的意见。于是，他给出了一番格调高远的回应：

> 高尚之士，不以名位为光宠；忠正之士，亦不以穷达易志操。其或以爵禄荣遇之故而效忠于上，中人以下者之所为也。

高尚的士大夫，没有人会拿名位当作荣宠荣耀；忠正的士大夫，亦不会因为穷困或腾达而变异志向操守。陛下说的这些，因为有爵位、俸禄、皇上的恩宠，这才效忠于社稷、朝廷、皇上，这是中等以下的所谓士大夫才干的事情。

太宗羞愧，“然其言”，认为他说得对。

这是“价值制衡”的又一个有趣例证。

士大夫与君王共治天下，士大夫所有者，价值，是一绝大权重。在任何一个有道邦国中，价值制衡，都是有效的。在价值沦丧、人性泯灭的无道邦国，价值制衡，不过是一个稀薄的梦想。而在价值被嘲笑，犬儒主义盛行的末世邦国，所有的试图诉诸价值制衡的士大夫，都是不明智的。所以孔夫子有言：“邦有道，危言，危行；邦无道，危行，言孙（逊）。”对于士大夫而言，在有道邦国，要有批评的勇气也即“危言”，要有正直的行为，也即“危行”；在无道邦国，要有正直的行为，但言语要小心谨慎，也即“言孙”。孔夫子甚至主张，“邦有道，则仕；邦无道，则可卷而怀之”。邦国有道可以做官；邦国无道就藏身退隐。钱若水认为他所在的大宋邦国是有道邦国，故可以“危言”而且“危行”。而太宗也确实是一个有道君王，对他的“危言”，理解，认同。

但不久，正做着工部侍郎、同知枢密院事的钱若水被罢为集贤院学士、判院事。这等于从一个军政职务改为文职官员。虽然文职很荣耀，但实际的军政权力没有了。这事也许与钱若水的一番孤傲直言有关。依钱若水的敏感，他不能不多想一点。

后来有个叫刘昌言的给事中被罢官，太宗对赵镕等人说：“看到刘昌言了吗？”赵镕回答：“经常能看到他。”太宗问：“他涕泣了吗？”赵镕答：“跟我们说话时，常常流泪涕泣。”太宗说：“一般都这样——当被晋用的时候，不能悉心做好在职之事，一旦被贬，又涕泣哀叹。”钱若水在旁，不喜欢帝王对士大夫的这种奚落，就说：“昌言实未尝涕泗，盖镕等迎合上意耳。”刘昌言其实没有涕泣，这是赵镕等人在迎合陛下而已。

刘昌言，并非士大夫中的佼佼者，此人毛病不少；但涕泣与否，在钱若水这里却是个大问题。它与士大夫的风骨有关。假如一个士大夫对于升迁贬谪十分在意，对那一份俸禄十分在意，就会因为贬官，收入减少而哀叹。而这并不是传统圣贤所期待的风景。

我相信当太宗对刘昌言如此轻蔑时，钱若水有一种刺痛感。

不久，又有吕蒙正被罢免宰辅，去做仆射一事，太宗又对钱若水说：“人臣当竭节以保富贵。蒙正前日布衣，朕擢为宰相。今退在班列，想其目穿望复位矣。”人臣应该竭尽忠诚和节操，以此来保住自己的富贵。吕蒙正以前是一个布衣，被朕擢拔为宰相，现在又退列在下僚班列，估计他望眼欲穿在盼着复相呢。

钱若水继续讽喻太宗道：

“蒙正虽登显贵，然其夙望，亦不为忝冒。仆射师长百僚，资品崇重，又非寂寞之地。且蒙正固未尝以退罢郁悒。当今岩穴高士，不求荣爵者甚多，如臣等辈，苟贪官禄，诚不足以自重。”

吕蒙正虽然曾经登上显贵之位，但考察他的生平声望，也不算忝冒，他很合格，当得这个尊荣。他现在做的这个“仆射”也是百僚之长，资格品位都很崇高重要，那也不是什么寂寞之地。况且，我知道吕蒙正也从未有过因为不做宰辅就忧虑郁闷。当今很多岩穴高士，不愿意求取荣华富贵高官厚禄。像臣这样的人，如果就想着贪图官位俸禄，那就确实不足以自重，毫无尊严可言了。

太宗无话可说。

钱若水这种“天子不得臣，诸侯不得友”的士大夫孤高之气，在真宗朝也有记录，但这种记录与前述记录有“重合”，因此可能有的地方“失真”。

说钱若水在做枢密副使时，吕端曾经罢相，真宗第二天对辅臣说：

“闻吕端命下，哭泣不已。”我听说罢免吕端的敕命一下，吕端一个劲哭泣。

史称“钱公厉声曰：安有此！”。钱若水严厉说道：“哪有这种事！”

钱若水很气愤，退朝后，还对诸公说：“我辈眷恋爵禄，为上见薄如此！”我们这一班人，太眷恋爵位俸禄了，以至于让皇上如此轻薄瞧不起！

于是，钱若水开始要求辞职，不要这份爵禄。

还有一位名相，王曾。真宗有一次对臣僚说："王曾已经罢相辞退了，但他却'逡巡却立'，转悠来转悠去，不走，这是希望能再次起用他啊？"众人听了这话，都唯唯诺诺称是，钱若水"挺身"而对答道：

"王曾以道去国，未见有持禄意。陛下料人何薄耶？臣等弃此如土芥耳！"

王曾因为守道而离开朝廷，没有看到他有保住那份俸禄的意思。陛下评价人物怎么这么刻薄啊？臣等抛弃这份爵禄，像抛弃一份土坷垃一样，不会留恋的。

说罢，"愤而出"，愤怒地离开了朝廷。当天就将表示身份的礼服毁裂，穿上道士服，"佯狂归嵩山"，装疯，回到嵩山。记录者说，真宗"大骇"，多次召他，也不回来，最后在嵩山终老。

这事记录未必真，但钱若水从太宗轻视朝臣开始，就有了退隐的念头是真。

《续资治通鉴》《续资治通鉴长编》和几部野史，如宋人魏了翁的《鹤山笔录》、元人张光祖的《言行龟鉴》，都记录了钱若水的一番"心理活动"，这在史书记录中，是比较罕见的。《续资治通鉴长编》的记录是：

> 若水因自念：人主待辅臣如此，盖未尝有秉节高迈，不贪名势，能全进退之道以感动人主故也，将俟满岁即移疾。

钱若水因此开始自己琢磨：君主如此对待辅臣，这是因为他还没有看到，朝廷里也确实没有那种秉持高尚情操，不贪名位与权势，能够保全自己的“进退之道”，也即“达可兼济天下，穷则独善其身”的人物，所以无法让君王为此而感动。现在君王所见者，多为利禄之徒而已。我钱若水，应该等到这个文职任期一满，立即要求告退。

但是这一年正赶上春旱，太宗为此而“焦劳甚”，焦虑辛劳很是忧惧。钱若水看到国家有事，没有提出辞呈。不久又有西北用兵的事，到了第二年，太宗驾崩，他试图辞职的报告始终没有递上去。

但是到了真宗继位，他看到国家一时还算清平，就提出辞职，理由是母亲太老了，需要照顾。连续上了两道奏章，真宗这才勉强准了。但在退休前，真宗还召他到便殿、后苑，多次聊朝廷大事。最后，真宗问他：臣僚中谁是可以“大用”的栋梁之才？钱若水说：“有个中书舍人叫王旦，此人有德望，足可托付国家大事。”真宗很高兴，对他说：“这人也正是朕心里所期待的一个人才。”史称“若水好汲引后进，推贤重士，胸中豁如也”，钱若水好接引晚辈后学的人才，推举贤良，重视士大夫，但并不居功，胸中很敞亮豁达。

但真宗并没有让他“全退”，还是让他以工部侍郎身份，在集贤院做事。钱若水曾参与修撰《太祖实录》，真宗又让他主持修撰《太宗实录》。他引进了几个当世名流，一同修撰，成书八十卷。内中记载太宗故实甚多，真宗浏览自己父亲的往事，不禁流下泪来。

钱若水，是第一个在帝王面前推动士大夫气节的宋代大臣，值得注意。

若水雪冤

钱若水为官一方，“弭冤白谤”的作为，也了不起。

他在同州做推官，负责地方各类案件审理工作。但知州却是个性格褊急的人物，多次任性处事，钱若水跟他争，他也不听。最后钱若水发布一个“预言”:“你这么干下去，有一天朝廷会罚你，让你赎铜。”

“赎铜”是唐代开始对某类人实行某类赎免政策的刑法。有时是刑法之上再加“赎铜”。就是要犯罪人向国家缴纳铜金属，一般从一斤到百斤以上不等。犯罪越大，“赎铜”越多。

这位知州还真叫钱若水说中了，果然有一事处理不当，被朝廷驳回，并处赎罪论。知州很惭愧，向钱若水道谢，但改不了，很快故态复萌。

同州有一个富民家的小女仆逃亡了，怎么也找不到。小女仆的父母就告到官府，知州就命令府衙的录事参军来审理此案。

这位参军过去曾经向富民家借贷，富民家没有答应，他早就怀恨在心，于是借这个案子开始制造冤狱。参军看小女仆找不到了，干脆就锻炼成小女仆被富民家父子数人合谋杀了，尸体丢到水里找不到了。总之大狱炼成，富民一家数口都是死罪。不服，就上刑。最后富民一家忍受不住酷刑，只好承认。州官也反复审验，认为没有问题。

但钱若水怀疑此案，留这个卷宗在推官办公室好几天，没有提出判决意见。录事参军就找到他，倒打一耙，问道:“你是不是接受了富民家的钱财，要替他脱罪啊？”

钱若水笑着对他说：“现在这好几口人，都要被判死刑正法了，岂可不多留几天，我认真看看这些判词状子？”

一直留了十来天，知州多次催促他赶快给意见，但钱若水就是不副署个人意见，同州上下都很奇怪，不知他要干什么。

有一天，钱若水找到知州，屏退从人后，对他说：

“我钱若水之所以留着这个案子不动，是因为秘密地让人在找这个小女仆。现在，找到了。”

知州惊问：“小女仆没有死？现在哪里？”

钱若水就叫人将小女仆带到知州，也将她的父母带来。然后隔着帘子问小女仆的父母：“你们要是见到自己的女儿会认识吗？”

小女仆父母答：“哪里有不认识的道理啊！”

于是，将小女仆推出来见。

父母一见之下认出，于是抱头痛哭。

知州升堂，将富民一家从狱中提出，打破枷锁，放他们走。

但富民一家不走，对知州说：“没有您，我们一家都被灭族啦！”

知州说：“这是钱推官的功劳啊，不是我的功劳。”

富民一家又去见推官钱若水。钱若水不见，说：“这是知州自求得到的结果，跟我没有关系。”

知州因为钱若水为人雪冤，救活好几个人，要为他奏论请功。但钱若水看得很清楚，对知州说：“我钱若水只求狱事正，人不冤死，至于论功，不是我的本心。况且，如果论功，那录事参军会怎么办？”知州对他这种姿态很是叹服。录事参军则到钱若水办公室，

“叩头愧谢”。钱若水不说这事，但知州和录事参军在说，于是远近都知道了这件事。

这件事，就记载在司马光的笔记《涑水记闻》中。

钱若水也有捍御契丹、平定西夏的谋略，曾上书朝廷谈自己的战略意见，得到嘉赏。太宗一朝，钱若水得大臣体，有名士范，为后来的大宋名流，形塑了一种特殊的人格模型。

李昉不朝宋太祖

李昉是太宗一朝最有影响力的文人之一。

他在后周时代就享有大名。周世宗曾读过他的诗，对人说：“吾久知有此人矣。”于是，将李昉提拔为知制诰、集贤殿直学士，后来又加史馆修撰、判馆事。李昉成为后周的一等一笔杆子，文名之大，仅次于范质。后周恭帝嗣位，“赐金紫”。所谓“金紫”，指“金印紫绶”，“金印”可以是印玺，也可以是金鱼袋，这是一种表明职务职衔的饰品；紫绶，则是紫色的官服，都是高官显贵可以享有的身份标识。这时，他可能正在担任汴梁市长的职务。

但有意味的是，陈桥兵变之后，李昉这么重要的文臣，却没有得到太祖重用。从建隆元年（960）开始，史上看不到李昉的记录，直到乾德元年（963），才知道李昉“为给事中”“权知衡州”，此前有三年时间，没有他的身影。

李昉，是一个在士林中享有盛誉的人物，他死后，光环不减。

著名收藏家、文臣宋绶，曾经为孀居的李昉夫人上寿。宋绶带着二十多人到李府，李夫人在帘后答礼。宋绶在堂下拜祝道："太夫人您不能饮酒，我请以茶代酒为您祝寿。"说着，从怀里拿出一壶茶来，斟满了，献给李夫人。再拜而去。

李昉死后，在士林中，仍然享有如此人望。

李昉是一个自尊心很强的文人，这方面，他可能仅次于钱若水。

太祖自陈桥进入汴梁，后周三大名相范质、王溥、魏仁溥都已经称臣；另一个文人陶谷，更在实行禅让大典时，将预先准备好的"禅位诏书"，在众人仓促无备中，拿出来邀宠。而李昉，则在这一最重要的现场，失踪了，不见了。他一定是没有出席典礼。

野史，宋人陈师道《后山谈丛》记录一故实，可以从中看出端倪。

"李相昉在周朝知开封府，人望已归太祖，而昉独不附。王师入京，昉又独不朝。"宰辅李昉在后周时，知开封府，当时太祖赵匡胤已经有了很大威信，很多人都在攀附这位殿前都点检，只有李昉不去巴结。等到陈桥大兵进入京师，又只有李昉不去朝见。

这样，李昉就成为大宋建国的一个异数。

所以，初期，赵匡胤将他贬为道州司马。道州，在今天的湖南南部，与广东接壤。从汴梁到道州，有两千多里路。李昉上路后，步行，每天走十几里。同行有监护，问他，他说："不急，等着，后面还会有诏命。"太祖知道后，下诏要他骑马去上任。他不去买马，去买了头驴，慢慢骑着去上任了。

后来又调到延州做别驾。延州，即今天的延安，那时属于边境地区。别驾，相当于通判，是州郡的第二或第三把手。按规定边境州官有三年任期，但任期届满，李昉不愿意往内地迁徙。后来朝中宰相向太祖推荐了李昉，说“可大用”。于是召他到兵部。李昉辞退了五次，不准，于是进京。但路上走到长安时，称病两个月，朝廷派来的中使催促他尽快回朝复命，到了洛阳，又称病一个月，而后才走。好不容易这才到了汴梁。见到太祖后，他在等待一个结局。没有料到的是，“上劳之”，皇上很是慰劳了他一番。李昉这才受到感动。仿佛卧龙先生被刘玄德“三顾茅庐”感动一样，于是，说了一句让太祖感动的话：

臣前日知事周而已。今以事周之心事陛下。

臣此前只知为后周服务而已。现在愿以为后周服务的忠心为陛下服务。

史称“上大喜”，皇上大喜，说：“宰相不谬荐人！”宰相真没有胡乱举荐人。能得到李昉，太祖真心高兴。

李昉就用这种方法，“前倨后恭”，完成乱世之后读书人的一点孤傲式自尊。看起来很可笑。与誓死不背叛后周的韩通将军比，他屈服了；但是与范质等人比，他扼守了一点士大夫的荣誉；与陶谷比，他坚守了不主动阿附的底线。值得庆幸并值得原谅的是，大宋乃是一个有道邦国，李昉此举，气节有亏，但不是附逆。文明展开，需要更多模型，李昉的模型，意味深长。

《后山谈丛》记载的李昉故实，与国史记录或有抵牾，但那是另外一个问题。对于进入传统且有效传播的故实而言，文本可以获得独立的意义系统。至于如何鉴别“真伪”，需要思想史和辨伪学的双重介入。

与薛相一样，李昉并没有多少传奇故实，但他代表了那个时代士大夫的一种倾向：明哲保身，立言自重。

太祖晚期，对赵普的“专断”有所警惕，当赵普被雷德骧、雷有邻父子弹劾时，他有了罢黜赵普的意思，更由于卢多逊与赵普不和，太祖也听到了更多赵普的坏话，因此，特别想听听后周宿臣李昉的意见。但李昉的回答很让太祖不满，李昉说：“臣职司书诏，普之所为，非臣所知。”臣的职责所在，主要是负责草拟书诏，至于赵普的所作所为，不是我能知道的。

太祖时，李昉没有做到宰辅。到了太宗朝，因为赵普、宋琪做宰相很久了，朝廷也希望能有后继者，但宰辅需要资历，在老臣中，没有人比李昉资历更老，于是李昉开始任参知政事。赵普出镇河阳后，李昉又拜平章事，正式成为国家丞相。太宗一朝的“文治”，因为有李昉这样的文人参与，越来越有文明气象，距离五代乱世，已经越来越远。

李昉为相，在处理大宋与契丹的关系上，是“主和派”。他的名言就是：“屈己修好，弭兵息民”，皇上要委屈自己，努力与契丹修好；尽量停止战争，让百姓休息。

这一条原则，后来成为大宋诸臣中“主和派”劝谏君主的关键词，也成为君主自我标榜的关键词。

为了做到“弭兵息民”，李昉几乎不讨论北向用兵之事。几次应诏上书，也都是主张不用兵。对边备也不上心，更多的日常生活，都在“赋诗宴乐”。这样的姿态，连“布衣”人物都看出来了。于是有个“布衣”名叫翟马周的，就击响了“登闻鼓”，诉讼李昉这些事，认为他不适合做宰相。太宗听后，也适当地给了李昉一点“薄惩”。

一钱不值

李昉人很厚道，待人有“恕道”，史称与人打交道“不念旧恶”。乱世中，他看到了太多的睚眦必报，因此，在朝臣的位置上，他总是小心谨慎，“无赫赫称”，没有那种威仪显赫的样子，很低调。但即使这样，还是被人嫉妒。陶谷嫉妒他，卢多逊嫉妒他，张洎也嫉妒他，尽管他对陶谷一让再让，对卢多逊从无一句恶语，对张洎更主动交好，但嫉妒，该来，还是来。

李昉与卢多逊平时很友好，但卢多逊多次在太宗面前说李昉坏话。有人甚至透露过卢多逊的背后毁谤之言，但李昉不信。直到李昉做了宰辅，太宗跟他说卢多逊事，李昉还在为卢多逊辩护。太宗忍不住说：“多逊居常毁卿一钱不直。”卢多逊平常把你糟践得一钱不值。“一钱不值”成语在此。

李昉这才知道他交了个什么朋友。

但李昉做事也有原则，他守住读书人那一点清高，从不请托，也不倚老。他在中书做宰辅时，总有人来求他，请他在皇上前美言，以求晋用。李昉若明知此人可以拔用，但还是“正色”拒绝，却在背后推荐此人。如果明知此人不可大用，反而会和颜悦色对待他。李昉的子弟们就问他为何如此。李昉回答：

“用贤良人才，是君王之事。如果接受人才的请托，那就是买卖私人的恩典，所以遇到可用之人，一定要严肃拒绝，这样就能将恩典归于君上，我不必居功。如果遇到不可用的人，让他失望，又没有好话给他，那是容易收获怨恨的，所以要和颜悦色对待。”

李昉患有心悸病，几年发作一次，一次发作，就要一年才能恢复。据说这是他执掌诰命三十多年，因为劳役思虑所致。等到他做了宰辅，更加忧虑畏惧。至道二年（996），李昉陪同太宗到南郊参加祭天大典，烦琐的礼仪完毕后，诸臣入贺。李昉“拜舞”中，忽然仆地，应该是心肌梗死，被台吏扶出回家，几天后，薨，年七十二岁，谥号文正。

“文正”，是大宋朝，乃至于延续到大清朝，传统文人死后能够享有的最高荣誉。历朝不多见，大宋能够荣膺这个谥号的，李昉是第一个，随后三百年间，只有王旦、王曾、范仲淹、司马光等不足十人。

善人君子，父子相继

此前一年，正月，太宗在乾元楼观灯，召李昉坐在旁边，并亲自给他斟了御酒，取了案上水果小吃之类给他。楼上大臣不少，太宗就指着灯火中一派繁华的京师街道，对诸臣说，哪里哪里是前朝的什么什么“坊”，哪里哪里是前朝的什么什么“巷”，哪里哪里是前朝的什么什么官衙、官署，但现在这些都不见了，因为城市改造，街道拓宽为通衢大道了。说着，又发表一通议论：“过去，后晋、后汉，君臣那么昏暗，互相猜忌，枉陷贤良，当时，民不聊生。就算他们想营建修缮京师，都没有工夫啊！”李昉回答：“后晋、后汉，臣都经历了，哪里可以与今天的圣朝同日而语啊！像今天这样四海清平，州郡平安，民物阜康，都是陛下恭谨勤政的结果啊！”这一番话似不免“面谀”，但也是实情。太宗像所有愿意听奉承话的人一样，听后也高兴，因此回顾诸臣，给了李昉一个评价：

“李昉事朕，两入中书，未尝有伤人害物之事，宜其今日所享如此。可谓善人君子矣。”李昉服务于朕，两次进入中书。但我知道的是，他从未做过伤人害物的事，善有善报，所以他有今天这样的尊荣。真可谓“善人君子”啊！

李昉，就是大宋太宗朝的“善人君子”。

薛相身后荣誉在《旧五代史》，而此书，李昉也是编撰者之一。李昉身后荣誉更在《太平御览》《文苑英华》《太平广记》三部大书。这是奠定他“文正”公地位的名山事业，与薛相比并不逊色。更有意味的是，他教子有方，他的儿子李宗谔，也是文职起家。李昉曾经做到“三馆两制”，崇文院“昭文馆、集贤院、史馆”三馆；做翰林为皇上起草诏令，为“内制”；加知制诰，为中书门下拟定诏令，为“外制”。而李宗谔在此之后没几年，也做到了“三馆两制”，时人很认为这是一种父子相继的荣耀。李相比薛相更具士君子风采。

陆

王禹偁、柳开、潘阆

王禹偁乃是刚直不阿、宁折不弯的一个人物，又总想着“致君尧舜”，于是，开始了“抗疏雪铉，请论道安罪”的司法历程。他坚决不同意太宗的“勿治”主张，坚决要为徐铉雪冤，坚决要求治道安的诬告罪。终于有了结果……

磨面为生要致君尧舜

王禹偁，就是《建隆遗事》传说中的作者，如此，他似乎是一个史学家。但《建隆遗事》伪书的可能性很大，所以不足以评价他的“文人成就”，他主要的成就在政治和文学。

政治上，他提出了一些建议性意见；文学上，他是宋代著名散文家、诗人，他的诗自成一派，史称“白体诗人”，白居易风格的诗人。这些，都是推演大宋“文治”的个人成果，但更有意味的是他的行为方式。

宋太祖出生于927年，宋太宗出生于939年，王禹偁出生于954年。他是在太祖太宗之后出生的人。他出生六年后，大宋建国，他是生在大宋前，长在大宋后，耳闻目睹的都是大宋气象。

他出身贫寒，世代都是种田人，据说他家“以磨面为生”，可能有个小磨坊。但他很聪明，九岁时，居然能写文章。太平兴国八年（983），他在而立之年，登进士第，“释褐”即被授予成武县（在山东）主簿，县秘书，后来又迁大理评事，大理寺的干事，参与司法审讯。第二年就正式做了长洲（今江苏苏州）的知县。这对正处于青壮年，又是苦出身的读书人来说，是一种很大的激励。他于是对仕途有了自期于圣贤的志向。

杜甫曾有诗“自谓颇挺出，立登要路津。致君尧舜上，再使风俗淳”，做官就要“致君尧舜”，要辅佐君王，让他成为可以与历史上的尧舜相媲美的圣君，让天下风俗回归三代时期的淳朴样子，男耕女织，各自当位；老有所养，幼有所爱，鳏寡孤独都有邦国照应，残疾人能有合理安排，等等，这种境界，就是“天下大同”，致力于这种事业，就是“天下为公”。史称“以道事君”的大义在此。杜甫的这几句诗，很精确地概括了古来士大夫出仕的目的性和价值观。

年轻的王禹偁，熟读唐诗，也读圣贤书，有了与杜甫同样的志向。

他写诗道：“吾生非不辰，吾志复不卑，致君望尧舜，学业根孔姬”。我出生在了一个好时候，我的志向并不卑下，我要辅佐君王成为尧舜那样的人，我的学业，之所以成为辅佐君王的思想资源，根基在孔子和周公。周公名姬旦。

他志向“不卑”，因此也有“以天下为己任”的道义担当。于是在做朝官之后，敢于在陈述意见时直言，讽谏很大胆。他知道自己的直言富有道义价值，甚至在诗中自诩“兼磨断佞剑，拟树直言旗”，我还要磨一把斩断奸佞的宝剑，打算自我开始树立一面直言的旗帜。为此，他甚至多次得罪太宗。

《端拱箴》与《御戎十策》

端拱元年（988），王禹偁被提拔为右拾遗，并直史馆。拾遗，还是谏官，太宗内心其实还是想听到他的直言。史馆是文职的荣誉所在，文臣在史馆工作，都有一种自豪感。王禹偁还是坚持初衷，不改直言之习。恢复朝官不久，他就写了《端拱箴》，文中很多犀利言辞，继续批评朝廷，批评太宗。他说：

> 天生蒸民，树之司牧。开物成务，膺图授籙。爲君实难，惟辟作福。在以欲而从人，不以人而从欲。位既尊大，时惟开泰。渐忘焦劳，或生懈怠。乃有谏诤，乃陈箴诫，箴诫惟艰，斥君之过；谏诤惟艰，救君之祸……

天生黎民这么多人，要为之树立一个管理者。通晓各种事物者可以接受天命，成为君王。为君不容易，因为只有君王才能作威作福。所以君王要以自己的欲望服从他人，而不能以他人的欲望服从自己。但是在君王这个位置上久了，年景也好了，君王就会渐渐忘了过去的焦劳，有时就会生出懈怠之心来。于是，有我们这些谏官的谏诤，陈述古往今来的道义；谏诤的艰难在于指斥君王的过错，谏诤的艰难也在于救护君王的灾祸……

他的意思是君王生活过于奢靡，其实这个指斥并不真实。宋太宗在历代君王中，生活可能是相当平衡的。他不奢侈，也不作态故求简朴。后宫连粗人宦官都算在内，不过三百人。但太宗对这类批评，心里有数，所以一般也不苛求。收到他的《端拱箴》之后，还给他加官，做左司谏，知制诰。

王禹偁过了一段风光的日子，还给皇上献了《御戎十策》，讨论边庭战略。大意说“外任人，内修德”，边防线上要多布置间谍，离间西北外患之敌。

又赶上一个灾年，冬旱，王禹偁上疏，认为这种天象意味着“君臣之间，政教有缺”，他要求，对外，停止每年购买物资，对内，则停止工巧之技。近来城外掘土，往往破毁人家的坟墓，要重新礼葬填埋。外州有些发配的罪犯，如果不是贪赃之罪，可以释放。他还要皇上下诏，从皇上开始，下至百官，再到不担任宿卫的军士，边庭将帅，都要减少俸禄，以此来上答“天谴”，下服“人心”，每个月递减，一直到雨足而后停止。还说他自己在朝臣中，虽然家最贫，俸禄也最薄，但愿意带头减少俸禄。他认为用这个办法，“但感人心，必召和气”，那样就会解除冬季干旱问题。

带头减少薪俸，这个新鲜。但太宗并未采纳。

道安尼姑案

几年之后，庐州有个尼姑叫道安，千里迢迢来到开封府，状告一个人：她的弟媳妇。具体案由，今天已经很难复原，但知道的结果是：所告不实。也即诬告。恰好这个道安的弟媳妇是名流徐铉的妻子的外甥女。当时徐铉知道此事后，可能给开封府判官张去华递了条子，于是张去华没有判道安弟媳妇的罪，反而把道安从开封府“械送本州”，作为诬告犯罪分子，戴了刑具，遣返回庐州了。道安不服判决，又再次千里迢迢来到开封府，击登闻鼓，状告“徐铉以尺牍求情，去华故不为之”，徐铉给开封府写信为他太太的外甥女求情，所以开封府判官张去华故意不处置此案。

这事惹恼了太宗。他痛恨冤案。于是交大理寺“推问”。王禹偁恰好刚刚提升为这里的主管。但王禹偁审理的结果是：维持原判，此案就是道安这个尼姑诬告，没有影子的事；徐铉、张去华是干净的。太宗不放心，又经过刑部宋湜等人复审，结果是继续维持原判。递上来的结果是：张去华审判正确。

很奇怪，太宗不想给道安治“诬告”罪，猜想他的心思可能是：这一伙子人，徐铉、宋湜、王禹偁、张去华，难免不勾结一气，欺负人家一个女尼。于是“有诏勿治”。别人听了这个结果也倒罢了，但王禹偁乃是刚直不阿、宁折不弯的一个人物，又总想着“致君尧舜”，于是，开始了“抗疏雪铉，请论道安罪”的司法历程。他坚决不同意太宗的“勿治”主张，坚决要为徐铉雪冤，坚决要求治道安的诬告罪。终于有了结果：他再次被贬为商州团练副使。而且连宋湜、徐铉、张去华一道贬。徐铉已经很老了，遭贬不久病死。

太宗对王禹偁是又烦又爱。他知道这个文人性格刚正不容他物，就告诉宰相要告诫他。然后重新提拔他做了朝官，并直弘文馆。

但王禹偁做官久了，俸禄确实不高，感到了生活的压力，于是要求补一个郡官，多一点收入，以便于奉养老人。于是皇上又命他知单州，并赐钱三十万。他到单州才十五天，又被召回为礼部员外郎，再知制诰。

但王禹偁“直言”的性情一直不改。

太祖的皇后病故，葬礼不够规格，群臣的丧服不像给一位皇后下葬，怠慢了这个开国皇帝的皇后。王禹偁认为不公，于是与宾友说:“皇后曾经母仪天下，应该用旧礼，隆重下葬。”这不算“劝谏”，应该是背后的牢骚话，但当有人将这话汇报给太宗时，王禹偁依然不想收回，也不“悔改”，坚持自己的意见。于是这位做着翰林学士兼知审官院的朝官，拜罢为工部郎中，知滁州。太宗给他的罪名是“轻肆”，轻薄、放肆。

为了证明罢黜王禹偁的正当性，太宗还对宰相解释:“人之性分固不可移，朕尝戒勖禹偁，令自修饬。近观举措，终焉不改，禁署之地，岂可复处乎。”人的性格真是不可移易。朕曾经告诫过王禹偁，让他自我修饬，不要太过轻肆。但看他近来的行为举措，始终没有改变。宫禁翰林之中，这么重要的地方，哪里还能让他继续待下去呢。

太宗也确实曾经当面告诫过他，对他说:“卿聪明文章，在有唐不下韩、柳之列。但刚不容物，人多沮卿，使朕难庇。”爱卿你的文章成就，如果在大唐，不会在韩愈、柳宗元之下。但你这个人太刚硬，不能包容其他人。这样就容易让人阻碍你，如此一来，朕也无法庇护你。

这一番话说得很知心，史称“禹偁泣拜”，王禹偁哭着拜谢了太宗。

以夷制夷

王禹偁在朝廷期间曾经为对付西夏李继迁，贡献过一个战略意见。他认为朝廷多次讨伐李继迁，而李继迁依旧今天投契丹，明天归大宋，摇摆不定，此人可以不必劳动大宋力量去征讨他，只需要公开声明并列举他的罪状，晓谕边庭番汉各部，设立赏赐，给予高官，只要这样做，用不了多久，李继迁不是被擒获，就是被枭首，边庭诸部落人自会立功。这也是“以夷制夷”的一种韬略。对付李继迁，似乎也只有这一招最好使。而后来的结果也确实如王禹偁所料：李继迁在内部被人所杀，西夏曾经一度归附大宋。

到了真宗朝，王禹偁成为宿臣，得到真宗的敬重。

咸平四年（1001），王禹偁知黄州（今湖北黄冈），在任期间，州境之内有两只老虎搏斗，其中一只死，被吃掉一半。这一期间，还有群鸡夜鸣，一个多月了都不停止。冬天时，天上打雷。这类现象，弄得朝野不安。王禹偁上疏，引用传统经典《洪范》关于天人感应的说法，自己检讨，认为此事当应在我王禹偁身上。真宗当时正有泰山封禅的大典安排，他在百忙中赶紧派遣使者乘坐驿马到黄州去安慰他，并为他做法事消灾。法事期间，使者问道教主持人，主持人说：这事应在守土者。真宗惜才，听说后，觉得不能让王禹偁“当其咎”，就给他转移州郡，让他到蕲州去做知州，这样也许就能偏离开所谓的天上惩罚。王禹偁很感动，给真宗上了一份感谢信，内中有“宣室鬼神之问，不望生还；茂陵封禅之书，止期身后”这样的字样。这都是不吉祥的文字。“宣室”，是汉代未央宫的宣室殿，汉孝文帝曾在这里向贾谊请教鬼神之事；“茂陵”，是汉武帝的陵寝，汉武帝曾有封禅大典的故实。王禹偁的意思是：有天人感应这类鬼神之事，我并不奢望还能活着；至于陛下您一直要效法汉武帝，准备泰山封禅的大事，我只期待能在我身后施行。这些话说得就像“谶语”一般，史称“上异之”，真宗很惊异。果然，王禹偁到了蕲州，不出一个月就死了，只有四十八岁。

“谶诗”与“势利”

王禹偁故实多。

《宋史》对他的评价是“词学敏赡，遇事敢言，喜臧否人物，以直躬行道为己任”。写诗填词有功夫，很机敏，很丰富。遇到不公平的事情敢于言说，喜欢评价人物，直身行道是他的基本品质。他常常跟人说一句话：“吾若生元和时，从事于李绛、崔群间，斯无愧矣。”元和，是唐宪宗时期的年号，宪宗时，大唐出现短时间的兴旺发达局面，史称“元和中兴”，而李绛、崔群，则是元和年间敢于直言的大臣。王禹偁这个说法，大有“恨古人不见我”的自诩。

他小的时候，当时已经是名流的毕士安，正在他所在的济州做事，听说这个小孩子有才，就去看他。王禹偁正在推碾子磨面，毕士安就让他以《磨面》为题，作一首诗。王禹偁当即对道：“但存心里正，无愁眼下迟。若人轻著力，便是转身时。”毕士安一听，很惊奇，就将他留在子弟间读书。有一天聚会，济州太守出了一个诗句：“鹦鹉能言争似凤。”坐客一时对答不上。毕士安就将这个诗句写在屏风上。王禹偁见了，写了一句在下面：“蜘蛛虽巧不如蚕。”毕士安一见，叹息道：“经纶之才也！”治理国家的栋梁之才啊！于是给他穿上士大夫的衣冠，呼他为“小友”。等到毕士安做宰辅时，王禹偁也开始入朝掌制诰。

古来大见识有二,一为识英雄于微时，一为料结局于事先。毕士安有慧眼，王禹偁有天才。此事，成为一段文坛佳话。

史上记录的“谶诗”“谶语”很多，王禹偁这里就有几个案例。他有《病鹤》诗,内中两句道:“埋瘗肯同鹦鹉冢,飞鸣不到凤凰池。”大意说仙鹤即使死了，也不会跟鹦鹉在一起同葬；尽管仙鹤飞鸣高蹈，也不会到凤凰池。凤凰池是朝廷政事堂、中书省的譬喻。这诗一语成谶，王禹偁这么高的才华，这么高的志向，最后却没有做到宰辅，谶语成真。

淳化年间，他做梦写诗，梦里念给太宗听，还记得其中一句是：“九日山间见菊花。”醒来不知道啥意思，第二天，就被贬，到商州去做团练副使。到了官邸之后，满眼都是菊花。

即幻见真。这类“谶诗”故实,可以看作人们对他诗才的肯定。

犹如所有人的丰富性一样，王禹偁也有“势利”的一面。

太宗想周知天下事，因此有规定，即使是很疏远的小臣，有意见，也可以到朝廷来面见直言答对。王禹偁反对这个制度，认为不可。他上疏,奏章中有一句话:“至如三班奉职,其卑贱可知。”三班，是低级武官,当时设东、西、横三班。做武官入仕,先做“三班借职”，转“三班奉职”，然后，一级级升迁，最后可以做到节度使。“三班借职”是没有品级的。王禹偁这话一出，得罪不少人，而且流传开来，史称天下“盛传其语”。到了他自己被贬商州，有一天是“国忌”之日，他跟着太守到寺庙进香，天还没有亮，朦朦胧胧，也看不清什么。佛殿之前，有一个人仿佛穿着紫袍，端着笏板，王禹偁认为这人可能官阶不低，就想跟他聊聊天。这个人将笏板收起，对他说：“某即‘可知’也。”王禹偁听不懂，这个人解释说：“公曾经上疏言‘三班奉职，卑贱可知’。某今即官为‘三班借职’，是即‘可知’也。”史称王禹偁听后“怃然自失”，很惊讶，若有所失，怅惘了半天。

王禹偁瞧不起“三班”应该是一低级错误。他忘记了他原来也曾在家里“磨面”，连“三班”也不是。各类人皆有时运不济之时，落魄不是本质，何况初入仕途，“三班”不过是一个初阶，前途如何全在未知之间。所以这个故实看似嘲弄王禹偁，实则是对世相的一个讽喻。人性中的“势利”，古今一致，大宋也不例外，王禹偁一代名流，也未能免俗。

贬谪文化

王禹偁曾经谪守齐安郡（今属湖北麻城），此地荒凉，各类供给都很困难。但在聚会时，也有营妓作陪。不过此地的营妓模样不佳，王禹偁就写诗说事：“忆昔西都看牡丹，稍无颜色便心阑。而今寂寞山城里，鼓子花开也喜欢。”回忆过去我在西京洛阳看“牡丹”（暗指洛阳营妓）时，稍稍颜色差一点，就提不起兴趣。到而今，来到这个寂寞的山城里，看到野草一般的鼓子花（暗指此地营妓）也心生喜欢。

营妓，是大宋的一个制度性规定。也称官妓，在各州郡多有，用来“给事”不带家眷的官属。官妓有身价，高低不等，一般都来自“勾栏”，也即风月场所。宋代“勾栏”很“发达”。南宋试图革除这类规定，但还是有零星存在。事实上，营妓，也即随军妓女，是一个世界性现象。

他在替徐铉“雪冤”一案中，被贬商州，为此还写了《三黜赋》，内中有句云：“屈于身兮不屈其道，任百谪而何亏！吾当守正直兮佩仁义，期终身以行之。”这几句话好懂，意思就是虽然连续遭遇贬黜，但我还是要走正道。“正直”与“仁义”，是他一生所要坚持的内核。凭着这一篇东西，他成为“贬谪文化”的中坚。中国历来不乏因贬谪而知名的文人，此前，韩愈“一封朝奏九重天，夕贬潮阳路八千”的故实广为人知。此后，范仲淹连续三次被贬，第一次，有送行的人说：“此行极光！”第二次被贬，送行的人说：“此行愈光！”第三次被贬，送行的人说：“此行尤光！”故史称范仲淹“三黜三光”。王禹偁在真宗朝曾有变法主张，可以称得上是范仲淹“庆历变法”的先声。

被贬黜，一是官职下降，一是俸禄降低。因此，按世俗的眼光看问题，会认为这类人“吃亏”。但正是这类“吃亏”，有了道德预设：被贬黜的官员，都是敢于直言，有正义感，有道义担当，敢以天下为己任，为百姓仗义执言的人物。士风以为被贬光荣，被贬者也认为被贬光荣，于是，凡“以道事君”而不是“为稻粱谋”而“事君”的，有荣誉感的士大夫，就有了不怕贬谪而坚守圣贤立场的故实。

有意味的是：朝廷与君王也容许大臣们以被贬而自豪。在这类奇妙的“默契”中，推演出了一种“中国特色”的“贬谪”文化现象。

王禹偁在为太祖皇后“仗义执言”被贬后，好友苏易简中进士第一的那一榜，有何进等进士三百五十三人。这些人都很钦佩王禹偁，于是由苏易简带头，联名给太宗上奏，请求给王禹偁送行。太宗答应。到了那一天，三百多人浩浩荡荡将贬官送到西短亭，诸生在官桥之下向王禹偁拜别。王禹偁很感动，写诗给苏易简留念。但送行者还是有些害怕，不大敢过于亲密。只有一个叫窦元宾的书生拉着王禹偁的手流泪说：“天啊，这难道就是命运安排吗？”王禹偁记住了他，后来有诗给他，内中两句道：“惟有南宫窦员外，为余垂泪阁门前。”

白体诗《畬田词》

王禹偁是宋初著名文学家，成就是多方面的。宋初有三家主要诗派：“白体”“西昆体”“晚唐体”。王禹偁在“白体”阵营中成就最高。他有一首《畬田词》，颇为时论所赞赏：“鼓声猎猎酒醺醺，斫上高山入乱云。自种自收还自足，不知尧舜是吾君。”这诗写的是部落族人刀耕火种的景象，很像古诗《击壤歌》：“日出而作，日入而息。凿井而饮，耕田而食。帝力于我何有哉！”这种风景，看似对“尧舜”有“不敬”，事实却是传统政治哲学原理，也是现代政治哲学原理对“尧舜”的最高褒奖。其大义就是：无为而治。君王朝廷国家政府不对士庶指手画脚，士庶在自发秩序环境下，在充分自主的自由选择中，安居，乐业。现代充分市场条件，从根本上推演的也不过就是这种境界。“安居乐业”是《击壤歌》，也是《畬田词》的主题，更是传统政治与现代政治落实于民间的至美风景。人类，还远远没有实现“安居乐业”。

他的词也写得好，可惜传世的只有一首《点绛唇》。词曰：“雨恨云愁，江南依旧称佳丽。水村渔市，一缕孤烟细。天际征鸿，遥认行如缀。平生事，此时凝睇，谁会凭阑意。”这词好在哪里？实在不是“赏析”类文字可以说清的。读下去，反复读，吟诵，就会慢慢发现词的美。王禹偁仅凭这一首词，足可以进入宋词大家行列。

他的诗晚年开始学习杜甫，曾经偶尔写诗，与杜甫暗合，就记录此事说：“本与乐天为后进，敢期子美是前身”，本来想做白乐天白居易的后进学生，但也敢于期许我的前身也许是杜甫杜子美先生。

他散文成就也是宋初翘楚。他的政论散文《待漏院记》有言：“一国之政，万人之命，悬于宰相。”这在“君相博弈”的政治大环境中，将“相权”提到了一个重要高度。他是最早认识到“君主与士大夫共治天下”的人物之一。

馊主意

王禹偁做左司谏时，曾经给朝廷提过一个建议：

“请自今群官诣宰相及枢密院使，并须朝罢于都堂请见，不得于本厅延接宾客，以防请托。”请从现在开始，大小官员要见宰相或枢密使，都要在退朝以后，到都堂去求见，宰相和枢密使，不能在东府或西府之本部大厅接见宾客。——这样做的目的是防止搞私人请托。

司谏，是言官，主要负责考察朝廷缺失，一旦发现，就要直言论奏；如果事情较大，还要敢于当廷谏诤。王禹偁在朝堂日日观察得失，发现有人不尴不尬走后门，办私事，于是，想出这么个办法试图杜绝私人走门路、通关节，立意也是为公。但这却是一个馊主意。

此事涉及太宗朝的“广开言路”政策，也与一个叫王沔的人有关。

王沔是一个颇有机心的人物。

当初，他曾经与张齐贤一同执掌枢密（略相当于国防部或参谋长联席会议）工作。等到张齐贤外放，出守山西代州时，王沔有机会升职为枢密副使，并参知政事。五代以来，文官兼任枢密武职很常见。枢密院称“西府”、政事堂称“东府”，二者同在一个大院，人称“二府”。“二府”之间是都堂，应为二府合议或接见宾客之地，是总的办公地点。陈恕当时主管央企盐铁工作，也来到东府。但陈恕生性“苛察”，王沔在中书政事堂做过一些不漂亮的事，很担心同僚有人跟陈恕说旧事，于是很不自在。

这时候，左司谏王禹偁上书，提出那个建议。

王沔觉得这个主意正好可以分离政事堂人跟陈恕等人说他的往事，就上书力挺王禹偁，认为此事可行。

太宗一时昏聩，觉得既然能施行，也好。就令御史台宣布这一决定，施行之。

这不是个小事。

王禹偁的这个主意等于鼓励皇上猜防大臣，离间君臣关系。按儒学意见，这不是“诚之道”。

谢泌两批太宗诏书

太宗朝虽然还在开国之初，“人才粗疏”，但就中也有明白人。反对王禹偁这个意见的明白人是左正言谢泌。

“左正言”，在唐代就叫“左拾遗”（杜甫就曾做过“左拾遗”），与王禹偁的“左司谏”都属于谏官，地位略低于“左司谏”，负责观察并提出各类批评性或建议性意见，也称言官。

谢泌是太宗朝推动言论自由的重要人物。

在王禹偁提案之前，太宗一直提倡士庶上言，但到了端拱初年，读书人见到上书言事往往可以封官获赏，于是言事者越来越多。之中所言事，良莠不齐。于是太宗下诏给阁门，也即接受士庶上言的办公室，只接受那些不怀有“侥望”之心的上言。所谓“侥望”，也即“倖心”，意思指试图借助上言而得利的心思。这样一来，面对种种上言，阁门就要完成一个判断：这位是不是怀有“侥望”之心啊？如此一来，从阁门这里接受上言时，事先就有了盘问。阁门官员自然也是良莠不齐，在盘问中就有了对上言者不够尊重的动机性诘问。这样，一方面是从阁门开始，就按下了很多上言；另一方面，上言者也往往有性情清高的人物，不愿意接受这类问诘，更不想得到“侥望”的讥评，干脆放弃了上言。史称“由是言路少壅”，从此士庶上言的通道略略有了壅塞，不够流畅。

显然，对于广开言路而言，这不是吉相。

谢泌于是“抗疏”，直言诏令之非。他针对太宗的诏书批评说：

边鄙有事，民政未乂，狂夫之言，圣人择焉。苟诘而拒之，四聪之明，将有所蔽。愿采其可者，拒其不可者，庶颙颙之情，得以上达。

国家边境还没有安宁，国内政事也还没有太平。这时候，即使是狂夫之言，圣人也应该能够从中择选。假如像现在这样，盘问上言人是不是怀有“侥望”之心，那么四方聪慧明智的意见，就会遭遇壅蔽。希望能够采用可行的意见，拒绝那些不可行的意见，就可以了。不必设置什么上言的条件。这样，所有上言人就都能将自己心里的期盼说出来，上达朝廷了。

太宗见自己发布的“指示”遭遇如此犀利批评，没脾气，收回成命而已。

现在，谢泌又遇到左司谏王禹偁所谓“杜绝请托”的谏言，忍不住又上了一本，批评王禹偁，也连带着批评宋太宗。他说：

伏睹明诏，不许两府接见宾客，是疑大臣以私也。天下至广，万机至繁，陛下以聪明寄于辅臣，苟非接见群官，何以悉知外事！古人有言曰：“疑则勿用，用则勿疑。”若

> 国祚衰季，强臣擅权，当此之时，可以为虑。今陛下鞭挞宇宙，总揽豪杰，朝廷无巧言之士，方面无姑息之臣，礼乐征伐自天子出，奈何疑执政大臣，为衰世之事乎？使非其人，当斥而去之；既得其人，任之以政，又何疑也！设若杜公堂请谒之礼，岂无私室乎？塞相府请求之门，岂无它径乎？此非陛下推赤心以待大臣、大臣展四体以报陛下之道也。王禹偁昧于大体，妄率胸臆，以蔽聪明，狂躁之言，不可行用。

这段话大意是说：我谢泌看到了关于不许两府接见宾客的诏书，窃以为这是猜疑大臣有私情的诏书。天下那么大，陛下那么忙，所以才将个人的聪明才智寄托于辅臣。如果不是接见群官，怎么知道朝廷以外的事情！古人有言道："疑人勿用，用人勿疑。"如果是国运衰末，强臣专权，那个时候，怀疑大臣还说得过去；现在陛下已经收拾天下，总揽了四方豪杰，朝廷并无巧言令色之徒，地方并无姑息放纵之将，礼乐征伐各种重大命令都从天子发出，为何要怀疑执政大臣，做这种衰乱之世的事儿呢？假使用的不是合适的人，就应当斥退；既然用的乃是合适之人，放权给他，又干吗要怀疑他呢？就算杜绝公堂私人请托之事，难道两府大臣就没有自己更隐秘的私室了吗？杜绝相府请求这个门径，真想请托的人，难道找不到其他门径去请托吗？这个诏令可不是陛下推赤心待大臣、令诸大臣舒展四体报答陛下之道啊！左司谏王禹偁对国家大体太糊涂，昏头妄语，以此遮蔽了陛下的聪明，概属于狂躁之言，不可推行使用啊！

史称“帝览奏嘉叹，即命追还前诏，仍以泌所上表送史馆”。皇上看罢谢泌的奏章很是嘉赏赞叹，当即命令追还前面一份诏书，并将谢泌所上的奏章交送史馆存档。

谢泌，是东晋太傅谢安的二十七世孙，有文采，著述多种。多次给太宗、真宗进言，他的意见一般都能得到采纳。作为言官，谢泌提出了很多好的建议。

他看到国家图书馆藏书目录整理混乱，就提出要按照唐代“经史子集”分作四库的做法管理大宋的藏书。太宗觉得有理，就按他意见做，并让他出任四库“集库”的主管。

当时升殿奏事的人，得到皇上认可后，就带着奏章到有关部门去“传达”，这个过程难免有“巧妄”之举，也即投机取巧，妄言夸大的举动。谢泌就上言，要求从今往后，凡有上言，属于政事的，要送中书，属于军机的，要送枢密院，属于经济的，要送三司，都要经过复核,而后执行。这样,就避免了执行“准奏”时的人为走样。谢泌的这个意见，被采纳后，成为大宋“定制”。

差点挨板砖的大臣

谢泌，是赵炅很喜欢的一个大臣。

有一次，谢泌在史馆负责安排落榜的举子，当时落榜者不少，有些谣言在流播,以至于有些举子“怀甓以伺其出”,“甓”就是砖瓦，落榜的举子们不服气，以为谢泌不公，怀里揣了“板砖”准备给他一下子。谢泌听说后，从其他小路踅进史馆，躲起来，多日不出门。

太宗听说后，大笑，对左右说：

“谢泌职责是考试审校，哪里敢营私舞弊！这是落榜小人不自己掂量分量，反过来埋怨主考官。但这事也不得不防。”

于是问左右：“做什么官，前后的引导、警卫比较威风，以至于城里人都得回避一下？”

左右奏道：“只有台省知杂，比较威风，很多警卫，闲杂难于靠近。”

台省，指的是尚书省、中书省，也包括御史台，知杂，是御史副职，负责纠弹百官，大约得罪人较多，故出入府院，保卫工作做得比较认真。

太宗听后，就任命谢泌做了虞部员外郎，兼侍御史知杂事，以此来避免遭遇“板砖”之祸。

谢泌生性朴素简易，对道家方式有个性化理解。据说他临终时，沐浴更衣，穿了道家服装，焚香端坐而死。

谢泌多次议论时政得失，所论一般都能切合时弊，多次令太宗收回已经发出的诏书。太宗为此很高兴，更多次嘉奖他的忠诚。有一次，在便殿公干，太宗当面表扬了他。谢泌回答说：

“陛下从谏如流，故臣得以竭诚。昔唐末有孟昭图者，朝上谏疏，暮不知所在。前代如此，安得不乱！”

大唐僖宗时，宦官田令孜专权，当时也是出任左拾遗的言官孟昭图求见不得，就给唐僖宗上书，直言田令孜之罪，被田令孜按下奏章不报，同时还假传圣旨贬孟昭图外放，路上又派刺客将孟昭图冤沉水底。

谢泌就是这样抓住一个个机会，规劝太宗赵炅做好事别做坏事。

史称太宗听了谢泌这一番话“动容久之”，很长时间情绪激动难平，他太需要这样直言上书的忠臣了！

有意味的是，太宗赵炅，是中国历史上最为虚怀纳谏的君王。这方面，他比乃兄赵匡胤做得还要出色，甚至比宋仁宗也要出色。他是真诚喜欢直言的性情中人。宋仁宗虽然也鼓励直言，但真的面对直言，他也往往气得鼓鼓的，不过是碍于经筵教导（少年时代受过的儒学教育）、祖宗家法、成人理性，“忍”着不发作而已。忍着忍着，忍到后宫，还是忍不住要背后发牢骚。太宗不必。太宗听到直言，如果感觉有道理，马上接纳，会很自然地改正错误；如果感觉没有理，他就沉默，即使被臣下误解，他也不做解释。这方面的坦荡与气度，超过了赵匡胤，也超过了宋仁宗。赵匡胤有时还会为大臣的直言气恼，要不就抓过铁斧子把人家的门牙敲掉，要不就拿一支墨笔在人家脸上画花脸。

太宗赵炅，确有异禀。

王禹偁要求“杜绝请托”，却导致“言路壅塞”的公言上疏，是文人从政的一个教训。假如没有足够的政治洞察力，仅仅凭借情绪化冲动，在自以为“政治正确”的动作中，很有可能走向了“政治错误”。政治，作为国家管理的最高形式，它的内部展开，很复杂。自以为“正义在胸”，但没有足够的世事洞察力和思想穿透力，并不能保证言说的正义。

大言柳开

宋初文人，还有个柳开。

他比王禹偁略长几岁，是一个言说中笃信孔孟之道的人物。他自诩："吾之道，孔子、孟轲、扬雄、韩愈之道。吾之文，孔子、孟轲、扬雄、韩愈之文也。"这种论点，后来有很多评说，大意是认为这是视文学为道统的附庸，因而不可取。但事实上这是个难度很大的工程，不是不可取，而是做不到。柳开如此自我期许，除了一点比喻的意义之外，实为大言。后人之"道"，追踪孔孟尚不能及，径直说自己的"道"就是孔孟之"道"，言过其实。至于说柳开我之"文"就是孔孟彼之"文"，那距离更大，他无能达致这个圣贤高度，因为他不是圣贤。

柳开充其量属于"狂狷"者。

柳开有粗野狂妄的作风，他的名字都带着自命不凡的意味。他自称"师孔子而友孟轲，齐扬雄而肩韩愈"，所以名"肩愈"，是比肩韩愈的意思；又字"绍元"，是接续柳宗元的意思。后来对韩柳有了意见，又改名"开"，字"仲涂"，号"补亡先生"，意思是由他来开出大道，补缀前贤之不足。

他在太祖开宝六年（973）中进士，做过宋州（今河南商丘）的司寇参军，太宗太平兴国年间，曾知常州、润州，做过监察御史、殿中侍御史。雍熙年间，做监军，因用兵问题，与主帅有冲突，被贬。后又复官。真宗时代，加如京使，知代州、忻州，咸平四年（1001）卒，年五十四岁。

柳开算是唐宋古文运动在宋代的先驱人物，算是欧阳修诗文革新运动的先声。在倡导质朴文风，反对浮靡文风方面，他成就斐然，令唐末五代以来的文章风气有所变化。

但他自己文章写得一般，没有多大影响力，还没有他的轶事影响力大。

据说他年幼时颇有异于常人之处，胆子大。后周显德年间，他跟父亲在一起，晚上与家人站在庭院里聊天，有强盗入室抢劫，众人都不敢动，柳开当时只有十三岁，急忙操起一把剑来，与贼搏斗。强盗居然被夺气，吓得翻墙逃走，柳开挥剑，斩断盗贼的两个脚趾。

就学之后，喜欢讨论经义问题，与当时的一般名流，如范杲、杨昭俭、卢多逊等人，都有交往。

雍熙北伐时，柳开向前线运送军粮，快到涿州时，赶上契丹酋长与大将米信交战，当时相持不下。但契丹来人表示愿意投降，米信有点信，柳开想得开。柳开认为兵法有言："无约而请和，谋也。"敌人一定是有什么麻烦了，急攻，可以取胜。米信犹豫，结果几天后，契丹果然来继续挑战。后来知道，契丹之所以表示愿意投降，乃是缓兵之计，因为箭矢用光了，正在从幽州往前线运输中。有此经历，柳开对自己有了新的期许，他认为他可以带兵打仗。于是要求上前线，给太宗上疏写得很自信，说是"今契丹未灭，愿陛下赐臣步骑数千，任以河北用兵之地，必能出生入死，为陛下复幽、蓟，虽身没战场，臣之愿也"。他认为给他几千兵马，他几乎可以收复燕云十六州。太宗也正好要用文臣带兵，就让他以崇义使身份知宁边军（今属河北蠡县）。

雍熙北伐后，宋师岐沟关失利，不久，边境雄州、霸州等地相继传来“谍报”，说契丹将要入边，于是，各地开始备战。柳开所在的宁边军也得到情报，而且一天连续接到八十多份情报，都说契丹要来。所有人没有不信的，只有柳开不信。他给边将郭守文写信，陈述了五个理由，说契丹一定不会来。不久，果然传来切实消息，是谍报人员得到了假情报，警戒解除。当时谍报频来之际，汴梁也得到消息，太宗甚至想再一次御驾亲征，后来知道契丹不至，这才作罢。

这些事，都证明，柳开虽然不过一介文人，但对付契丹，似乎有特殊的直觉。

柳开为官三事

有个契丹“贵将”名白万德，是河北真定人，此地距离柳开所在的宁边军不远。宁边有豪杰，是白万德的姻族，有亲戚关系，因此常常出境去走亲戚。柳开与豪杰素有来往，知道此事后，就劝说豪杰，要白万德为内应，带着整个幽州，归附王师。事有成，当“裂地封侯”，也即给他个节度使。柳开等于在“代表”太宗行使“恩赏”大权。这事诱惑相当大。无论契丹还是大宋，武人能做到节度使，那就是过去的藩镇，是国家的方面大臣。白万德还真就答应下来，并派遣使者过来“请师期”，问宋师伐幽燕的时间。这个使者还在宁边军没有回去，柳开却接到了调动报告，要他到全州去做知州，策反大事，就这样没有做成。

但这事也有另外的可能：白万德诈降。他来询问“师期”，就不得不防。事情没有成，各种可能都不存在了。

柳开移知南方，到全州（今属广西桂林），“收复幽、蓟”，从此无缘。

但他到全州，干了个漂亮事。

当地有个部族，称“西溪洞有粟氏”，有五百余人，经常抄截地方的庶民粮食牲口，柳开准备了衣带巾帽，算作礼品，又在衙吏中选了有勇气、口才棒的三个人，要他们进入这个部族的内部，劝诱部族归附，大意说：如果能归附我全州府，我柳开有重赏，给你们田地房屋定居；不然，发大兵深入，将你们一族全部灭掉。这一套恩威并施的办法，生效了。史称“粟氏惧”，于是留下两个衙吏作为人质，部族首领率四个酋长和一个衙吏一起到了全州，表示愿意归附。柳开很热闹地犒赏了他们，全州吏民也很高兴，都愿意友好地与他们吃酒交朋友。一直流连了好几天，放他们回去了。不久，部族按照约定的日期全部来到全州。柳开当即安排他们安居。这个多年的麻烦解决了。

柳开也很得意，写了《时鉴》一篇说这个过程，还为此刻了石，很隆重地纪念此事。然后，又让酋长到京师，入朝，太宗也高兴，授这位首领为全州上佐，赐给柳开钱三十万。

全州有个士卒，不知为何对柳开不满，直接在全州府诉讼柳开，柳开坐堂，见此人讼自己，一怒之下，给他一个徒刑，杖背、黥面，送到京师。“徒刑”是传统“五刑”之一，第三等重。再严重就是“流刑”

戴枷发配远方，更严重就是“死刑”，正法了。但朝廷有关部门认为这个士卒“罪不及徒”，罪行还不至于到“徒刑”一级，柳开量刑过重。于是，将柳开削去两个官职，贬黜为一个团练副使。后来又复官、移官，最后知邠州（今陕西彬县）。

邠州此地正在征调粮储，运往与西夏接境的环州、庆州。但这一次，转运使催督甚急，百姓不堪，几千人到州府来哭诉。柳开就给转运使写信，大意说：

“我最近从环州那边过来，知道那边的情况，现在即使刍粮不再继续征调，大兵也可以支用四年左右。方今蚕农正在农忙时节，多次调运，已经是老幼疲敝，牲畜困竭，怎么没完了，还在转运？请罢征调。如果不罢，我柳开就派出驿乘，告到朝廷，去跟皇上说去。”

转运使闻言，罢免了当地的转运。

柳开此举有“为生民立命”的道义担当，值得表彰。

真宗朝时，柳开知代州，这是张齐贤曾经立功的地方。

但是代州这个地方也奇怪，总是将帅不和。柳开一来就看到这个问题。甚至包括如何修缮城池，如何准备战具等问题，主将意见也不一致。柳开对跟随他来的儿子说：“我夜观天象，星斗间有云从北边来，犯我边境，这是预示着契丹就要来了。我听说大军能胜，主要在将帅要和。现在诸将不和，都对我有怨言，一旦敌寇来了，肯定会危及我。”于是上疏，要求调换州郡，真宗答应他，移往忻州，做刺史。

就这个故实看，柳开不及张齐贤甚远。

但柳开有文人的那种侠义。

亦侠亦匪

在河北老家大名，柳氏乃一大户人家，史称“家雄于财”，家中财富雄甲一方。他又好结交、好施舍。但家中财富都在叔叔手中掌管，叔叔很吝啬，往往不能满足他。当时恰好有一个名士赵昌言在河朔一带游历，这日在大名谒见柳开，聊得投机。柳开就多次找叔叔要钱，要资助这位新结识的朋友。叔叔才不管啥名流，家财来之不易，是祖宗基业，说啥也不给。柳开一怒，夜半开始放火，烧了一间房舍。叔叔吓坏了，赶紧拿出三十万钱送给赵昌言。柳开就用这种“要挟”手段，获得了部分财富支配权，这位叔叔从此“恣其所施，不复吝”，随便他去施舍，不敢再抠门。

也是在大名时，柳开路过一个酒肆，饮酒时，看到旁边一个士人，言辞气度与当地人有不同，就与他聊天。原来这个人从京师而来，因为家贫不能礼葬其亲人，听说这里有个人叫王祐，很仗义，因此想找他借钱葬亲。柳开问他大约需要多少钱，士人说：“二十万足矣。”柳开倾尽所有，得白金百余两，又凑几万钱送给了他。

这不是一般人能做到的义举。

柳开还是一个经常有“出格”行为的人。史上说他“少好任气，大言凌物”，少年时好任性，使气，说话口气很大，往往轻蔑他人。

柳开从家乡大名往东京汴梁去应试，晚上住宿在驿站，听到有妇女哭，声音委屈、悲哀。到了早上，就去询问。

原来她是临淮（今属安徽凤阳）县令的女儿，算是柳开同乡。但这位临淮令很是暴横，有不少贪污行为，还把很多坏事都委托一个仆人来主持。等到县令任职期满，要暂回家乡时，仆人动了歹念，就要挟县令，逼他把女儿嫁给自己，不答应，就告发县令的种种不法。县令看看事情无法避免，只好答应。女儿一向不喜欢这个恶仆，所以夜半想起，哭了起来。

史称柳开“素负节义”，素来负有节义的气度和名声，于是来了一股侠义之气。当即就去见县令，县令没法隐讳，把全部情况都告诉了柳开。这事对县令来说，乃是人生的一大困境、绝境，自己作恶，反被恶人所磨。不是当事人，恐怕很难体会他的痛悔。柳开把事情问清楚了，对县令说：“我愿意借你这个地方，见一下这个仆人，为先生你除害。”县令召仆人时，柳开让县令准备酒果盐梅各类烹调的调料，自己装在袋子里带回房间。仆人来见过柳开，二人算是认识了。到了夜半，柳开招呼这个仆人进入自己房间，问他：“胁迫主人，要将他的女儿做夫人，这活儿就是你干的？”说着，即掏出刀子刺死了他。当晚，将仆人大卸八块，把那些酒果盐梅当作料，一锅炖了。第二天，招呼县令一家和驿站的人们一块吃肉吃酒。完事后，柳开急急忙忙就赴京赶考去了。县令追上他来感谢，说一个晚上到早上一直没有看到仆人，哪儿去了？柳开答道：“适共食者乃其肉也。”刚才咱们一帮人一块吃的，就是那小子的肉。

这类行为可以分三段说。开始，柳开志在惩罚恶仆，救助女孩，算是行侠仗义。尔后，杀掉仆人，虽然算是私刑，虽然算是“以黑治黑”，但还不失为“原始正义”，于法不当，于情可原。后来吃人肉，而且欺骗他人一同吃人肉，此即为恶、为罪。

柳开见了漂亮女孩，做派虽然不像那个恶仆，但也相距不远。

有一个记录说，柳开在润州做知州时，遇到一个姓钱的供奉官，乃是原吴越国王钱俶的近属族人。供奉官的父亲刚刚到汴梁“奉朝请”，就是没有实职实权的官员循例见君主。柳开以一个知州的身份来见地方名流，钱父没在家，就与供奉官在书房里逛，看到墙壁上有一个妇人的画图，很美。就问这个女人是谁，供奉官说：“某之女弟也。”画中人乃是我的小妹妹。柳开喜笑颜开，说：“我柳开已经丧偶很久，想要你这个妹妹来做继室。”供奉官说：“等家君回来，禀告后，再来议论这桩婚事。”柳开大言不惭道：“以我柳开的才学，也不算辱没你们钱氏大家族啦！”于是连哄带吓，强迫供奉官将妹妹嫁给了他，不到十天，婚礼完成了。钱供奉官不敢得罪柳开这位太守，跑到京师去见父亲诉说此事。老父亲就上殿告柳开，说他“劫臣女”，劫持臣的女儿。当时真宗当朝，却尽力想着息事宁人，想为柳开开脱，问这位钱老：“你认识柳开吗？告诉你啊，那可真是一个豪杰之士啊！你们家可以说得到佳婿啦！这样，我来为你们做媒可以吗？”钱父听到这里，哪里还有什么话说，拜谢而退，成就了柳开。

柳开到京师应选举试时，曾将自己写的文章准备了几千轴，一轴一卷，用个独轮车载着而来。

大宋选举制度，有个规定，士大夫应试，要有联保，联保者要证明应试者没有大逆不道不孝不悌等行为，称之为“引试”，知举官向联保询问清楚，而后才可以就试。到了“引试”那天，柳开穿了件白细布制作的圆领大袖，下摆有一横襕，这是士大夫很时髦的“襕衫”，自己推着车子，上千轴著作也颇壮观。史称柳开“欲以此骇众取名”，想用这种办法炒作自己吓唬众人，取得名声。但跟他同考的有一人名叫张景，很能写文章，只带了一轴作品在有司帘子前献上。结果主司对张景大为称赏，擢为优等。柳开居于张景之下。时人传开了一句口头禅："柳开千轴，不如张景一书。"

拜求徐铉"赐之一言"

《湘山续录》记载柳开一故实，很是令人惊恐、恶心。

书中说，柳开性情极为凶恶。他举进士后，官做到侍御史，后又授崇义使，知全州。他嗜食人肝。每次擒获溪峒蛮人，一定会召集僚佐宴饮，在自己案子上放一盘盐料。然后，命从卒将俘虏押来，剥光，从后背取人肝，放到柳开案子上。他自抽佩刀，割了，蘸着盐料啖食。举座皆惊。他在知荆州时，还常常让人盯着邻郡，如果有诛杀之事，马上派从卒"健步"去取人肝，用来充作美食。

柳开知邠州时，太宗知道了柳开生食人肝的恶行，史称"怒甚"，就命令一位叫郑文宝的大臣做陕路转运使，顺便调查此事，如果属实，就用这事给柳开治罪。柳开闻言很害怕。

此前，文臣徐铉因为得罪，被贬邠州。徐铉是江东名士，有文化贵族习气。无论天气多么寒冷，他也不穿毛衫，他认为那是"戎服"，是五胡乱华之后才有的习俗，蛮族人穿的衣服，他不穿。他一生穿的都是宽袍大袖，大汉服饰，从来不穿短衣襟、窄衣服。

在汴梁，上朝往往要到待漏院会齐，等待押班带领入朝。待漏院，百官所在，因此吸引很多生意人来做早餐，卖白面馒头的，卖羊肉烩面的，卖肝夹粉粥的，热气腾腾，叫卖不断。黎明中，黑影晃来晃去。徐铉看不惯，说：“简直就像蛮夷所在的寨下一般。”

他参加人家的吊唁，往往要带上治丧的礼服，到了人家后，在客位静静地换上，然后入吊；完事后，再穿上日常深衣，缓缓退去。

这样一个人物，不为柳开所喜。柳开是那种豪横之人，对士大夫没有礼敬。所以徐铉在邠州多日，柳开不怎么搭理他。

但郑文宝要来了，而且他有可能栽在郑文宝手上。但郑文宝却曾经师事徐铉，是徐铉的学生。等到郑文宝就要到邠州的时候，柳开临时抱佛脚，来求徐铉帮着通融。徐铉说：“文宝昔日是我弟子，但是时过境迁，哪里知道他现在怎么想。”徐铉在太宗一朝，已经是大师一级的学者。他与句中正等人共同校对《说文解字》，并写了至今流传的《序》，还参与编纂了《文苑英华》《太平广记》等多部大书，自己有《文集》三十卷，著作多部，天下追随他的人很多。徐铉读圣贤书，对柳开生食人肝非常恶心，不想管他这个事。

柳开看出他的意思，就再拜，求他，说：“先生但赐之一言足矣。”先生您到时候，给郑文宝一句话就足够啦！

柳开知道徐铉弟子对老师的崇敬。

徐铉答应了，届时“赐之一言”。

不久郑文宝带着刑具，到邠州来了。他下车不去见知州柳开，却曲里拐弯来到小巷，拜见老师徐铉。徐铉出来，郑文宝行大礼，然后避开正面的台阶，从西边的台阶上来，在廊下跟老师“通温情”，然后走下台阶再拜。徐铉于是要郑文宝上来。二人在廊下站着说话，叙旧。然后告诫郑文宝“持节”，恪守大节，士大夫要珍重这个操守。

又告诉他：我徐铉已经被朝廷贬黜，形同废人，以后你不要再来。徐铉这是避嫌，关爱弟子，所以他不让弟子升堂入室，就在廊下“立谈”。郑文宝非要问老师“所欲”，有什么要弟子去办的事。徐铉说了一句话：“柳开甚相畏尔。”郑文宝听后，“默然”。

最终，郑文宝没有锻炼周纳，网罗更多罪名，算是放过了柳开一马。

徐铉在邠州，已经七十岁了，他手写许慎《说文》一部，史称“谨细无误”。由于他不穿毛衫，北方不比江南，过于寒冷，徐铉也许受风寒转大病，结果病倒。一天，他洗漱完毕，梳了头发，命人找来一张大纸，写了六个大字：“道者天地之母”，放下笔后，死去。

柳开则死在真宗朝咸平三年（1000）。

卫道者与米舒卡

我不喜欢柳开这个文人。由这类文人“弘扬”圣贤之道，恰恰是对圣贤之道的玷污。有一个故实可以佐证我的意见。

说柳开做润州太守时，僚属有个才子名叫胡旦，二人常有唱和来往，但都是那种喜欢扬名立万的人物。柳开写诗弄文，已经有名于天下，胡旦名气也不小。这一天，胡旦将自己默默写作多年的一部书《汉春秋编年》定稿，拿出来给柳开看。润州有金山，风景秀丽，胡旦从驻地乘船来这里，就柳开的方便，设了一个酒局，柳开来了之后，拂案，开编，还没有展卷，看到编首竖写一行题目：“汉春秋编年”，不禁大怒，斥责道：

“小子乱常，名教之罪人也。生民以来，未有如夫子者。尔何辈，辄敢窃圣经之名，冠于编首！今日聊赠一剑，以为后世狂斐之戒。”

你这小子竟敢淆乱纲常，乃是名教罪人一个！自有生民以来，从未有人像孔夫子那样神圣，你是什么人，竟敢窃取圣人经典《春秋》的名号，还恬不知耻地冠于编首！今天先吃我一剑，以此来作后世狂妄之徒的鉴戒！

说着，拔出剑来就砍。胡旦跑，柳开追。胡旦大步跑，礼服长袍迈不开腿，只好两手提起下摆，急忙奔回来时所乘的大船。柳开一直追到码头，剑锋几乎就要刺到胡旦，在舟人的护拥下，勉强登船。船急离岸，柳开还在船帮上砍了几剑，算是泄愤。

护道、卫道，到了这种地步，就是戕道、害道。《克雷洛夫寓言》说一个故事（不是故实），很近于此。大意说：一个主人带着米舒卡（狗熊）走在田野上，夏日的阳光很舒坦，主人要在树荫下午睡，叮嘱米舒卡，不要任何人来打扰。一只苍蝇落在主人脑门上，米舒卡搬起石头砸向苍蝇。柳开此举，就很像这个忠实的米舒卡。

嘲柳开

柳开走在哪里跋扈在哪里，以一种“文人怪癖”不断博取名声。但他遇到了一个对手，潘阆。

潘阆也是江湖奇人，与柳开是同乡，也是大名（今属河北邯郸）

人。二人多有交往，也有诗唱和。但潘阆不喜欢官场生涯，就想着读书、写诗，在隐居中自在度过一生，对柳开的出仕和得意常常给以嘲讽。

太平兴国四年（979），柳开跟随太宗平北汉，潘阆听说后，就写了一首诗赠给他，诗云："从来长见说兵机，今日君恩志岂违。骢马不骑骑铁马，绣衣休挂挂戎衣。雄师已听心皆伏，劲敌将闻魄尽飞。应笑苦吟头白者，二南章句转衰微。"大意说：一直听你说兵家之事，现在跟着皇上总算实现你的愿望啦。有文人所骑的骢马你不骑，现在却去骑武夫要骑的铁马；有文人常服的绣衣你不穿，又披挂起来了军服。大宋雄师知道你来了，估计会很服气你吧？契丹敌寇听说你来了，估计魂魄都会吓飞了吧？我真应该笑你这位曾经立誓皓首穷经的大文人，你不弄经典了，《诗经》等儒家文献的整理可就衰微啦！

一首诗，通篇都是讽刺，辛辣得很。

但这还不算什么。

柳开在知全州时，路过维扬（今属江苏扬州），潘阆正在这里，旧友重逢，二人就到休息的传舍。到了一个大厅，看到一间屋子锁得很严密，一打听，原来这是一间凶宅，很多住在这里的人都有不祥的事情发生，于是，十多年没有人住了。柳开那种任侠使气的派头来了，很不屑地说道：

"吾文章可以惊鬼神，胆气可以詟夷夏，何畏哉？"我柳开文章足可以惊鬼神，胆气可以让国人惊恐，有什么怕的？

于是，就将这间屋子扫除了，住在其间。

潘阆秘密对驿站中的小吏说："柳公，乃是我的老朋友，但他常常大言自我炫耀。现在我做个小局，吓一吓他，你们不要惊讶。"

到了天黑，潘阆化了妆，来了。他把露肉的地方都染黑了，穿上豹纹兜裆裤，吐着野兽的牙齿，披发，手执大锤子，从外面的围墙翻入。然后爬上房，正儿八经地坐在大厅对面的房屋屋脊上，从这里可以俯视大厅。这个晚上月光也好，天气晴朗，视线清晰。柳开正带着剑从厅里走下院子，散步。

潘阆换了一种嗓音呵斥他。柳开举目，看到了屋脊上的妖怪，眼神不免迷离。潘阆继续呵斥他，柳开有了惶惧，赶紧说：

"某借道赴任，暂时栖息在这座馆舍，不是有意要打扰您，请您多宽恕啊！"

潘阆于是一件一件数说柳开的恶事、不法之事，然后又厉声说道：

"阴府因为你积累戾气太重，坏事太多，使我带着符箓追你到此。今天，现在，你就要跟我赶紧去见阎王！"

柳开茫然，已经全无主意，于是下拜道：

"您说的那些事，我确实做过。但是我现在做官的位置还没有达到我的期望，家中还有很多事没有处理。如果能蒙恩宽恕，庇护，我柳开一定会有厚报！"

说完再拜，甚至哭泣起来。

潘阆坐在屋脊上，感到目的达到，也不想太过，就对他说：

"你认识我是何人吗？"

柳开匍匐中回道："某乃尘土中的下士，实在不认识圣者您。"

潘阆道:“我便是潘阆也。”

柳开这才回过味来，连声叫着:“潘阆！潘阆！你下来！你下来！”说不出更多话来。

潘阆知道柳开这人性情躁暴，难免会有什么举动，当晚就逃了。

柳开惭愧莫名，第二天一早就乘舟离开了维扬。

弩下逃箭

潘阆，又名潘逍遥，是宋初带有传奇色彩的文人。

他主要活动于江湖，但偶尔进入庙堂，却参与了大宋最重要的两大案件:“赵廷美谋逆案”和“宋太宗立储案”。两场大案，他都反对宋太宗。在“赵廷美谋逆案”中,他与卢多逊在一道,多方奔走，试图拥戴赵廷美为帝。在“宋太宗立储案”中，他与宦官王继恩在一道，多方奔走，试图拥戴赵元佐而不是后来的宋真宗为帝。他似乎是“金匮之盟”的忠实捍卫者。

据说在卢多逊为赵廷美奔走时,潘阆预先就参与了这个“阴谋”,而后，他混迹于京师一个叫讲堂寺的地方，开了个药铺，装饰得古意盎然，连药童的打扮也都是唐巾韦带，气貌爽秀。这里成了拥戴赵廷美的一个民间据点。

不久卢多逊事情败露，大兵已经围了卢宅，就要来抓捕潘阆。潘阆有感觉，他知道跑是跑不掉了，必须要暂时隐藏，隐藏到哪里去呢？他想到了邻居，于是到邻居家发表了一通议论，道:

“我，谋逆的事，已经暴露了。抓住我正法，只不过就是我一个人，现在，我到你们这儿来了，你们也都知道我谋逆的事了。要是朝廷严肃起来，抓捕诸邻等人，那时正法的可能不下数十人。现在我在你这里藏身，你不说，我不说，那就等于让你家数十口人躲过了灾祸。你也不必担心大兵会来你这里搜索，常言说：‘弩下逃箭’，弓弩射远，不可能射近。我现在要是出门就会被抓，你这儿就是罪犯的同谋。你们想想，这事该怎么办？”

邻居听了无可奈何，只好将他藏在家中隐秘处。不一会儿，果然来了捕快，闯入潘阆药铺，四处搜索，没有人。然后，朝廷画影图形，下发到诸路继续缉捕，哪里找得到。

不久，卢多逊被判刑流放崖州，渐渐市上议论少了些。潘阆就剃发，僧服，五更天，拿着个磬缓缓敲打着，摇摇晃晃出了汴梁城。

潘阆“隐身”

他先来到山西南部的中条山。

这里居住着很多隐士。

潘阆曾经有诗名，但为人狂放不羁，他与当时有名的诗人钱易、许洞为友，曾写诗，有句道：“散拽醉僧来蹴踘，乱拖游女上秋千。”据说这是他曾经有过的行为自叙。潘阆“文人怪癖”颇多，他还曾倒骑驴，像传说中的张果老，从华山东来，对人说：“我喜欢华山，不喜欢京师。”当他来到中条山时，许洞恰好在此，闻听老友来了，就写了诗赠送潘阆。诗云："潘逍遥，平生志气如天高。倚天大笑无所惧，天公嗔尔口呶呶。罚教临老头，补衲归中条。我愿中条山神镇常在，驱雷叱电依前赶出这老怪。"写这诗等于做姿态，跟潘阆划清界限，相当于向朝廷交上一份免责说明书。

潘阆待了一阵，觉得还不是个办法，就继续西行。

他来到陕西甘肃一带，在一个叫秦亭的地方，弄了一副担子再次化妆，扮作箍桶匠。此地有他一个故交阮思道，也是一个名流，诗人，做过知州和兵部员外郎，这时候正做着秦州的司法官。潘阆叫卖箍桶，阮思道听见、看见，假装不认识，就说要箍桶，放他进入府邸。阮思道提了"三镪"钱，明着向潘阆示意，很潇洒地扔到案子上，乘马出门而去。潘阆领会了他的意思，是让他假作拿钱走人。"三镪"钱的"镪"，是表示重量的单位，也有说就是六两或六两半银子；但也有说"镪"就是"环",也许一"镪"就是一吊铜钱。总之钱不会太多。但这个场面也不能留下太多。潘阆拿了钱，直接进了里面房间藏了起来。阮思道回来，问守门的："我放在案子上那三镪钱哪去了？那个箍桶匠哪儿去了？"守门者没法回答，阮思道就痛揍了守门人一番，然后让他去搜捕。守门人恨死了这个箍桶匠，就到大街小巷到处去找，踪影皆无。

潘阆就这样在阮思道府上待了下来。

大将曹彬此时恰好做着秦州的藩帅，阮思道有机会与曹彬接触时，慢慢谈论赵廷美案，说到各地正在拘捕的名流，提及潘阆。阮思道说："朝廷抓捕潘阆急如星火，我听说潘阆也是一豪迈之士。窜伏这么久了，他应该想办法逃离死罪。曹公您是大臣啊，如果能奏闻朝廷网开一面，或者给他一个小官，召他出来，这也是羁縻的一个办法。”曹彬觉得他说得有理，就在回京奏事时，跟太宗说了这个事。也有一种说法，认为曹彬从未做过“秦帅”，举荐潘阆的是宦官王继恩。还有一种说法，没有指具体何人，但说此人劝谏太宗，说潘阆乃是一人才，现在到处躲藏，最后的归路，如果潘阆不南下广粤交州，必定会北走胡人之地。那就等于为渊驱鱼、为丛驱雀，将一个人才推送给了敌对势力。总之太宗答应赦免。潘阆闻言，结束了流亡生涯。

这时，潘阆与宦官王继恩有了联系。王继恩很欣赏他的才气，多次向太宗推举潘阆。太宗就给了潘阆一个“四门助教”的小官。当时国立学校称为“四门馆”，明堂有四门，在此地协助国子祭酒或博士教授生徒为“助教”。

但事后不久，太宗又听说潘阆有种种狂妄行为，并对王继恩这位宦官参政有了警惕，于是，派人追回前诏。这也是做给王继恩看的一种姿态。

潘阆正在郁闷，不料太宗驾崩。潘阆于是与王继恩等人开始拥立太宗的长子赵元佐或太祖的孙子赵惟吉，就是不想拥立太宗生前与寇准册立的太子赵元侃。但此时吕端“大事不糊涂”，以一种社稷之臣的胆略和器识，稳定了局面，顺利拥戴赵元侃也即真宗皇帝践祚成功。潘阆又开始了第二次逃亡。

宋刘攽《中山诗话》记载，说潘阆的逃亡另有原因。

书中说：“太宗晚年，烧炼丹药，潘阆尝献方书。及帝升遐，惧诛，匿舒州潜山寺为行者。”太宗晚年，喜欢烧炼丹药，潘阆知道后，曾经向太宗贡献炼丹术的书籍。太宗可能服用了丹药，不久就病逝了。潘阆害怕受牵连被杀，就藏到舒州（今安徽安庆）的潜山寺做行者。

这事如果属实，则是宋史一大关节。太宗之死似与服用丹药有关。宋人服用丹药也是一种风尚，名相薛居正就是因此而死。此事大可存疑，但也不免引人生出联想。

且说潘阆，他在潜山寺中隐藏，因为逃亡成功，心情不错，还在钟楼上题了一首诗，第一句说："绕寺千千万万峰"，第二句，今已不传；末二句说："顽童趁暖贪春睡，忘却登楼打晓钟。"有一位熟悉潘阆诗歌风格的州郡官员叫孙仅，见到这诗后说："此必潘逍遥也。"这一定是潘阆的诗。于是让寺僧请诗人出来见面聊天，但机警的潘阆又一次消失了。

随后，他觉得似乎局势稍稳，再次进入京师，继续开药铺。他以为此地是"灯下黑"，是"弩下逃箭"，结果大意失荆州，被人认出捉住，收到监狱。

真宗开始"听断"，亲自"录囚"，赦免了他，并任命他为滁州参军。

赴滁州上任的途中，他有一首诗，记录自己的心情："微躯不杀谢天恩，容养疏慵世未闻。昔日已为闲助教，今朝又作散参军。高吟瘦马冲残雪，远看孤鸿入断云。到任也应无别事，愿将清俸买香焚。"最后两句，是一种自我标榜：对于宦游生涯，我潘阆无兴趣，也不会有更多上心的事，就想着有了干干净净的俸禄，拿来买香烧。烧香，静心，宋代有"心字香"，在熏炉里面烧。

他的晚年在钱塘一带度过。

手把红旗旗不湿

文坛上，潘阆以诗名。《中山诗话》评价他的诗有唐人风格，举例是一首五律，诗题《岁暮自桐庐归钱塘》，诗云："久客见华发，孤棹桐庐归。新月无朗照，落日有余晖。鱼浦风水急，龙山烟火微。时闻沙上雁，一一皆南飞。"《中山诗话》作者刘攽，认为这诗韵味"不减刘长卿"，不比唐诗人刘长卿差，而刘长卿写得最好的就是五言诗，自称"五言长城"。刘攽如此推许潘阆，自有道理。

但潘阆最负盛名的是他的词。

他以《酒泉子》为词牌的十几首词，名气很大。其中一首，"长忆西湖"，慢慢吟诵，会感觉到宋词文化那种意味隽永的美："长忆西湖，尽日凭阑楼上望。三三两两钓鱼舟，岛屿正清秋。笛声依约芦花里，白鸟成行忽惊起。别来闲整钓鱼竿，思入水云寒。"这词别有版本，字句略异，不录。但名气更大的是"长忆观潮"一首，词云：

长忆观潮，满郭人争江上望。来疑沧海尽成空，万面鼓声中。

弄潮儿向涛头立，手把红旗旗不湿。别来几向梦中看，梦觉尚心寒。

这首词"弄潮儿向涛头立，手把红旗旗不湿"，将钱塘观潮风景凸显出来，让人读过难忘。且这两句词，已经具有了独立的审美价值，它自己生长为一个毛茸茸的意义团块，可以随读者自己的阅历经历赋予它不同的内涵。犹如“池塘生春草，园柳变鸣禽”，犹如“尔曹身与名俱灭，不废江河万古流”，犹如“山重水复疑无路，柳暗花明又一村”……两句诗脱离开全诗，自己获得了生命力。

潘阆，有才。这样一个诗人，两次参与“叛逆”活动，居然平安无事过一生，真宗时代甚至给他官做。大宋，这是一个什么样的朝代?

柒

王小波起事

血性男儿遭遇不公，是一定要讨个说法的。如果大宋帝国不给王小波一个说法，王小波就要给大宋帝国一个说法。所以，王小波、李顺，是一代雄杰、壮士，甚至是具有“斯巴达风采”的勇士，但他们不是政治家。

焦四焦八

大宋三百年间，各地时有零星造反活动，大小民变、兵变数十起。巴蜀李顺、洞庭杨幺、梁山宋江、浙西方腊，是最为著名的四场民变，其中以太宗朝“李顺之变”影响最大。

太宗一朝，“李顺之变”外，尚有“焦四之变”“梅山峒蛮之变”“刘渥兵变”“宋斌兵变”等。

淳化五年（994），“李顺之变”正在“轰轰烈烈”之际，今天的西安一带，有强悍的民变首领，史称“剧贼”，名焦四、焦八，开始变乱。从汉武帝时开始，长安，也即今西安地区，称为京兆，另有附近两块区域称为左冯翊、右扶风，其辖境略当今陕西中部地区，史称“三辅”。这是周秦汉唐以来，经济最富裕、文化最发达的行政区域。焦四、焦八在此地骚扰、劫夺当地居民，极大影响了大宋对西北的秩序治理。

但太宗对这一股“常啸聚数百人”的“剧贼”，给予了安抚政策。

朝廷悬赏招募焦四等人，“待以不死”，放下武器，大宋就会行使赦免权，不会惩戒，还有优厚赏赐。

焦四、焦八选择了投诚，史称“请罪自归”。

三辅地区的士庶得到消息，到处都是欢庆相聚的风景，很多人开始供佛、施舍，感谢佛陀保佑人们终于免予祸患。

太宗言而有信，召见了焦四等人，赐给他们锦袍、银带、衣服、缗钱等等，并擢升焦四为龙猛军使。龙猛军，是殿前诸班禁兵之一。这是太宗时期新设立的一支部队，一般都是由“群盗不可制者充之”，这支部队平时纪律性差，彪悍善斗，但作战并无战斗力。在四川就有巡检所率领的龙猛军作战时失利，“溃为群盗”，溃败后散入绿林成为盗贼。太宗的做法则是，盗贼转化为军人，且任命焦四为“指挥使”，令其洗心革面。焦四这支队伍没有下文，这也正常，大宋养兵，是一个长期国策。只要焦四之类不再变乱，国家花钱养一支“冗兵”，大宋朝野认为应该。但“冗兵”渐渐成为国家负担时，就有了裁减的动议，这是另外一个问题。

梅山峒蛮之变

还有一个“梅山峒蛮”发动的民变。

梅山，在今天的湖南中部，位于长沙和邵阳之间。过去，因为交通闭塞，这里很少与中原来往。一支部落居住其间，就是“梅山峒蛮”。

湖南州县多邻溪峒，溪，是溪涧流水，峒，是山间洞穴。有部落靠山靠水居住，靠水的一般称“溪蛮”，靠山的一般称“峒蛮”，但二者并无明显分界，也即“溪蛮”也有洞穴，“峒蛮”也有溪流。此地蛮族颇多，唐五代以来，常有变乱。而“梅山峒蛮”为害地方尤烈。

早在开宝八年（975），太祖正在江南用兵之时，“梅山峒蛮”就有了趁火打劫的行动。当时的长沙附近七个县都遭到了“梅山峒蛮”的侵扰、攻略。太祖赵匡胤下诏，给这七个县被蛮贼劫掠的庶民蠲免去年的欠租，另外免除当年的租税，等于免了两年赋税。不久，又得到消息，邵阳附近也有七个县被劫掠，于是又如长沙七县诏令，也减免了租税。地方遭难，国家赔偿，是太祖太宗的“祖宗家法”。随后，太祖又派出名将李处耘的儿子，时任供奉官的李继隆带领禁军雄武军三百人到邵州戍守，为了避免过度杀伤，只允许他们带上刀盾，没有发给他们弓弩等重兵器。但是李继隆到达长沙西南、邵阳东北时，遭遇了“峒蛮”数千人的拦截。李继隆没有弓弩，只好以刀盾与他们短兵相接。李继隆指挥得法，力战后，“峒蛮”遁去。但李继隆被“峒蛮”毒箭射中手足，宋师伤者百余人。

到了太宗太平兴国年间，“梅山峒蛮”更壮大，发展为两部，“左甲首领”为苞汉阳，“右甲首领”为顿汉凌。二人的民间传说故事颇多，一种说法是：苞汉阳，即扶汉阳。这非常可能。古来“伏羲”，往往写作“庖牺”“包牺”“伏戏”，故，“包”“苞”，与“伏”音相通或相近，是可能的。而关于扶汉阳，更有说法是后周时的一位忠臣之化名，不服大宋，故后周灭后，跑到深山老林继续与大宋对抗。

显然，这是一个可以生发传奇情节的故事种子。

且说这二位“峒蛮”首领，经常在当地附近州郡充当贼寇，抄掠地方，劫持商人，俨然就是一方绿林。于是荆湖之地商旅不行，民居不安，人心惶惶。太宗多次派遣使者前往梅山，试图“招安”，但“峒蛮”不听。于是，太宗下令，要客省使翟守素，征发潭州（今湖南长沙）守军，前往“讨平之”。

翟守素到梅山后，重申朝廷“招安”的诏令，但“峒蛮”“拒命”，拒绝朝廷诏命。于是，在一个初秋的日子里，翟守素开始了围剿。

当时秋雨连绵十几天，宋师带上的弓弩都被雨水淋湿，牛筋弓弦都被泡软，开始松懈，无法使用。当年李继隆就因为没有弓弩，所以无法实施远距离打击，伤亡了百余手下。而据情报，第二天，“峒蛮”就要倾巢出动，大战在即。翟守素“一夕令削木为弩”，命令军士一个晚上重新制作弓弩，以弩为主，以弓为辅。

弩弓本来需要选上好木料，两根一组，两头用绳系牢，中间一点点楔入塞子，在晾晒中，随木性慢慢弯曲，才可以成弓。这是需要长时间制作才可以完成的任务。翟守素已经没有时间等待。现在可以猜测，他一定是采取了简易办法，临时选用韧性较好的木材，直接弯曲作为弩弓材料。白蜡杆也许就是不错的选择。这个木种坚固但不硬，柔韧而不折，一根木料可以弯成180度而不断。这种自然拉力比较强的植物，湖南丛林中不难寻觅。虽然射程不会太远，但在短距离一次性接触中，已经足够使用。尤其重要的是，弩弦可以用青麻绳制作，而不必选用牛筋。而且青麻绳不怕水浸，甚至越浸越紧，拉力越强，射程也就越远。所以据“一夕令削木为弩”这七字史料记载，“重行推断”历史现场，白蜡杆、青麻绳，可能是翟守素制作木弩的最好选择。

战斗过程就比较简单了，“梅山峒蛮”不敌王师。当“峒蛮”呼啸而至，全力掩杀过来时，宋师张两翼，以新制的木弩交互射击，这样，在两翼射程之内，就形成了一片死亡地带。“峒蛮”一战败北，宋师乘胜逐北，史称“尽平其巢穴”，将“峒蛮”大本营全部捣毁。

不仅如此，翟守素还干了一个漂亮活。此前，“峒蛮”苞汉阳势力盛时，附近几个郡县的大吏、富人，很多人都在与苞汉阳书信来往，这在大宋法条中，相当于“通贼”。翟守素得到了这些书信。他可以将这些书信上交朝廷，以此邀功；也可以通知这些“通贼”人物，以此挟持、敲诈他们，从中得利；但他不这样做，他将全部信件烧毁，不留痕迹。于是史称“反侧以定”，那些担心朝廷问罪，可能要造反的官员、富豪闻讯，这才安定下来。

翟守素解决了帝国的后顾之忧。

但“峒蛮”在后来数十年的日子里，并没有消停，还是有小股“蛮人”寇掠地方，不过已经不足为患。直到宋神宗熙宁年间，“峒蛮”才算最后归附大宋，不再为乱。

说“陨获”

翟守素是大宋能臣循吏，当年他在跟随大将郭进讨伐河东，进入敌境时，大兵曾在行军中践踏当地庄稼地，翟守素抓获很多这类不守军纪的士卒。钱俶纳土归宋后，翟守素为两浙诸州兵马都监，后又知杭州。他在安抚诸郡时，史称“人心甚悦”。赵廷美案后，翟守素又为西京洛阳巡检使，权知河南府兼留守司事。此前洛阳地区闹旱灾，百姓“艰食”，吃不饱，因此很多人做了强盗。太宗很忧虑，等到翟守素镇守此地，匪患渐渐宁息。岐沟关、君子馆之战后，河北北部的州城防御工事大多遭遇破坏，翟守素又与朝臣多人分路按行，征发诸州士兵修缮增筑，成果显著。西北李继迁扰乱边境时，翟守素又率兵屯驻夏州。不久，病卒，年七十一岁。

宋史对他的评价是：翟守素历仕后汉、后周、太祖、太宗四朝，连绵做官五十余年。性情谨慎、宽仁，豁达而容人。他所到之地都有不俗的政绩。凡是遇到断狱，即使罪状已经很明白了，他还是要再听听僚佐们的意见，大家都认为判决可行，而后决断。下属官吏有过错，他尽量不去当面折辱，一定会在公宴时，援引相类的故实批评，以此作为小小的警告。他推举的后生，很多人都做了节度使一级的将帅，他却久久没有获得升迁，却“殊无陨获意”。时论因此对他有很高的评价。

“陨获”的意思是因为生计贫贱而失去原有的志向。能够做到这一点的，只有圣贤人物，这是儒家的本色行当。《礼记·儒行》就讲述了能够称得上“儒者”的十几种人格。“不陨获于贫贱，不充诎于富贵；不慁君王，不累长上，不闵有司”——不因贫贱而困窘失志；不因富贵而得意忘形；不辱没君王；不连累长上；不麻烦有司——是儒者之一。翟守素当得。

抑制兵变

北宋的民变中，有相当一批是兵变，是底层士兵的变乱。他们大多由五代兵骄习气浸染而来，是那种“兵痞”性质的作乱。

骄卒悍将居然常常决定权力再分配，国家领袖居然由骄卒悍将在心血来潮时胡乱推举，这在中唐李隆基之后，直至陈桥兵变，屡见不鲜。太祖之后，才得到抑制，终结了种种兵变的可能性。《宋史·兵志》有议论，言简意赅：

> ……因循姑息，至于藩镇盛而唐以亡。更历五代，乱亡相踵，未有不由于兵者。太祖起戎行，有天下，收四方劲兵，列营京畿，以备宿卫，分番屯戍，以捍边圉。于时将帅之臣入奉朝请，犷暴之民收隶尺籍，虽有桀骜恣肆，而无所施于其间。凡其制，为什长之法，阶级之辨，使之内外相维，上下相制，截然而不可犯者，是虽以矫累朝藩镇之弊，而其所惩者深矣。

……（唐以来，施行募兵制，但）沿袭迁就，最后导致藩镇兴盛，唐朝灭亡。再经历五代乱世，国家兴亡一个接一个，没有不是因为兵变而引发的。太祖行伍出身，有天下后，收拢四方的劲兵，在京畿地区布置军营，用来配备宫禁警卫力量，并分批轮流到边境去屯扎驻守，用来捍卫国土。当时充任边帅的大臣要常常进京朝拜谒见，粗悍蛮横的庶民被收编在军籍中，即使有人桀骜不驯恣意放肆，但在军中也没有施展的余地。太祖的制度设计是：十人设一个组长，官阶要有品级的区别，内外互相维系，上下互相制约，各自的位置很清晰，不可触犯。这做法虽然是用来纠正历朝历代藩镇兴盛的弊端，但它安定军人秩序从而安定国家秩序的用意却是很深远的。

百多年的藩镇祸乱，以及藩镇祸乱的起因，已经有越来越多的人看清楚了。历朝以来的“国家之制失在兵骄”，是太祖太宗以及宋人的一个共识。因此，从太祖开始，对“骄兵”必出辣手。太祖自己表示过类似意见：“二十年战争，取得天下，如果不能用军法约束此军，放纵他们没有满足的要求，这样带兵，简直就跟儿戏一般。朕今天抚养士卒，是不会吝惜赏赐的，但如果犯我军法，‘惟有剑耳’!”整饬军纪，与唐末五代比较，大宋法令严格多了。

但太祖太宗虽然极力遏制“权反在下”的底层士兵的“阴谋拥戴”，但略作梳理，就会发现，兵变之苗头还是屡屡出现。

乾德二年，公元964年，太祖亲自选出的万余精兵，给他们钱让他们娶妻子，但军中的兵痞还是保留五代习气，在京城“白日掠人妻女”，城中巡逻的“街使”都没有能力禁止他们。太祖大怒，擒斩百余人，才算平定下来。

乾德五年，公元967年，四川刚刚平定，“禁军校吕翰聚众构乱，军多亡命在其党中”。但吕翰最后兵败，被部下所杀。

开宝二年，公元969年，散指挥都知杜延进，伙同乱党十九人谋作乱。被太祖发觉，一举抓获，全部正法。

开宝四年，公元971年，从后蜀归附过来的士卒中，部分宿卫禁军内殿直四十人，认为赏赐不公，要求增加赏赐额度。全部被正法。

同年底，黎州（今属四川汉源）兵士作乱，被平定。

太宗时代亦然。

太平兴国八年，公元 983 年，有一股军士趁着冬夜寒冷，街上人少，进入民家劫掠。被太宗悬赏侦查逮捕，全部正法。并下诏调查军中有犯罪记录的无赖兵痞，得到百余人，给他们上了铁钳惩罚。

淳化二年，公元 991 年，四川夔州兵卒谢荣变乱，被正法。

淳化五年，公元 994 年，贝州（今属河北邢台）骁捷卒劫持军库兵器作乱，拟投奔契丹，并推举都虞候赵咸雍为元帅，被周审玉和转运使王嗣宗率领屯扎的士兵击败，擒获赵咸雍，全部正法。（按：赵咸雍父亲赵鏻，50 年前曾引诱契丹进入贝州，屠城。因果循环，报应不爽。）

这类兵变一直伴随大宋始末，没有彻底杜绝。但可以发现一个规律性现象：所有的兵变，规模都很小，往往只有几个人、几十人，多则百余人，像唐末五代以来动辄上千人上万人的兵变，始终没有出现。因此，这类不自量力的兵变事实上是不会撼动大宋根本的。

恐怖大王的克星

太宗朝最大的一场兵变发生在雍熙四年，公元 987 年。兵变的主人名刘渥。他的身份是“叛卒”，背叛大宋的士卒。他啸聚山林，纠结了亡命之徒数百人。这是大宋兵变中人数较多的一次。带着这些兵匪，他开始了造反生涯。陕北京兆附近的耀州富平县，首先被他劫掠。所过之处，“杀居民，夺财物”，完事之后，再放一把火，随即遁走。但他势力最盛之时，甚至打算攻略京兆长安。史称“关右骚然”，整个函谷关以西都民心不安，有了骚动。

这时，知制诰范杲正在权知京兆府。他是大宋名相范质的养子，此人治理地方毫无章法，应该算是书呆子类型。他在京兆一年多了，史称“境内不治”，辖境之内没有得到良善治理。当刘渥等贼寇剽掠周围州县时，他害怕，束手无策；当刘渥消息传来，京兆吏卒吓得四散藏匿时，他害怕，最后被吓出病来，史称“遂惊悸成疾”。可以见出这个刘渥一度成为陕中“恐怖大王”，但他遇到了一个克星，侯延广。

侯延广，乃是五代乱臣侯益的孙子，大宋名将侯仁矩的儿子。他身世复杂，故实曲折。侯益在凤翔与军阀王景崇斗智时，除了正做着天平军司马的侯仁矩，王景崇杀光了侯益的家属七十余人。侯延广当时正在凤翔，还在吃奶，由乳母刘氏监护，也在被杀之列，在搜查中，刘氏献出了自己的儿子，演了一出“赵氏孤儿”的悲剧，保护了侯延广，并将他辗转带到汴梁，交给了侯益。

侯延广渐渐长大，在父亲侯仁矩的麾下做事。太祖时，侯仁矩知雄州，有一次正在饮宴，契丹贼寇数十骑白昼进入州城，居民大为惊扰。侯延广闻讯，带领亲信数骑，飞快地驰出衙门，张弓，射杀其酋长一人，斩首数级，并将余党全部擒获。侯延广带着契丹首级来见老爸，侯仁矩大喜，“拊其背”，说道：“兴吾门者必汝也！”雄州监军李汉超将这个事汇报给朝廷，太祖也高兴，赐给诏书褒奖赞美了侯延广，并赐给他锦袍银带。

太平兴国年间，边境之上，屡有战功。史称“戎人畏服……闻延广之至，不敢复为寇乱”，敌人对他很畏服……每当听到侯延广来了，就不敢再兴兵寇边。

面对这样的人物，乱卒刘渥是没有前途的。他也听说过侯延广的大名，一向对他很惧怕。当他在京兆附近抢劫时，侯延广已经奉旨在追击他了。

这时，刘渥士卒已经“壮大”到千余人，而侯延广只带了几百人，从小道抄近，在富平县西十五里处，两人相遇。刘渥也是一个被人称为“骁勇无敌”的亡命徒，但在与侯延广的对峙中，他软了。于是让人传话给侯延广说：“我刘渥不过是‘草间求活’，在草莽中马虎地活着，侯公您家世富贵，奈何不想着保持自己的富贵，而要与我这个亡卒，在锋镝之下，争这个不可测的一旦之命呢？”刘渥应该不会说话，他以为他在求侯延广放他一马，但这话在侯延广听来却是一场侮辱，于是大怒，挺身与刘渥在一棵大树下展开决斗。侯延广持刀砍断了刘渥的右臂，刘渥负伤忍痛，拍马逃脱。宋师于是乘势追击，击溃了这股叛军。刘渥伤重，隐藏在山谷间，几天后，被追兵擒获。

群盗丧气，余党渐平，关右以定。

但《宋史》又有记录说：刘渥乃是被大将卢斌所破。传闻异词寻常见，《宋史》记录繁杂，往往有抵牾处。

至道年间，还有一场许州群盗之乱，这股乱匪甚至斗杀了地方巡检一人。后来被都巡检使王正击溃，擒获其贼首宋斌多人，全部正法。

均贫富

大宋与契丹、西夏拉锯、胶着十几年，四川有了民变，史称“李顺之变”。事实上这是王小波、李顺二人共同发起的一场蜀民造反运动，但王小波死得较早，较长时间领导民变的首领为李顺，故史称“李顺之变”，也称“李顺之乱”。我这里采用中性一点的语词，称“变”不称“乱”。南宋洞庭湖的钟相、杨幺之变，也是因为钟相死得较早，故主要首领为杨幺，史称“杨幺之乱”，我也称之为“杨幺之变”。

“李顺之变”为何影响大？主要原因是，王小波以十世纪末私营茶商的政治洞察力，天才地提出了“均贫富”的政治主诉求，犹如现代广告挑逗消费者购买欲望的“金句”，一下子击中了巴蜀庶民乃至于全人类潜隐着的欲望：“我，也要富有。”

百多年后的洞庭湖民变首领钟相，也提出了“等贵贱，均贫富”的政治主张。

就“天道”，而非“人道”而言，这是再正当不过的欲望诉求：富有，是正当的；均贫富，也是正当的；《老子》论“天道”“人道”，有名言：“天之道，损有余而补不足；人之道，损不足而益有余。”按照“天道”，没有人理应在贫困中生活；也没有人理应在剥夺贫困者以后享受富贵生活。但解决这个生命难题的全部秘钥都在于：如何富有？经由何种手段达致富有？国家是否提供了正当致富的规则？如果国家暴力剥夺了我可能富有的机会，让我富有无望，我应该怎么办？假如我有足够的控制能力，如何在政治治理条件下“均”

天下之“贫富”？更重要的是：让天下人人均有、均富，是可能的吗？

王小波与钟相，用他们的行动给予了回答：

如何富有？抢劫。抢劫的对象就是官府与富人，将其财产收归我有。

经由何种手段？战争。只有战争胜利，才能成功抢劫。

国家是否提供了正当致富的规则？没有。因为我走向富有的“谋生—竞争”活动没有政策法律的保障。

如果国家暴力剥夺了我可能富有的机会，让我富有无望，我应该怎么办？造反。只有造反才有可能让我富有。

假如我有足够的控制能力，如何在政治治理条件下“均”天下之“贫富”？不知道。

让天下人人均有、均富，是可能的吗？不知道。

这样，就与帝国诉诸秩序的政治管理发生了冲突。

王小波为何发动变乱？按近代流行意见，一般以为是中央财政对川蜀地区剥削过重。但事实恰好相反，《续资治通鉴》明白记录：川中“赋税轻”。这是因为太祖收复川中后，对孟昶的后蜀经济政策多有调整，很多捐税都免了。川中，就像一个享有多种优惠政策的“特区”。几十年下来，与中原地区比较，赋税轻得连朝廷的财政大臣们都看不下去了，要求增加赋税。

《续资治通鉴》记录说：

> 三司尝建议剑外赋税轻，诏监察御史张观乘传按行诸州，因令稍增之。观上疏言：“远民易动难安，专意抚之，

犹虑其失所，况增赋以扰之乎？”帝深然其言，因留不遣。

大宋财政部曾经建议：剑外也即川蜀赋税很轻，应有调整。于是太宗下诏令监察御史张观乘驿站车马前往，巡查川蜀诸州，并视情况做些增税的调整。张观上疏说：“远处的庶民容易动，不容易安；即使是专门去抚慰，还要担心哪里做错了，会得不偿失，何况增加赋税去扰民呢？”太宗认为他这一番话说得很有道理，于是留下张观，不再派他下去。

所以，“剥削地方”似不是王小波起事的充分必要理由。

还有着一种很具体的说法。在“剥削地方”中，主要是在茶叶贸易方面的盘剥。是川蜀茶叶市场被国家垄断，导致茶农王小波等谋生困难，于是起事。

这个说法源自苏轼的兄弟苏辙《论蜀茶五害状》。苏辙说：“五代之际，孟氏窃据蜀土，国用褊狭，始有榷茶之法。及艺祖平蜀之后，放罢一切横敛，茶遂无禁，民间便之。其后淳化之间，牟利之臣始议掊取。大盗王小波、李顺等，因贩茶失职，穷为剽劫，凶焰一扇，两蜀之民，肝脑涂地，久而后定。自后朝廷始因民间贩卖，量行收税，所取虽不甚多，而商贾流行，为利自广。”

这一段话，研究“李顺之变”的朋友耳熟能详，大意说：川蜀之地的“榷茶”从五代后蜀孟昶时开始；到宋太祖时罢免，民间可自由买卖茶叶；到太宗淳化年间，大臣有了牟利的建议，于是又有了“榷茶”规定。这就导致了王小波、李顺等人，因为失去了贩卖茶叶的工作，生活穷迫，于是开始了剽掠抢劫。川蜀之民，有了水深火热的日子，很久才平定。从此以后，朝廷才规定民间可以贩卖茶叶，只根据卖出多少缴税，税不高，而商业流通，国家民间都有不小利益。

苏辙认为“榷茶”是导致王小波起事的原因。

但“榷茶”从唐代就已经开始了。

榷茶

中国“榷茶”始自唐代中期。宋太祖时也并非“茶遂无禁”，相反，对茶叶的税收，各地都有推行的规定。史上记录就有：建隆三年（962），以监察御史刘湛为膳部郎中，刘湛奉诏在蕲春（今湖北黄冈）“榷茶”，“岁入增倍”。乾德元年（963），慕容延钊收复荆南后，“赐湖南民今年茶税”，这也就意味着“明年”以后，茶税是不能免的。乾德二年（964），初令京师、建州、汉阳、蕲口并置场“榷茶”。又在各地置场十四个，岁入百余万缗。开宝四年（971），殿中丞桑埙被降职，原因是他在做沿江巡检时，私自取消了“榷茶”。开宝八年（975），对茶叶的税收或经营额度有了具体数字规定。

太祖驾崩，太宗践祚，还没有改元，就知道民间有一项弊端：“榷茶”“榷盐”等课，额度较少的地方，一般都招募“豪民”来主持，官府省事，坐收息钱而已。但“豪民”大多在官府规定的额度之外“增额求利”。这样，当某年有所荒歉的时候，就会导致“商旅不行”，以至于官府也收不上应有的税额，于是往往就要没收“豪民”的资产来充当茶、盐税收。于是，太宗下诏："以开宝八年额为定，勿辄增其额。"以前朝开宝八年（975）的"榷茶""榷盐"额度为定制，不许随便增加"榷"的额度。

现在的问题是，什么是"榷茶"？额度是多少？

"榷茶"包含了两个向度：茶叶收税和茶叶专卖。

考宋史，会发现"榷茶"有时指茶叶税收，有时指茶叶专卖。但税收和专卖是两个不同向度的问题。

我这里不展开讨论，给一个简单结论意见：

茶叶税收，可以是茶农自由买卖，但地方代表国家向茶农收取部分税额。税额缴足，可自由买卖。具体税收额度，唐初立税法，天下茶为"十取其一"，后来又改为茶叶专卖税，由百文更加五十文，也即一百五十文。这应该是一次性收取的营业税。开宝八年（975）的"额度"应该与此相近。

茶叶专卖，就是由朝廷下属的地方"场务"指定专人买卖茶叶，茶农不得自由买卖。最初，由官府"场务"直接买卖，形同央企。但这样就有交易成本出现，官府很像一个大公司，麻烦，也不雅，于是转而委托"茶商"经营。具体"额度"历来多变，可以略说。譬如，根据大宋时安徽岳西罗源场的"场务规定"，可以知道：茶叶市场价格为 56 文一斤，收购价格为 25 文一斤，"茶商"就要向"场务"缴纳 31 文"息钱"，"场务"就给"茶商"一个规定买卖数额的专卖证书。"茶商"即可以此向"茶农"收购 25 文的茶叶。这 25 文，由"场务"支付，而"茶农"还要另外支付"茶商"10 文左右的经营运输费用。如此，每一斤茶叶，"茶农"得 15 文产品收入，"茶商"

得 35 文毛利收入，“场务”得 6 文税收收入。减去“茶农”的生产成本，“茶商”的经营成本，“场务”的管理成本，各自的收入就有了差异。

显然，“茶农”是最辛苦的。在这个过程中，如果遇到不良“场务”和“茶商”的勾结——根据对近代史的考察，在法制不公的地方，官商勾结实在是常态——随意压低收购价，以加大“场务”税收和“茶商”利润，那么“茶农”的实际收入就会更低。

以上数据很不准确，因为各类因素综合起来，变数太多。譬如，茶叶价格，各地区不一样，更有时间差异，今年价格往往与去年价格不一，等等。但“茶业”一行中的“不公”是明显的。

但还要说的是，如果王小波仅仅经历这类“榷茶”和“不公”，应该还不至于起事，因为每一斤茶叶即使只有 15 文收入，或每一斤茶被抽取 10% 的税收，他还是有收入，不至于冒那么大风险豁出性命一拼。

淳化三年（992）时，有一位盐铁使名叫魏羽，他上疏说诸州茶盐主吏，很多都没有完成“榷茶”“榷盐”的额度指标任务，请求对这些官员进行处罚。太宗说：“应该考察一下实际原因是什么。如果是因为水旱灾害等人力不可抗拒因素，导致他们没有完成指标，就不可以加刑。帝王者，是为天下主管财务的，卿等作为财务官员，应该‘以公正为心’，不要过于苛刻狠戾，不要让场务官们赋敛过甚‘害民而伤和气’啊！”

顺便说，“以公正为心”这句话，乃是宋太宗赵炅语录，见于《续资治通鉴》卷第十六，事在淳化三年二月。

由此可见，“榷茶”按规则额度做事不算不公；即使遇到人力不可抗因素，朝廷知情，也往往会法开一面，不至于割削过分。

茶马交易

官方搞茶叶专卖或茶叶税收，一般有专项用度，其中之一是用来在西北贸易中购置马匹。已经有人估计北宋茶叶产量在五千万斤以上，半数要用来边境贸易，而边境贸易中的大宗是茶马交易。比价最高时，一驮茶约一百斤，可易马一匹。马匹对大宋的重要性怎么估计都不会过高。假定两千万斤茶叶全部用于交换马匹（当然不可能），可换二十万匹。但大宋每年需要购置马匹在两万匹以内,所以茶叶外销的10%即可解决大宋马匹需要。但是比价较低时，就需要更多茶叶交换，而更多时候，马匹在升值，因此就需要更多茶叶输送到边境。由于有利润在，官方和商界甚至普通庶民都在设法从边境获得马匹。

而官方在与西北茶马贸易时，是有超额利润可以赚取的。

史称“官买蜀茶，增价鬻于羌人”，官方向川蜀购买茶叶，然后增价转卖给羌人。卖给羌人的茶，有些就用来充抵购买良马的款项。马匹，对大宋而言，是军政政治问题。有一份材料介绍说：徽茶在宋代时，曾卖过十五文一斤，浙茶曾卖到一百八十五文一斤，产于江苏的海州茶可卖到八百五十文一斤，等等，这类数据不好比较，苏辙《论蜀茶五害状》有言：“有以钱八百私买茶四十斤者。”如是，则为二十文一斤，这应该是压低收购价后的数字，前述罗源场的收购价是二十五文一斤，而卖价是五十六文一斤。如此，百斤茶叶的价格为五千六百文，可以换马一匹。而马的价格，北宋初年为八千文到三万五千文之间，取均价，约二万一千五百文。这样换算的结果是：大宋以最高五千六百文的价格，换回了价值二万一千五百文的西北马。当然，边境贸易部门会加价报价。

因此，大宋天下对茶叶的需求量，从未有过“疲软”，蜀茶，是大宋重要的经济资源和政治资源。但这种“加价”并不影响茶农的利益，事实上是中原地方名优土特产茶叶的资源优势在边境贸易方向上的体现。西北卖马给中原，也必有加价，也即，他们卖给中原和卖给本土的马价也是不一样的，否则，本地马匹消费供需紧张，就没有必要再卖给中原。因此，他们也是马匹加价之后卖给中原的。茶马贸易中的中间价格，是市场价格，很正常。换一句话说，茶马贸易中的茶叶加价，不影响中原茶农的收入。

因此，茶叶的边境贸易，官方“榷茶”，商旅贸易，都不是王小波起事的原因。那么原因在哪里？

苏辙认为王小波起事的原因，在“牟利之臣”的“掊取”，搜刮、虐敛，因此“贩茶失职”，贩卖茶叶的生路被阻断。苏辙没有看到的是，茶叶与盐、铁、酒一样，都是国计民生之必需，因为利润太大，除了官府往往会在合理收税以外“掊取”，商人也往往“加价牟利”。太宗初即位，就有“豪民”在干这个活儿。官与商，对茶农的双重“割削”，造成了利益方向分配的不均，也即不公平。这是王小波起事的原因。

太平兴国二年（977），江南诸州官方“场务”专卖茶叶80%，另外20%由“场务”发给凭证，收取10%税收后，由“茶农”自由买卖。但“茶商”往往从中作奸，紊乱国法，导致茶叶市场混乱。后来按照大臣樊若冰的意见，官方收购茶叶加价，让奸商无利可图，才算改变了乱象。有法不依，在不读圣贤书的官员中，寻常可见。在非收购环节给茶叶加价，最终受害的是中间商和消费者。而干这个活儿的官员时常可见。太平兴国六年（981），有个太子中允名叫潘昭纬，他在知天长军（今安徽天长）时，就敢擅自增价倒卖官茶，被人投诉。这位太守被除籍为民。

而“茶商”不仅有勾结官府克扣“茶农”的劣习，甚至还有制作“假茶”出售的现象。这在太祖时就有苗头，开宝年间，就有规定：民间卖“假茶”，卖一斤，杖一百，卖二十斤以上，正法。显然这是“乱世用重典”的治理模式。太宗在太平兴国四年（979）时，对这个带有严惩性质的刑法做了调整，要求“准律以行”，按照律法执行，不必过重过轻。如果有“滥”用刑法者，也治罪。但这事也证明，“假茶”是“茶商”中奸商的常见行为。

茶叶，乃是清净之物。制作茶叶，特别恶心的是夹杂了头发杂物。所以过去有规定，制作茶叶的“丁夫”必须“剃去须发”。但这个规定对惯于头戴发髻的庶民而言，不免带有侮辱的性质，因此遭遇不少抵制。于是，到了太宗至道二年（996）九月，对官营茶场就颁发了新的规定：须发可以不剃，“自今但幅巾，先涤手爪，给新净衣”，从今开始，制茶必须戴上幅巾，先要将手和指甲洗净，每人要发给新的干净衣服。并严敕“吏敢违者论其罪”，官吏敢违反这个规定的，要论罪。在这项规定的推行中，也不难想象官商勾结从中渔利的可能性，否则，太宗也不会放出“吏敢违者论其罪”这么狠的话来。

“蜀民之病”

有些与官府勾结的奸商比官府本身还凶恶。近代常见的那种黑社会性质的官商，太宗朝也曾出现。

雍熙四年（987），秦州（今属甘肃天水）一个县城，有个酒场官李益。宋代场务官，大多招募地方土豪担任。李益也应该属于土豪之类，家中富饶，常有僮仆数百人，私人关节可以直接通达朝廷官员。对地方官吏，他采用恩威并施的手段，专门捉人的短处，进行要挟。郡守以下的官吏都很怕他。他还放贷，或利用酒场专卖，设法盘剥地方，这样，庶民就有人拖欠他的利息钱。李益就动员官方力量代替他催债、征督，那种狠戾比官方正式的租调还急。

当时县里有个观察推官名叫冯伉，地方官中，只有他不被李益所屈服。

有一天，冯伉骑马出来，李益派遣他的喽啰将冯伉从马上拽下，诋毁侮辱一通。冯伉将李益勾结地方的不法之事两次上章奏报，都被秦州驻京办事处的官员也即邸吏扣住，不往朝廷传达。秦州距离京师很远，消息如何传达？冯伉于是想了个办法。朝廷往往要通过秦州向塞外买马，买马就要与各个番族打交道，这样就要有翻译人员。冯伉认识了一译员，就把他的奏章附在译员发往朝廷的报告后面，这样，太宗才看到了冯伉的检举材料。

秦州居然有这样的黑社会！史称“帝大怒”，于是下诏逮捕李益。但是诏书还没有到达秦州，已经有朝中权贵向李益做了通报，结果李益提前逃跑了，史称“帝益怒”。

于是，侦缉抓捕李益就更急了。几个月后，在河内富人郝氏家中，将李益抓获，捆绑了送到御史台，一审，全都招了。正法。

秦州士庶听到这个消息，“皆醵钱饮酒以相庆”，都凑钱饮酒来庆祝。

淳化四年(993)时，河北大名府有土豪储存干草，以此牟取厚利。当地河堤决口，就要用干草编织草袋子装泥土，堵塞决口。这位土豪居然丧心病狂让人偷偷地破坏河堤，人为制造灾难，所以河水每年都要决口。

后来来了个知府赵昌言，他知道个中原委，但是抓不到把柄。一天，巡河的堤吏来汇报，说大河决口，很危急。知府赵昌言直接命令军民到土豪家里去取囤积的干草，救急。从此，没有人敢再这么干。

太宗朝，距离五代不远，道义天下远没有建立起来；奸商在川中茶叶的经营中与官方勾结，是非常有可能的。

直到南宋乾道年间，还有四川制置使胡元质上疏说：“为蜀民之病者，惟茶、盐、酒三事为最；酒课之弊，近已损减。蜀茶，祖宗时并许通商，熙宁以后，始从官榷，当时课息，岁过四十万。”胡元质认为太祖太宗时允许茶“通商”，从熙宁年间之后，才开始“榷茶”，这个说法不确。但认为是“蜀民之病”，确有道理，与苏辙意见一致。不过应该知道的是:“蜀民之病”不在法律规定额度下的“榷茶”，而在于地方场务官员在“榷茶”之外对茶农的违法掊取，以及茶叶商人对茶农的违法榨取。官商勾结才是“蜀民之病”。

博买务

更重要的，是“博买务”的设置。

宋师覆灭后蜀之后，孟昶宫中府库所藏财货，经过前蜀、后蜀两代集聚，数量相当可观。宋师将其大部辇运到汴梁。

一般以为这是一种对地方的剥夺，甚至将它讲述为王小波起事的主因。

其实不是。

财货原属后蜀皇室，与地方关联不大，更与民众关联不大。而且大宋施行的是中央禁军制度，也即国家野战军主要集中于京师，所有军需费用都要由中央财政支出。而地方上的军政大事，也由中央财政支出。这是当初太祖与赵普等人制定的基本国策，其目的主要是防备地方的财政权力过大，导致藩镇崛起。后蜀没有了，不必在川中维持原来后蜀的国家军队；而川蜀现在所有的军政开支，都由朝廷支付。原来后蜀庞大的国库积存，理应转为国家所有。所以，事实上后蜀这些财货收归朝廷是必须的，也是应该的。

《续资治通鉴》有记载，王小波起事的当月，有关部门向朝廷汇报，说国库中储备的“油衣帟（音易）幕”，油布雨衣、帐篷帷幕，大约数万段，已经破损，准备毁弃。太宗不允，下令将这些东西煮洗干净，染上各种颜色，制作几千面旗帜。如此勤俭，令《续资治通鉴》的作者也忍不住要发议论：

> 朝廷自克平诸国，财力雄富。然聚兵京师，外州无留财，天下支用悉出三司，故费用浸多。帝孜孜庶务，动以爱民惜费为本。

自从朝廷收复中原诸国之后，财力更加雄富。但是因为在京师聚集中央禁军，用度较大，因此外州一般不留多余财富。天下各地所有支出，也都由中央财政支出，所以朝廷这边划拨的费用也越来越多。太宗勤勉专心于天下事物，总是以“爱民惜费”，关注民生节约支出，作为国家财政的根本。

理解“聚兵京师，外州无留财，天下支用悉出三司”，即懂得辇运后蜀财富于汴梁的正当性。

但辇运，就要关联到人力。士兵转运，四十卒为“一纲”，号为“日进”。这批货物“日进”运输了几年的时间。这是造成庶民牢骚的原因之一。

蜀都库藏空虚后，有“牟利官”开始动脑筋，要继续向蜀民聚敛，于是川蜀之地，除了正常赋税之外，另外设置了一个机构，名“博买务”。各个州郡规定的织作布帛等等，都不许私下买卖。而“日进”上供，又常常加倍加大工作量。负责督责地方辇运和“博买务”

的官员，对小民又锱铢必较，差一点也不成。茶叶，也应该在“博买务”的范围之内。

“博买务”不仅仅是专卖机构，它更是宋代在蜀地突然降生的国营垄断机构。这种垄断带有突然性。此前不垄断，忽然来垄断，原来那些以被垄断行业为生的小民就断了生路。

当茶叶也被垄断时，“茶农”王小波的生计有了问题。

总结一下：川中赋税，榷茶，辇运后蜀府库之类，都不是王小波起事的原因；官商勾结，以及“博买务”设立过程中，官方垄断茶叶经营后的种种不公，才是王小波起事的原因。不公，而不是贫穷，才是王小波起事的主要原因。

“吾疾贫富不均，今为汝均之！”

王小波，又称王小皤，青城（今四川都江堰）人，一般认为他是茶贩出身，实际上，如前所书，茶贩乃是商人，属于茶商，而固着于土地的茶叶种植者、生产者，则属于茶农。所以我倾向于认为王小波是茶农而非茶商。青城一带正是巴蜀最重要的产茶区。据元人陈元靓笔记《岁时广记》载：唐代就有都江堰一带的贡茶名“乌嘴”“六出花”，“尤为皇室珍爱”。宋人陆游的《老学庵笔记》卷九有记载：“蜀父老言：王小皤之乱，自言‘我土锅村民也，岂能霸一方？’”这是说王小波初时并没有“霸一方”的念头，而“土锅村民”，意思是“整天摆弄土锅的乡下人”。土锅，就是制茶“蒸青”或“炒青”必需的生产用具。土锅村，也是地名，但何以有此地名，也不难揣测它与“蒸青”或“炒青”的关联。

王小波在产茶区，种植、生产、制作蜀茶，原来可以自由售卖给茶商，价格可以商量；但场务来了，价格只能由场务规定。不难想象，由于这个规定，王小波只能卖低价，在低价盘剥茶农之后，场务与茶商才有可能获致较高利润。“博买务”本来就是冲着“聚敛”目标而来，这个机构推行“博买”的过程，稍具近代史常识的人都不难推想官商勾结的可能性。

王小波感到了不公。

他很可能试图回归到土地上去，不种茶，种庄稼。但巴蜀地区“地狭民稠，耕稼不足以给”，因为这个原因，小民贫困；而土地兼并者也开始出现，这些大户人家往往“粜贱贩贵”，贱买贵卖，从中获利。

王小波种地也在遭遇不公。

于是，不做假茶、不置土地，试图安分守己摆弄“土锅”，备不住就在操作“蒸青”或“炒青”，其中就有“乌嘴”“六出花”之类过去给唐代皇室进贡的名茶，现在不需要进贡给大宋皇室了，可以自由买卖了，却忽然不自由了！种地也看不到出路了！

巴蜀好汉王小波受够了，不想再忍受了，于是，反。

于是，“青城县民王小波聚徒众起而为乱”。

他应该是一个颇有个人魅力，又颇有政治头脑和江湖经验的雄杰。当他与同样遭受不公的茶农夜半牢骚时，他发现了人人都对“贫富不均”表现了极大的憎恶心理。于是，人们开始对他有了“拥戴”，犹如后世那个给成都府太守献诗，要割据巴蜀的举子所说:“把断剑门烧栈道，西川别是一乾坤。”这些拥戴者们大有怂恿王小波割据川蜀、偏霸西南的“凌云壮志”。任何一场造反或谋逆活动，都少不了这类“阴谋拥戴”者,他们比被拥戴者还要积极。社会溃败之际，“做大事”，领袖、流民与自命为“智囊”的秀才都是不可或缺的结构性存在。但拥趸们看到的是王小波的犹豫。

王小波说:“我土锅村民也，岂能霸一方？”我能猜想他说这话时，那逡巡的目光，应该有期待，也有定力。

当众人向他表示愿意“指哪儿打哪儿”的时候，这位巴蜀雄杰王小波抖擞精神，不失时机地说出了那句名言:

吾疾贫富不均，今为汝均之!

我痛恨这个世上的贫富不均，现在，由我来为你们均贫富!

听到这句“小波名言”的茶农应该有一片叫好的声音。

王小波早已筹划烂熟，依仗自己在青城的影响力和号召力，首先动员起了身边的茶农，这应该是第一批“巴蜀茶党”。随后，他应该有一篇油灯下的演讲。演讲中，包括了对他的妻弟、小舅子李顺的任命。李顺被任命为“巴蜀茶党副党首”，或“一字并肩王”。

孟昶遗孤与灌口二郎神

在我想象中，王小波演讲时，李顺应该是偎在油灯旁，做深沉状。

李顺，可能是王小波敢于起事的一张王牌。

他应该在起事之前，就向众人讲述了李顺的神奇身世。

据说，李顺乃是后蜀末帝孟昶的遗孤。说后蜀被宋师灭亡时，有人一早路过后蜀宫殿的摩诃池，看到有一个被锦箱锦衾包裹着的婴儿，箱内有一片纸，上面写着："国中义士，为我养之。"于是，此人知道孩子出自宫中，收养下来。这个孩子就是李顺。孟昶在蜀几十年，虽然有盘剥行为，但比起中原五代与其他周边割据政权来，还算文明，后蜀不应该算作暴政政权，故蜀民多年之后，对孟氏后蜀还有感情。李顺作为孟昶之后，让蜀人有了敬畏。

不仅如此。王小波在决计起事之后，一定在多种场合讲述过李顺与"灌口二郎神"的关联。原来，土锅村附近就是灌口，这里乃是"灌口二郎神"的策源地。孟昶曾经加封这位神祇为"护国灵应王"。二郎神的人类学来源比较复杂，不去说，但在民间传说中，治理蜀地建造都江堰的李冰曾与二郎神合二为一。后蜀败亡，民间更有将孟昶与二郎神合二为一的倾向。由此李顺与李冰也有了关联。在逻辑混乱、云里雾里、神乎其神的讲述中，李顺保持了沉默。

而王小波任命李顺为副手时，拥戴者们有了充满想象力的鼓动性传播。传播的过程，加进了传播者自己的理解和个性化的煽动功能。于是"贫民多来附者"，穷苦的人家很多来投奔他。几天的工夫，他的核心团队有了近百人。

王小波力挺小舅子，将小舅子讲述为半人半神，有两大功效：第一可以让所有的拥戴者知道，“巴蜀茶党”，有人！第二，可以树立领袖威信：连孟昶或李冰的后人，都服从我王小波；连二郎神的人间代言人都在我的麾下，其他人应该更没话说。这对于凝聚十世纪末的中国巴蜀之人心人气，是一种宗教性仪式。按天才王小波和李顺的智慧，他们在冒天下之险，举兵造反，诉诸大众动员的手段，也只能做到这一步了。

“巴蜀茶党”起事，不像“波士顿茶党”起事。

后者在公元1773年，英国政府支持的东印度公司运销茶叶到北美，施行茶叶垄断性质专卖时，对大英帝国同样不满，他们将东印度公司运来的茶叶倾入大海。两年后，美国独立战争爆发，渐渐推演出一个美利坚合众国。王小波同样经历了大宋王朝对川蜀的茶叶专卖，但最后的反抗却与陈胜吴广、绿林、赤眉、黄巾军、瓦岗寨、黄巢等人没有两样。这种类型的权力更迭，没有前途。中国人的“起事”必须转化为“起义”，而且得是“反暴政起义”才有前途。“起义”而不是“起事”运动，要有洞达天理人心的高贵与革命性纲领，并最终建构带有历史终结性质的文明邦国。

对王小波李顺之流而言，他们还面临着更糟糕的格局：大宋帝国虽然未必就如大英帝国，但它的合法性合理性正当性，方兴未艾。宋“势”未衰，蜀“势”不成。这样一个庞大体量的帝国，当其正在书写“天下为公”的历史日志时，试图撼动它，是不自量力的。

但血性男儿遭遇不公，是一定要讨个说法的。如果大宋帝国不给王小波一个说法，王小波就要给大宋帝国一个说法。所以，王小波、李顺，是一代雄杰、壮士，甚至是具有“斯巴达风采”的勇士，但他们不是政治家。

“战神”王小波之死

王小波率领几百人，开始了攻城略地的军事行动。

他们先从最近的县城开始动手，县城无备，王小波很顺利，连克蜀州、邛州二县。攻陷蜀州时，杀掉了州城的监军王亮及官吏十余人；攻陷邛州时，杀掉了知州桑保仲、通判王从式以及众多的僚属。邛州的都巡检使郭允能率领麾下士兵与王小波大战于新津江口，不敌，兵败，被王小波所杀。另一位巡检毛俨勉强活着逃了出来。

王小波仿佛“战神”，所到必克，极大地树立了威信。他们来到彭山县时，县令齐元振也没有准备，变民顺利袭入城中。

齐元振是非常“贪暴”的一个地方官。他贪，贪得的财货往往寄托在信得过的庶民家中，以此来逃避朝廷的审核；他暴，暴虐得只知道刑杀。朝廷派来一位秘书丞张枢出使巴蜀，巡视地方，回到朝廷后，上奏不法官吏百余人，大多被朝廷黜免；但张枢独独称赏了齐元振，认为他“清白强干”，朝廷还给齐元振下发了褒奖诏书。张枢没有看到他贪污的财货，只看到了他的强横，就以为他是一个能吏清官。齐元振得到朝廷嘉奖之后，更加恣意妄为，史称“与民为仇”。他得到更多受贿赃物继续寄存在庶民家中。王小波已经知道此人贪暴与奸诈，麾下也多知此人上欺君王下虐百姓，队伍中早已弥漫了一股怒潮。

彭山县被攻克后，王小波将府库财帛散给变民和地方庶民，然后在大街广众之下将齐元振开膛破肚，把搜罗来的一堆金属刀币塞了进去，意思是：你不是爱钱吗？给你！给你！都给你！

这一血腥事件，很快传播开来。更多的人加入了变民队伍。史称“贼党由是愈炽矣”。

但王小波在淳化四年（993）起兵后，随后的行动在史上记录中出现了长达近十个月的空白，一直到这一年的年底，他才再一次出现在记录中。原来，朝廷已经派来了官员施行“剿匪”，但朝官没有把王小波放在眼里，来到成都后，就是吃喝玩乐，久久不动。王小波闻听大军已到，就暂时退居深山峡谷，待了近一年，看看没有动静，这才再次出山。说话时，已经到了江原。

江原乃是成都西大门。变民已经做出了直取成都的态势。江原守将，西川都巡检使张玘已经做好准备，当变民来到城下时，他率众出城，与王小波斗战。他箭法不错，一箭射中王小波额头，但王小波并无惧色，额头上带着箭杆，拍马向前。张玘在惊愕中被王小波杀死。

这一箭是致命伤，箭镞直入颅内。王小波在江原城内不治而亡。

于是，众人推举李顺为帅。

李顺比王小波更富有组织能力，他很快将队伍从几百人壮大到几万人。

宋将张玘死后，麾下有兵四百余人跑回成都，但西川转运使樊知古担心有诈，不接纳，放纵他们，让他们去自寻生路。

李顺了解到这个情况后，当即向变民们做了通告。变民更认为大宋不过尔尔，取成都，占益州，等闲事耳！史称“贼势由是日盛”，变民的势力从此更加强盛，人数达到数万人。李顺带领这支队伍，又先后攻陷永康军（今四川都江堰）及双流、新津、温江、郫县（均为成都附近州郡），所到之处，一律“纵火大掠”，放火而后抢掠。各地都留下党羽看守城池，大兵数万之众开赴成都。

蠲免秋税还是吃不饱

从太宗淳化四年（993）二月，到当年十二月，变民已经进逼成都了，大宋朝廷还在按部就班地做着日常工作，似乎没有这样一场战事。这是大宋的一个军政特色，在国家危急关头，与契丹、与西夏、与变民大战之际，几万人、十几万人的禁军出动，胜利或败亡，都不去惊动民间。似乎除了极少例外，如金兵、蒙元南下之前的“勤王令”等，大宋几乎从来不做全民动员或全国动员。后晋时可以打着战争的旗帜，向民间“括率”也即超越常规赋税之外的财货强征，大宋从无此类案例。

但淳化年间，有很多麻烦事。王小波起事的淳化四年，各类麻烦事弄得太宗有点头昏。

左司谏张观，在与太宗答对时，谈及“扬州民多阙食”，扬州一带的“贫下民”很多人缺粮，吃不饱。张观就请求减免尚未缴纳的赋税，以宽解民力。

太宗听了心下一惊。原来，最近刚刚下达了一道诏令，要各地蠲免“贫下民”的秋税。这是传统“两税”之一。蠲免此税后，“贫下民”相当于增加了一半的收入。太宗不明白，为何还有“阙食”之人。

张观说出一番道理：

“细民奸猾，多以佃户托名贫下，侥幸蠲减，惟实贫下者尚有残欠。”平民中不乏奸诈狡猾之辈，这些人往往假作无土地的佃户，托名说自己属于“贫下民”之列，结果侥幸获得蠲免。但是真实的“贫下民”还是有人没能获得蠲免。

太宗“再三叹息”道：“两税蠲减，朕无所惜，若实惠及贫民，虽每年放却，亦不恨也。今城郭兼并之家，朘削贫民，豪猾之徒，隐漏租赋，此甚弊事，安得良吏规制称朕之意乎！”夏秋两税都蠲免了，朕也没有什么可惜的，如果能让“贫下民”得到实惠，就是每年都免，我也不会遗憾。现在城里城外那些兼并土地的人，动不动就盘剥“贫下民”；那些豪富狡猾之人，动不动就隐漏租赋，这是很大一个弊端。唉，到哪里能找到优良的官吏，让他们好好规划，制定出让我满意的制度来呢？

这事确实麻烦。朝廷对“贫下民”有优惠政策，但是富人要钻空子，享受“贫下民”的实惠，结果导致真正的“贫下民”无法享受这个优惠。军政治理，唯此为难。乃至于太宗感到大臣们很多没有尽到心力。有一天，太宗对宰辅李昉等人说：“朕观在位之人，未进用时，皆以管、乐自许；既得位，乃竞为循默，曾不为朕言事。朕日夕焦劳，略无宁暇。臣主之道，当如是邪？”我看那些在位的要员，还没有进用做官时，一个个都以管仲、乐毅自诩，等得到了官位，却一个个都比着循规蹈矩沉默不言，甚至不为朕说说天下政事之得失。朕日夜焦劳，几乎没有安暇之时。君臣之道，能是这样的？

王小波之乱，可能触动了太宗的隐秘心事。他也是一个读书人，读书自有乐趣在，但他还是要"日理万机"，似乎有一种力量在推动他往前走，他自己已经停不下来。但他实在是太想过一种学者的生活了。有一天，大臣张洎要到翰林去工作了，太宗对他说："学士之职，清切贵重，非它官可比，朕常恨不得为之。"翰林学士这个职务，很清高，又很重要，不是一般职务可以比拟的。朕恨不得就做个翰林学士！

官员们在对外奉行公事时，又往往自称"奉圣旨"，其实"圣旨"根本不可能天天颁发，但只要声称"有旨"，听话人就再也无话可说，只得奉行。熟悉《卖炭翁》中"手把文书口称敕，回车叱牛牵向北"的背景，就知道，"口称敕"也即"自称奉旨"而对外"公干"，乃是一股传统邪恶势力行为，唐代没有根绝，大宋也没有根绝。

太宗知道这个麻烦事后，在淳化四年初夏四月，王小波正在起事之际，下命："诸司奉行公事，不得辄称圣旨"，各个部门，对外奉行公事，不得动不动"口称敕"，动不动"有旨"。皇上没有下旨时，不得称旨。

钟离委珠

王小波起事后，太宗提拔、任命了两个人，向敏中与张咏。

他似乎是忽然想起这两个人来。向敏中当时正做广南转运使，急急忙忙地召他回到京师。而后，太宗用他那常见的“飞白体”书法，很认真地书写了这两个人的名字，交给政事堂宰辅，说：“此二人，名臣也，朕将用之。”左右也都称赞了这俩人的才干。

说起向敏中，这是太宗、真宗两朝的宰辅大臣。他做事也确实很得“大臣体”，有常人不及处。

有一位监察御史名叫祖吉，他在知晋州时，贪赃被正法。搜出来的钱财不少，太宗不想要这笔钱，决计将它分给诸位大臣。

但向敏中拒不接受，并向太宗讲述了后汉“钟离委珠”的故实。

原来，东汉显宗刘庄时，有个交趾太守名叫张恢，贪污获罪，其家产分给诸臣。大臣钟离意得到几串珠玑，但他当着君臣的面，将珠玑全部扔到地上，而且并不拜赐。显宗刘庄奇怪他的举动。钟离意回答道：“臣闻孔子忍渴于盗泉之水，曾参回车于胜母之间，恶其名也。此臧秽之宝，诚不敢拜。”我听说孔子来到名为“盗泉之水”的地方，忍着渴也不饮此地之水；曾参看到“胜母之间”的地名，宁肯不前也要回车。这是因为他们厌恶“盗泉”“胜母”这样的名字。陛下现在给我的这些珠玑，都是贪赃而来的污秽之“宝”，臣不敢受，也不敢拜。显宗闻言慨叹道：“清介啊，尚书您的一番言论！”于是从府库中另取三十万钱赐给钟离意。这故实后来演化为一句成语“钟离委珠”。

向敏中还曾出知广州，兼任本州的“市舶”，也即负责管理与国外的各种贸易。这是一个“美差”，但也是一个最容易滑倒的“油洞”。此前几任知州，都有不良记录，最次也是遭遇士君子的清议批评。向敏中赴任前，路过荆南地区，预先买了常用的药物带上，到了地方，没有任何额外需要了，史称“以清廉闻”。

太宗闻言，也很欣赏，就想赋予向敏中更高的职务。也许是向敏中太清介，并拒绝接受赃钱的缘故，他遭遇了当道者的嫉妒。

有人向太宗告密，说向敏中在权判大理寺，主持政法工作期间，有个监军叫皇甫侃，此人倒卖军用物资，因为受贿而败露，皇甫侃害怕，于是给朝中权贵写密信求救，当初向敏中也曾经接到过这样的信。

这事有点大。太宗就派御史来调查此事。向敏中承认接到过皇甫侃的信件，但实际根本就没有启封，直接退回去了。这事谁信？于是又派人到皇甫侃府上调查往来书信。一个童子说：书信都在一个筒子里，埋在临江的寓所附近了。于是派遣驿站传信，到现场去挖掘，果然得到。而皇甫侃写给向敏中的书信，果然没有开封，史称“封题如故”。这事不简单，能做到这一步，且事先事后都不与他人张扬，需要定力。太宗都“大惊异”，我朝还有这样圣贤般人物！于是召见，慰勉赏赐了他，并决心大用此人。

不久，就提拔他做了右谏议大夫、同知枢密院事。而向敏中也确实不负所望，在任上成绩斐然，到了至道初年，又迁为给事中。

宠辱不惊

真宗朝时，向敏中更有一件常人难以做到的“行为”，为帝王、史家所赞叹。

向敏中被加官为右仆射兼门下侍郎，监修国史。这个职务就相当于宰辅。尤其是以“右仆射”而出任宰辅，更历来被人视为职官之荣。

封官当天，有翰林学士李宗谔在旁，真宗皇帝对他说：“朕自即位以来，还没有封过仆射这个官职，现在给向敏中，这是一个特殊的任命，他一定很喜欢。”又说：“敏中家中今天的贺客一定特别多，爱卿你前去一趟，看看，不要说是我的意思。”

李宗谔就到了向敏中府邸，一看，向府并没有宴请的意思，史称“门阑寂然”，大门口冷冷清清。李宗谔带着亲随进入，从容道贺说：“今天听说天降吉祥啊，士大夫人人都很欢慰相庆。”向敏中“但唯唯”，不过随意答应而已。李宗谔又说了些皇恩浩荡的话头，向敏中还是“但唯唯”，没有一句得意忘形的话回答他。退下来，又让人去问向府的后厨：“今天有没有亲朋来宴饮的准备啊？”后厨也冷清，告诉来者，无一人宴饮。

真宗皇帝听了李宗谔的汇报，慨叹道：“向敏中大耐官职！”向敏中这个人真是能耐得住做大官。

官职升迁与否，对向敏中而言，不是荣辱所在。此即宠辱不惊。

所以《宋史·向敏中传》给他的评价是：“向敏中耻受赃物之赐以远其污，预避市舶之嫌以全其廉，坚拒皇甫侃之书以免其累，拜罢之际，喜愠不形，亦可谓有宰相之风焉。”向敏中耻于接受赃物的赏赐，以此来远离污秽之源；预先买药上任，避免广州市舶的贪渎嫌疑，以此来成全修养的廉节；坚决拒绝皇甫侃请托的书信，以此来免予遭遇不测的连累；升官罢官之际，喜怒不形于色；凡此种种，可以说是很有宰相之风度了。

但向敏中也有一事颇为他人诟病：与名臣张齐贤争夺薛居正孀居的儿媳妇。人的复杂性往往不是“单向度”评价可以概言的。这一故实说来话长，留待日后慢表。

太宗这一次人事任免很关键。向敏中在维持帝国流畅运转中做出了卓越的但不起眼的贡献；而张咏，则成为后来平定“李顺之变”收拾残局的重要人物。

到了淳化四年十一月间，李顺变乱还没有平息，长江两岸却又闹起了有组织的“盗贼”。太宗下诏，以内殿的高官杨允恭督江南水运，并开始抓捕寇党。这时候，朝廷刚刚将今天江西樟树市附近的几个县置为临江军，而长江这股“盗贼”就到此周边开始为害地方。

杨允恭到临江军，选择骁勇的士卒，乘上轻便的小舟，侦察到他们晚上休息的地方，夜半从城中出发，三鼓时，遇到了百余人的“寇盗”。斗战中，将敌人歼灭。

平罢“江盗”之后，杨允恭又千里迢迢来到通州境上（应属江苏南通）追踪“海贼”。“海贼”将若干舟船联络一处，仿佛“连环船”，船之周围张挂起高大的帷幕，人躲在帷幕后面，向外发射劲弩、短炮，而杨允恭这边发射过去的箭镞都被帷幕遮住。杨允恭自己也受了伤，左肩上流血一直到袖口，但他不为所动，史称“容色弥壮”，气态更加勇壮。杨允恭很从容地派遣善于游泳的士卒，泅水靠近敌船，用绳子连着铁钩，散乱地扔出去，将敌船的帷幕撕扯凌乱，而后士卒大进，“海贼”不敢相接，赴水而死者大半，擒获百余人。

从此以后，长江之上，从东到西，没有了盗贼剽掠的祸患。

捌

失踪的李顺

这么大的一场民变，擒获其党酋，押送到凤翔，而不押送到京师正法，这个可能吗？城破之际，确实抓获李顺了吗？如果没有抓获李顺，他是如何逃脱的？谁在广州抓获了他？李顺的最终结局是什么？

“大蜀国”年号“应运”

李顺这边，却越做越大。

李顺仗恃着“孟昶遗孤”或“李冰神子”或“灌口二郎神巴蜀代言人”等多重混乱而又神秘的身份，成功地纠集起越来越多的蜀民，其中不少人是“旁户”，也即被豪民所役使的各类无土地寄身的佃户。

李顺很可能在王小波死后，组织了一场祭奠仪式，祭奠中，应该有对“灌口二郎神”或“李冰之位”或“孟昶之位”的喃喃自语，其中祭奠“灌口二郎神”的可能性非常大。一百多年后，宋徽宗时的江少虞有《皇朝事实类苑》一书，记录了宋仁宗时期的官员程琳知益州的故实，说蜀州有大胆不逞之徒，聚集恶少百余人，立“灌口二郎神”像，自己私立官号，恶少则穿上士卒服装，吹拉弹唱，每天就是杀牛宰羊聚会。程琳知道后，将这批人抓住正法，并且说：“李顺由此而起，今锄其根本，且使蜀中数十年无恙。”在这类地方神崇拜中，李顺获得先手。他可能借此打出了恢复后蜀孟昶世家的旗号。据说他甚至恢复原来的姓氏“孟”，而不再姓“李”。

当初，有个右谏议大夫名叫许骧，王小波变乱之前，他曾经知成都府。等到任期满回朝复命，他专门跟太宗说：“蜀土久安，那里的住民容易流窜滋扰。希望朝廷能选择忠厚者为地方长吏，这样才可能镇抚地方。”当时代替许骧的是吴元载，但此人特别喜欢苛察，民间如果有流犯，哪怕是细小的罪过也不放过，甚至禁止民间游乐宴饮，所以当地人都有了怨声。王小波就在这个背景下起事了。而吴元载解决不了王小波的问题，于是朝廷又派东上阁门使郭载来知成都。

郭载来到四川梓州的时候，李顺已经开始往成都挺进。有相师看到郭载后，对他说：“成都必陷！公前往，必定受祸。如果能在梓州少住几天，这祸可免。”不料郭载闻言大怒，答道：

“天子诏我领方面，阽危之际，岂敢迁延？”天子下诏让我管理一个大州，现在正是生死存亡之际，我岂敢逗留不前！

于是急往成都而行。

李顺带着“灌口二郎神”的信服者，浩浩荡荡数万之众，攻打成都几天，将西城门都烧了，但还是没有得手，又去攻打附近的汉州等地，连着攻克两座州城。郭载进入成都后，李顺又率众回马再攻，攻势更急。不久，城陷。

郭载与转运使樊知古带领余众，斩关而出，退保梓州。

李顺入据成都，当天建立“大蜀国”，自称“大蜀王”，年号“应运”。同时派出兵马四处侵掠地盘，北面一直到剑门关，南面一直到巫峡，所有的郡邑县城都被劫掠，受害。李顺“建国”成功。

剑门固守有惊无险

淳化五年（994）二月，太宗听到成都沦陷的消息，很是不安。他召集宰相说：“岂料贼寇的势力如此猖獗！万方有罪，罪在朕躬！我不能忍受巴蜀之臣民陷于涂炭之中。朕当部署兵马，早晚讨平它！”于是，安排昭宣使、河州团练使王继恩为西川招安使，率兵前往戡乱。给他的权力范围很大，管内诸州的囚犯，除了十恶及贪赃罪，都可以“便宜处置”；军事上的事情，王继恩自作决定，不必上奏等待回复。少府少监雷有终、监察御史裴庄等并为峡路（治所在兴元府，今陕西汉中，辖境为川北诸州郡）随军转运使；工部郎中刘锡、职方员外郎周渭为陕府至西川随军转运使；马步军都军头、勤州刺史张杲等率兵直赴剑门；崇义使尹元，由峡路进兵；所有诸部，都受王继恩节制。

这阵势，俨然是一场大战的规模。太宗已经不敢掉以轻心。

李顺取剑门，战略对头，但可惜动手晚了些。剑门乃是中原通往巴蜀的陆路要道，剑门一开，成都就失去了陆路天险；守住剑门，则与中原阻隔。李顺要做“大蜀王”，自应先断剑门，阻遏中原进军围剿；但他着急先下成都，再取剑门，时间的转换中，失了先机。

李顺派遣变民数千人，北上仰攻剑门。但剑门的疲兵不过百来人，太宗自以为太平天下，地方不宜驻守太多武装力量，所以，各州郡没有多少战斗兵员。守在剑门的是都监上官正。他激励士卒，要与乱民死战。他知道这百来号人登上城楼也没有可能固守，干脆打开城门列阵迎敌。这几乎就是送死的节奏，但巧的是，被李顺攻破成都后的大宋败军，有一部分在成都监军供奉官宿翰带领下，奔剑门来了。于是上官正与宿翰合兵一处，共同迎敌。一战，大破李顺兵，几乎斩杀干净，只剩下三百来人，跑回了成都。

此一役规模不大，但意义重大。朝廷正在担心栈道危险，剑门固守，连通栈道，中原入蜀有路，于是王师长驱而至。太宗闻信，很高兴，当即提拔上官正为剑门兵马部署，剑门关司令；宿翰则拜为昭州刺史。昭州在广西，这是“遥领”，不是实封，但可以享受刺史待遇。而李顺则因为剑门一败，露出了小家子气象。跑回成都的三百败兵，让“大蜀国”的将士有了惊慌，李顺认为这些人“惊众”，将他们全部斩杀于成都东门外。这就让人们对这位渴血的“大蜀王”有了寒心，部下不免人人胆寒。

王继恩还在路上，但宋师前军已经陆续进入川东。王继恩发出告示：大兵所到之处，遇到贼党敢于抗拒，即当诛杀；如果不是同恶犯，是偶尔胁从，又能归顺者，可以释放。

王继恩从栈道进入剑州后，从外围几个要塞扫清了李顺的据点，斩首五百级。又在南下追逐中，破敌于柳池驿，斩首一千六百级。

峡路也传来战报，击溃李顺变民三千人，斩首三百级。

到了五月夏季，王继恩已经连克绵州、阆州、巴州，斩杀万余人。随即包围了成都。李顺正在城里征兵，按计划，所有征调上来的“大蜀国”士兵，一律“黥面”，也即脸上刺字作为标记。但还没有来得及干这个活儿，成都已经被攻破，十几万变民没有抵挡住宋师攻势，被斩杀三万余众，俘获无数。王继恩给朝廷的报表有言：“斩获贼首李顺首级。”按此说法，李顺被杀。

“李顺之变”中，诸州被攻破不少，但梓州是一个例外。

知梓州的张雍功劳不小。

张雍守梓州

梓州距离青城三百多里，王小波作乱之初，张雍得到消息，有了准备。他在梓州开始训练士卒，得到城中兵三千人，又招募千人，用来守城。又派出推官盛梁到朝廷去搬援兵，将附近辖境绵州的金帛转运到梓州，充实库存。安排推官陈世卿治理作战工具，掌书记施谓、榷盐院判官谢涛砍伐山上树木做箭杆，熔化铜钟为箭镞，撕扭布帛为绳索，备好各类守御器械。

张雍战备中，已经听说变民攻克了附近的永康军和数个州郡，不久成都也被李顺所围。川中十二州都巡检使卢斌率六百人抵达成都救援，斗战一个来月，杀数万人，但到了第二年，成都没有保住，卢斌退回梓州，又集合十州之兵来攻取成都，没有成功。张雍就委任他为本州监军。当时正赶上江水泛滥，将梓州外围的子城堕毁。卢斌动员鼓舞州民，第二天，“畚锸大集”，簸箕、铁锨来了很多，从城西大壕沟开始深挖城堑，达数丈深。然后又开决西河的水，注入城壕，成为环城的深沟。

很快，李顺派出一位大将相里贵率众十数万来围梓州。

张雍与监军卢斌登上城堞俯瞰，但见变民来的兵众，呈现出老弱疲惫之态，连个铠甲都没有。卢斌笑着请求开北门“击之”。张雍说：“不可。贼人说不准是在故意示弱，设计窥伺我等。现在城中吏民人心未定，万一我们出城，被城内奸细所乘，那就堕入他的奸计啦！现在出击，不是良策。”话音未落，城楼上果然就有士卒据守在城门楼子间“呼啸”，与相里贵里应外合，似乎要引敌入城。张雍急忙派出骁勇将内奸砍杀肃清。

相里贵推出了高大的攻城战车，上设天梯、塔楼，又有火具。十万变民在城外昼夜鼓噪，攻城形势越来越猛。城中有了恐慌。张雍制作了抛石机，从城内向外连续发炮，大石数枚砸中敌人攻城战车。又命善射者向敌众发射带火的箭镞，在敌阵中造成了一片混乱，敌众稍退。

变民又在城西部署攻城战具。张雍假作不在意，对士兵高喊：“将士们都将装备置齐，我将开东门与敌人决一死战！”说着，还开始安排步骑五百人，向东门开拔。相里贵有瞭望哨在附近牛头山，可以看到城内动静，就以为张雍果然要出东门，于是迅疾调拨城西兵众往城东。张雍看看敌众西城守备空虚，就派出敢死之士百余人，带上硫黄火油，从城中顺着绳子爬下，将敌人的攻城战具全部焚烧。从中午到黄昏，燃烧了两个多时辰（四个多小时）。

变民几次攻城，都被击退。忽然有一天，北风起，一时间天昏地暗。相里贵认为时机已到，于是顺风纵火，急攻北门。张雍与卢斌领兵据守，站立在矢石之间，固守不动，敌人无法进入。城上也以箭矢回应。史称“贼为之少却”，敌人因此而稍稍退却。

推官陈世卿射箭很棒，被张雍安排独当一面。他像个狙击手一样，一个个，点对点，亲手射杀敌众数百人。敌人攻城很急的时候，他的幕僚都开始图谋如何自保。陈世卿慷慨陈词：“食君禄，当身死报国，奈何欲避难他图耶？”随后他对张雍说：“这样一群胆小怯懦之辈，留在城里，只能妖言惑众，动摇人心。不如将他们都派出城去，让他们去请求救援。”张雍答应了。

就这样，张雍、卢斌、陈世卿等人，随机设备，守城八十余日。

王继恩攻占成都后，派遣大将来支援梓州，相里贵溃散而去。

日前，宋师雷有终一部由峡路入蜀，调兵遣将，筹集粮草，规划战事，井井有条。宋师行进在峡路山中时，遇盗，格斗而进。山中无水，遇雨，将士将头盔取下，接水而饮。一路行进一路战斗。

到达广安军（今四川广安）屯扎时，一面临江，三面树立栅栏。正赶上当晚有雨，李顺部下来袭，鼓噪举火，宋师有了恐慌，但雷有终已经部署停当，安坐帐中，随从给他梳理头发，“气貌自若”，气态、形貌很自然、安定。等到敌众合围之后，雷有终引一队精兵从间道出现在敌后，与营中将士合击之。变民大为惊扰，投入水中、火中而死者，不计其数。

有诏拜为右谏议大夫，知益州。雷有终上任时，成都已破，但流寇还在。他路过简州，寓居在佛寺中，但看形势，估计贼人必然到来，就命令左右将大门关上，召当院人严加警备。天才黑，他与随从悄悄走出，从间道走脱。果然，变民黑压压一片，将寺庙围了好几重，等到破门而入，只有一个打更的老人在。

雷有终机敏善断，大宋人物！

父死于忠，子死于孝

王继恩虽然占据了成都，但是城外十几里，还有“贼党”占据。“大蜀国”的元帅张馀，成为继王小波、李顺之后的变民领袖。他啸聚万余众，连着攻克川中八个州郡。

攻取开州（今重庆开州区）时，监军秦传序与敌战不胜，投火而死。张馀初到时，秦传序督促士卒与敌斗战，寡不敌众，很多长吏都投奔了张馀。有人也劝他赶紧投降，以免遭遇不测。秦传序对士卒说：“尽死节以守郡城，吾之职也，安可苟免乎！”尽忠臣死节来守卫郡城，这是我的军人职责，哪里可以期求侥幸免祸呢！城中用度不足，粮食很少，秦传序就将自己上任来开州随身带的行囊，以及行囊中的服饰文玩，拿出来买酒买肉，犒赏士卒并鼓励他们。众人都感动得哭了，于是奋力抵抗张馀。但张馀的势力太大，眼看城破，秦传序制作了蜡丸帛书，派人间道送往京师，帛书有言：“臣尽死力战，誓不降贼。”城破，秦传序赴火而死。

秦传序家在荆湖，儿子秦奭闻讯后，逆流而上，寻找父亲的尸体，但哪里找得到。最后在水中溺死。人们对父子之死甚为哀悯，认为“父死于忠，子死于孝”。太宗抚恤秦传序一家很优厚。

与世无争崔遵度

张馀攻忠州（今四川忠县），知州崔遵度乃是一介文弱书生，大宋著名的古琴家。他带领全城甲士百余人，背城而战。张馀部众顺利翻过城堞。崔遵度一跃冲入江中，拟自杀。但被州兵救起。

史称崔遵度是一个“淳澹清素，于势利泊如也”的人，性情淳和、淡泊、清介、朴素，对权势和利益看得很轻，很不在意。他曾经作为太宗的“右史”，记录太宗之言。十余年间，他总是静静地躲在大殿楹柱的后面，自我屏蔽，不要太宗看到他。史称“恬晦”，恬淡而又自我韬晦。他与世无争，口不言是非，寓所很狭小，但即使如此，他还是在有限的居住之地开辟一个小阁院，种上几株绿竹。退朝后，就默默地坐在绿竹之下，鼓琴，独酌，在俗世难于理解的静谧中,享受琴趣。这境界,在崔遵度那里,即使是给他个“南面王”，也不会换。他似乎很少与人交游，落落寡合。他的兴趣鼓琴之外就是读《易》。他曾有言:“意有疑，则弹琴辨其数，筮《易》观其象，无不究也。”这意思是,如果与人交往有不明之处,就回到小阁弹琴，来分辨其中的阴阳运数，或用《周易》来卜筮所成之象。显然，这是求得理解世界的一种神秘办法。

这样一个与世无争，在自家世界中徜徉终生的人物，不是张馀的对手。

张馀得到大宋投降的士卒，又攻陷了几座州郡，更为自信，势力也更为强盛，于是率众十万，乘胜攻夔州，应有“舳舻千里，旌旗蔽空”的壮观。张馀在李顺败后，实力不减。

夔州在瞿塘峡口，地势雄峻，形势险要，堪称川东第一军事重镇。扼守夔州，即可在水路西控巴蜀，东瞰中原。渝、川、陕、鄂，欲有军政作为，此地实乃兵家必争之地。而张馀，恰恰就是欲有军政作为的一代雄杰。

故夔州在所必争。

夔州危急！

屠杀

此前，太宗赵炅了解到川中形势后，派出了大将白继赟为峡路都大巡检，总巡视官，统领精兵数千人，昼夜兼行，赶往成都。作战任务是，协助王继恩平定川蜀之乱。巧的是，增援队伍到达夔州时，正赶上张馀来袭。于是白继赟与夔州巡检使解守颐有了默契，二人城里城外同时发动总攻，夹击张馀。

张馀的雄心在此地第一次受挫。腹背受敌中，他失去了战场主动权，大败，被斩首两万级。史称“流骸塞川而下，水为之赤”，尸体漂浮顺流而下，江水被鲜血染成了红色。

这是一场屠杀。

站在时光的后面，我看到两万殇魂在宽阔的长江之上，遥远地浮荡，有了书生气十足的伤感。我甚至胡思乱想，假如我是赵炅，假如我是张馀，假如我是白继赟，是不是可以免去这一场屠杀？我没有找出可以免去屠杀的可能。大宋太宗赵炅先生，必定要维护大宋帝国；大蜀元帅张馀先生，必定要破毁大宋帝国；而白继赟必定要放出辣手，杀戮破毁者。当夔州危急时，各自都已经没有选择。吾土吾民，自尧舜禹汤文武周公以来，就在致力于“公道—仁德”理念的推演。圣贤之完整气象在此。而这种理念、这种气象，必定是以天地之大德为形而上背景的。而“天地之大德曰——生”，天地之间最大的道德是——敬畏生命。所以《周易》要说：“男女构精，万物化生……生生之谓易。”所以《尚书》要说：“好生之德，洽于民心。”所以《论语》要说：“焉用杀！”所以《孟子》要说：“杀一不辜而得天下，不为也。”……当吾土吾民种种杀戮连绵不绝时，我与时下“制度论”者的不同思考是：是什么样的邪僻力量在阻遏“公道—仁德”理念的推演，在妖魔化传统圣贤？优良“制度”并不能免去杀戮,就像传统“圣贤”也不能免去杀戮一样。但优良“制度”从不演绎杀戮,就像传统“圣贤”从不演绎杀戮一样。因此,“制度”与“圣贤”都不是杀戮之因。那种将历史上的杀戮推给“制度”或“圣贤”的意见，逻辑上都是荒谬而又浑浊的。杀戮，犹如历史若干重大事件一样,它的呈现,是“偶然”的,是此前多种力量“耦合”的结果。预见杀戮，并同时推演杀戮，太过于邪恶。白继赟、赵炅与张馀,都没有事先即可预知“杀戮两万人”,并推动“杀戮两万人”的理性动因。世界上只有一种东西，可以在已经预知杀戮人数时，启动杀戮机器，那就是纳粹以及其他极权主义魔鬼。

蜀民两万，殇魂飘散，走入虚空，白继赟立功。

当他将杀戮报告，包括“夺得舟千余艘，甲铠数万计”，汇报给朝廷时，他得到了嘉奖。

但太宗网开一面，下诏言“两川军民被李顺胁众诖误者一切不问”，整个巴蜀，在“李顺之变”中，被李顺借着神秘力量欺骗而趁起的军民，一概不追究、不拿问。当“群盗”溃散，纷纷走入山泽自保时，太宗又下诏，要各州“招诱”，并“倍加安抚”。太宗，为这一场共同体之间的杀戮注入了一丝温情亮色。

查道戴枷督税

太宗一直坚持“招抚”政策。

巴蜀乱后，太宗曾派出使者，访问川、峡诸州的治理地方合格优秀的人物，当时就有知夔州袁逢吉、知忠州邵烨、知云安军薛颜、知遂州李虚己、通判查道等七人以“称职”上报朝廷，太宗都分别给了他们诏书奖谕。

内中一个通判查道，是过去南唐名臣查文徽的孙子。他做了太宗朝进士，在一个县城做尉官时，收入低，但性情廉介，与妻子甘苦与共，采集野菜与杂米煮粥“疗饥”而已。当地要办理地方租税，几个县吏不得力，被州官招到州郡，上了木枷，让他们回去。其他的县官在回去后，将木枷脱掉，只有他还戴着，而且还戴木枷下乡督税。乡里富民试图贿赂他，以酒肉招待，他不吃，还杖责富民。于是其他民众看到，都很惊讶，于是将拖欠的租税缴足。

转运使樊宗古知道他的节操德行，就打算向朝廷推荐。查道推辞，要求举荐主簿叶齐。樊宗古说：“我也不认识叶齐啊！”查道就说：

“公如果不推荐叶齐，我查道也不愿意被公所推荐。”樊宗古不得已，同时推荐了两个人。查道被改为光禄寺丞、直史馆。

不久，查道从遂州调动到果州（今属四川南充）做知州，正赶上蜀中民变基本平定后的零星反抗。有个变民首领何彦忠集结了二百余众，在果州一个叫大木槽的地方，打家劫舍。诏书招抚没有成功，于是地方都请求发兵平定。查道说：“彼惧罪，欲延数刻命耳，其党岂无诖误邪？”他们不过是害怕治罪，打算延缓几天的活命罢了。其中能没有被欺误、胁迫的人吗？于是，他换了普通衣服，一匹马，几个仆人，不带兵器，直接到了变民的驻地，将太宗的诏令陈说一遍，并耐心讲解了大宋的宽大政策。有人认识他，就说：“这是咱们的郡守啊，他可不是害我们的人啊！”于是纷纷放下兵器，跪在地上请罪。查道给他们每人都发了赦免的证书，让他们回家去种地。

查道将此事通过驿站报到朝廷。太宗很高兴，史称“赐诏书奖谕”，颁赐诏书，奖励慰勉了查道。

张馀逃脱，拒绝大宋“招诱”，继续组织力量与大宋对抗。

李顺其余各部也大多拒绝了大宋的“招诱”，两川多个州郡，还在战火中。

变民余部数千人来攻取施州。在知州李鹏的指挥下，施州指挥使黄希逊的儿子黄文卓、黄文范、黄文战，以及兵马使黄延霸，率领城中丁男只有百余人，大多手持木棍，打开城门与敌众搏击，居然擒获百余人，余众大多被赶往江水之中溺死。

又一队变民约数万人来袭取广安军，被峡路雷有终行营击破，斩首五千级，生擒三十人。接着，雷有终又派出主力，在嘉陵江口杀获两万余众。再回师，在合州与宋师友邻会合，破敌万余人，斩首五十级。几天后，雷有终进入成都。这期间，各州郡小股敌军时聚时散，但大多被宋师平定。

王继恩谁都对不起

平蜀，王继恩立功。

王继恩是四朝宦官，服务于周世宗，宋太祖、太宗、真宗；他还有一位张姓的养父。但这五个人，他谁都对不起。

后周时，他以张姓之子张德钧的身份，阉割后进入后宫，服侍大帝柴荣。赵匡胤践祚后，他又成为赵氏宫禁的宦官。江山易色，他没有任何表示，直接投靠新主，对不起故主周世宗。

太祖时，他成为宦官班首，第一大太监。但在太祖死后，皇后要他去找皇子，他却去找皇弟。于是，太宗即位。他让太祖一系在整个北宋期间，与帝位无缘，对不起故主赵匡胤。

太宗时，他升官发财，带兵打仗，获得生命中最高荣誉和成就。但太宗已经决定传位于赵元侃也即宋真宗，他却试图改变这个格局，密谋拥立已经“疯癫”的赵元佐（一说要拥立太祖的孙子赵惟吉），对不起故主赵炅也即赵光义。

真宗时，知道他试图变更继承人，开始并没有给他治罪，但他不思悔改，继续与同伙结党营私，露泄宫中隐秘之事。真宗这才将他发配外地。他也对不起宽宏大量的新主宋真宗。

养父张氏好歹将他抚养成人，到了太祖时代，他做了“内侍行首”，也即大内总管，要求回复本宗，不再姓张，改姓王，对不起养父。

王小波李顺之变，他带领大军入蜀，平定乱局，有功。

太宗之所以肯于让一个宦官带兵，还是对他有信任。他拥立太宗即位，这是一件泼天大事，也证明此人确有某种决断能力，为太宗所赞赏。此前，王继恩也曾在太祖麾下平定江南等战事中表现不俗，所以，太宗继续起用他参与军事行动。王继恩也渐渐开始“恃宠”而“生骄”。

后宫与宦官不得干政

从汉代以来，中国帝制政制就有一条经验教训：后宫及宦官不得干政。这类人最接近君主，一旦干政，往往可以左右政局。又因为这类人所有的政制干预，并没有经由宰辅廷臣的议事，甚至故意绕开宰辅廷臣，这就往往要诉诸非光明手段，构成一种与“天下为公”政治根本总诉求完全背离的程序不公——而程序不公，往往即导致事实不公。政局由不公而生紊乱，由紊乱而生变乱，由变乱而生权力非正常更迭，于是，皇室内部杀戮，以及由外部权臣以平定皇室杀戮而展开的杀戮，屡见不鲜。而杀戮中改朝换代的所谓“兴亡”，没有例外地将殃及民生。亡，百姓苦；兴，百姓苦；原因种种，其中直接原因，往往多因后宫与宦官干政而起。不讨论后宫与宦官干政的政治发生原理，从已经看到的历史演绎而言，这是一个经验事实。

所以，历来比较明智的君王与大臣，往往都要为之设防。

王继恩曾推荐文人潘阆做官。太宗开始答应了他。但潘阆得官后，很快流露了他的“倾险”，也即用心“险恶”的特点。他曾多次劝王继恩要太宗“立储”，册立太子。那时候，太宗还没有正式册立儿子赵元侃也即后来的宋真宗为太子，但赵元侃名望已经很高。潘阆对王继恩说：“南衙自谓当立，立之将不德我。即议所立，宜立诸王之不当立者。”南衙，指的就是赵元侃。潘阆的意思是：如果赵元侃当了皇上，因为没有“我们”的拥立之功，所以不会感谢“我们”。要想让未来的皇上感谢“我们”，就应该从现在开始，要在诸王之中拥立一个没有希望当皇上的人，如此，则“我们”才有拥立之功。这一番话，说得王继恩迷迷糊糊，认为大有道理。然后他弄明白了这个“买卖”的意思，开始有了册立东宫的进言。史称“继恩入其说，颇惑太宗”，王继恩讲述了一番拥立某位亲王的道理，弄得太宗很有点迷惑。

太宗也许约略听到了潘阆的狂悖，也许没有听到；但就在他答应王继恩给潘阆官做的时刻，应该是想起了“后宫及宦官不得干政”的历史经验和教训。他没有贬黜王继恩，但将任命潘阆的诏书追了回来。这就等于做了一个姿态给王继恩看：你，不得干政。

宣徽使与宣政使

平定“李顺之变”后，王继恩作为招安使，前线总司令，当时朝廷讨论封赏时，中书宰辅和诸臣，都认为他有功，议论给他一个宣徽使来做。宣徽使，是宣徽院的主任；宣徽院掌管内侍户籍，略相当于中央机关人事局长；又掌管祭祀大典，略相当于文化部长；还掌朝廷会议、宴会等，略相当于中央机关办公厅主任。这个职务由来已久，唐、五代就有设置，一般还就由宦官充任。但太宗觉得王继恩做这个不合适，他说：

“朕读前代史书，不欲令宦官预政事。宣徽使，执政之渐也，止可授以他官。”

他认为这个职务很容易走上“执政”，所以不同意。但可以给他一个别的官职来做。

但宰辅认为王继恩平蜀功高，不这样封赏，不符合封赏的规章制度。太宗发火，深深地责备了一通大臣。然后命学士张洎、钱若水议论如何处理。最后议定专门设立一个“宣政使”给王继恩；与此同时还设立了“昭宣使”，都是宦官中的高级品阶，正六品，但“宣政使”班序在“昭宣使”之上。另外给王继恩一个“遥领”防御使。

至道二年（996）春，又有布衣韩拱辰到朝廷上言，认为“继恩有平贼大功，当秉机务，今止得防御使，赏甚薄，无以慰中外之望”。“秉机务”，就是要执政。太宗闻言大怒，认为这位韩拱辰先生“惑众”，将他“杖脊黥面配崖州”。

大臣和庶民要求封赏王继恩，都有“上怒”的记载。浏览太宗一朝，看他回应言事臣庶，很少发怒的记载。这事发怒，有意味。

太宗一如既往地保留了“曲突徙薪”的智慧，这就消弭了“焦头烂额”的可能。宋人吕中评论王继恩平蜀事，颇精彩：

> 莫难于除盗，尤莫难于盗已去之后。故既命继恩以讨之，复命张咏以抚之，始威终惠，两得之矣。抑继恩宦者，使之掌兵，得无陷李唐之弊政耶？然继恩虽有功而不敢骄，虽不与宣徽而不敢怨，太宗盖有以处之也。其与童贯握重兵在外而朝廷无以制之之道异矣。使当时不知所以制之，愚恐无夷狄之骄，亦必有宦官之祸矣。

平蜀之事，没有比扫除盗匪更难的了；但是更难的是扫除盗匪之后。所以太宗开始命王继恩征讨盗匪，后又命张咏抚慰川中，开始于凌厉之兵威，终结于和惠之仁政，两个方面都有成果。但王继恩是个宦者，要他掌兵，难道不会陷入唐代那样的宦者掌兵左右天下局势的弊端吗？但是考察下来，王继恩虽然有功，但不敢如唐代那些宦官似的，对上傲慢；虽然不给他“宣徽使”的职官，但他不敢发牢骚。太宗一定是有办法处理这事的，太宗的办法与后来徽宗时，童贯手握重兵在外，而朝廷没有办法驾驭他，完全不同。假使太宗当时不知道如何统御王继恩这样的宦官，恐怕即使没有夷狄的骄狂扰华，也必有宦官的骄狂祸华了。

追回任命潘阆的诏书，就是制御宦官干政的办法。后来又派出另外一个大内宦官卫绍钦前往川中与王继恩“共同带兵”，等于在分权。更在川中大致平定后，立即任命张咏治蜀，而不任命王继恩治蜀。川中撤兵前，又派出张鉴、冯守规带着空白诏书，分掌原属于王继恩的临时任命权。有功之后，不授他执政之始的宣徽使，而另外特设一个“宣政使”职官；“防御使”的军职也只是遥领，而非实际差遣，凡此种种，都是太宗“曲突徙薪”，有意处置之道。王继恩之所以没有成为童贯，原因在此。

有人认为“宣徽使”“宣政使”不过一字之差，太宗在此玩弄了一个文字游戏，实质差不多。这个意见没有弄懂太宗此举事实上含有控驭之道。“宣徽使”由来已久，职权相应，其权，联系宫禁与中书最为便捷；而“宣政使”则是临时设置，有职无权，若无具体“差遣”，等于无事可干，很大程度上属于荣誉职衔。看上去与“宣徽使”是一字之差，但就是这一字之差，其“名”不同，其“器”也不同。“宣政使”不见于宋之前，幽默一点说，犹如“弼马温”不见于各类职官表，因此这属于不承认宦官进入大宋传统职务系列的一种权宜性设计。

王继恩在蜀，手握重兵，到处摆威风。宴饮取乐之外，每次出行，前呼后拥倒也罢了，还要奏乐。他爱下棋，还备有专人负责带着棋盘棋子。所以上行下效，侍从们也一个个威风凛凛，恣意作恶。平叛的官军，成为害民的兵匪。

所以王继恩平蜀，有功，也有罪。

陷名将马知节于死地

王继恩在川中，还有一大劣迹：挤对名将马知节。

马知节有父风，他的父亲马全义在太祖一朝作战勇猛，马知节更有全局观念。有一年，他知定远军（今属河北东光），当时有议论，定远军储粮多有霉变，因此要调发河南十三个州的民夫转运粮饷，河北转运使樊知古负责此事。当二人商讨此事时，马知节提出：

“定远军兵士不多，但粮食还不少，将腐烂变质的部分簸筛干净后，估计还能得到十之六七。”

樊知古接纳了他的意见，果然获得可食用的粮粟五十万斛，于是分发给各个要塞，省去了河南十三州的一场转运。

马知节执法也严。

当时有辖境庶民，多走入要塞，躲避契丹入寇。但他的部下有人偷盗妇女首饰，被军中护军也即指挥官发现，鞭笞一顿。马知节知道后，认为此刑过轻。他说：“民避外患而来，反罹内寇，此而可恕，何以肃下？”庶民躲避外患而来，不想却遭遇内部盗匪！如果这个可以宽恕，那怎么让下属严肃军纪？当即命令执行军法，斩首。

在川中平叛时，王继恩很是傲慢、托大，喜欢要人逢迎他。但马知节不买账，不愿意讨好他。王继恩于是就有了故意陷害的举动。

他命令马知节去守彭州，只给他老弱兵卒三百人，原来属于马知节调遣的精兵都调回成都。马知节知道彭州是李顺党羽一定要攻取的要害之地，多次请求增兵，王继恩根本不听。结果变民来了十万人攻取彭州。马知节带着羸弱之兵与敌人奋力拼战，从早上一直到下午，士卒很多人都已经战死。马知节长叹道："死在贼人之手，不是壮士啊！"于是"横槊溃围出"，挥舞着长槊冲破重围出来。直到第二天，才引来援兵，再次呐喊着冲入敌阵，敌人败退而去。

太宗了解到事情的来龙去脉后，叹息道："贼众我寡，知节不易当也！"敌人多而我兵少，马知节这仗打得不容易！

地方官与社稷臣

蜀地变乱基本平定后，小股乱民还在四处流窜。王继恩不能服众，如何"治蜀"对太宗构成挑战。

参知政事苏易简曾经推荐张咏，认为他可以管理四川。

这时张咏已被太宗留意，准备大用。

到了淳化五年(994)九月，时任枢密院直学士、虞部郎中的张咏，受命知益州。益州，就是指川蜀全境，其治所在成都。临行前，太宗嘱咐他说：

"西川乱后，民不聊生。卿往，当以便宜从事。"

要求他主要关注民生，这方面，可以自由裁量，随机决断。这是给他相当大的地方治理权限。

他来到地方，很快展现了不仅仅是“地方官”，而是“社稷臣”的军政治理能力。

他在路上看到从陕西发往四川的民夫运粮队伍络绎不绝，这正是峡路转运使要干的活儿。他也知道入蜀的道路有多么艰难。当他到达成都之后，第一件事就是问粮草。他得到的数据是：城中屯兵三万余人，而粮草不足半个月支用。于是他开始访问民间，知道当地盐价腾贵，而蜀中士庶特别希望能得到廉价盐。恰好府中还有不少历年集聚的食盐，于是他做出一个决定：

降低盐价，但士庶要用粮食作价兑换。

士民大为高兴，于是家家都肩挑人扛，牛拖车运，拿米来换盐。不到一个月，得到粮米数十万斛。军士也高兴，喜欢地说道：“以前吃的大米，大多杂有糠土，很难下咽；现在每一顿饭食都很精美。这个老家伙真是善于干国家大事的人！”张咏闻言，也高兴，说道：“从此以后，我的命令可以在益州执行啦！”

当时成都四邻还有很多变民的营垒，王继恩要求成都白天也要关闭城门，以防奸细进入。但城门关闭之后，内外交通断绝，外面的物资很难自由进入，城里的物资也很难自由外出。成都，在这一个阶段，就相当于一座孤岛，吏民都感到不便利。

王继恩没有心思“讨贼”，只想乐和一天是一天。张咏虽然不受他调遣，但王继恩也不受张咏调遣，所以张咏一时拿他没有办法。思前想后，张咏采用了特殊斗法。

当时王继恩麾下人吃马嚼，每天都需要大量粮草，马匹需要量尤其大。于是，当他军中的司务长来讨要粮草时，张咏只给他人吃的粮食，马吃的粮草则一律折算成银两支付，至于黑豆杂粮干刍草，一粒一支也没有。王继恩发火，找他说：“国家打仗用的战马，难道能吃铜钱吗？”张咏道：“城中的草料场已经被贼寇焚烧而尽，马料就应该到民间去取。公现在闭城高会，马料从哪儿进出？如果开门讨贼，还愁马儿吃不到粮草吗？——我张咏已经将这个事写好了奏章，准备上奏朝廷了。”

王继恩一听，碰到了厉害家伙，不敢再多说话。

正好赶上另一位大宦官卫绍钦带着诏书来催促，要王继恩继续“讨贼”，平定巴蜀。王继恩这才开始分兵四出。

卫绍钦也是一个狠家伙，在扫荡变民中，辣手迭出，但对迅速平定李顺余党“功勋”不小。

且说王继恩，出兵之后，捉到三十多个“盗贼”，按律，请知州兴狱处理。但张咏与“盗贼”聊天后，要他们回家务农，全部无罪释放。

王继恩大怒。张咏回应他说：“以前，是李顺胁迫民众做贼，今日，我张咏与公一道，化贼为民，哪有什么不可以的啊？”王继恩听了倒也无话可说。

王继恩这位剑南、两川招安使，帐下的亲卒有了劫掠民财的兵匪行为，有人来向知州张咏投诉。张咏得知这些兵匪有人劫掠财富后夜半从城楼垂绳而逃。张咏就派出精明吏卒前往擒拿，并嘱咐吏卒说：“捉到这几个兵匪，就把他们捆了，扔井里，不要带回来。”他不愿意公开此事，与王继恩闹翻。吏卒将这件事情办了，王继恩感到没有丢失面子，所以也没有更多怨恨，而他帐下的亲卒，闻听此事，却吓得咋舌，从此不敢再干抢夺私有财产的勾当。

王继恩分兵“讨贼”之后，张咏计算城中“以盐易粮”，所有积蓄可以支用两年，就上奏请求罢免陕西粮草转运。

如此一来，陕西民力得到宽解。这是太宗非常在意的大事，对诸臣高兴地说：“过去益州每天都请求转发粮草！转发粮草！张咏到了没有几天，就有了两年的储备！这样看，此人什么事办不成？朕从此没有忧虑了！”

虎翼卒谋反

王继恩麾下也有一位宦官高品，名叫王文寿。所谓“高品”就是宦官中有高级职衔的人物。此人性急，带着两千禁军中的一支“虎翼卒”到遂州“讨贼”时，督促部下甚为严厉，这就惹恼了“虎翼卒”中的士兵，指挥使张璘察觉到士卒怨气不小，于是有了“做大事”的谋划。当时“大蜀国”元帅张馀还有部众十万左右，势力不算小。张璘认为如果能与张馀合兵一处，灭王继恩，应该不算难，而后就可以占据成都，分兵取益州各个州郡。如此，把断剑门、扼守夔州，川中就别是一个独立邦国。人生一世，草木一秋，取这一票富贵，也不枉世上走了一遭。一天晚上，高品王文寿正在高卧，于是，张璘派遣了几位勇悍卒子，“排闼径入”，撞开门，直接进入，就在榻上取了这位高品的首级，送给张璘。当时天色昏黑，张璘还担心这是不是王文寿的脑袋，燃起火炬来辨认。然后说：“是也。”这才放心，于是放心投敌。

张馀此时在嘉州（今属四川乐山），而张璘在遂州（今属四川遂宁），两地相距约五百里。遂州在成都东南一偏，嘉州在成都西南一偏，二地与成都形成一个三角地带。张璘以王文寿头颅做投名状，率麾下五百人投靠张馀，试图借助变民势力再打回遂州，复取成都，慢慢逐鹿巴蜀。王继恩，在他眼里不算什么。

二人合兵后，史称“贼势甚盛”。消息报到朝廷，太宗大怒。下令将五百士卒的妻子儿女全抓起来，甚至动了“诛之”的念头。近臣有人出主意，把军营中这些士卒写往家中的书信全都找出来，让家属写回信给他们，然后派遣使者前往嘉州招抚。士卒们知道家眷平安，一定会重新归附朝廷，并可因此而破贼。于是，照此做去。果然，嘉州士卒中有了动摇，不久，就有骁悍的勇士砍了张璘的脑袋，装在盒子里，送给了王继恩。

王继恩就让这批曾经走过嘉州的“虎翼卒”为向导，从遂宁向嘉州挺进。一路流畅，所过州郡全部平定，前后招降变民近三万人。

其他州郡也在一个个平定中。

在眉州，还擒杀了“大蜀国”的“中书令”吴蕴。

王继恩部下的大将杨琼、宿翰等人，攻城拔寨，战功越来越高。但没有多少人瞧得上西南招安总司令王继恩。他统御军队没有更多方略，因此，下属往往“恃功暴横”，仗恃着有功而暴戾强横。

张咏担心有一天大军还师，万一有士卒弄“阴谋拥戴”那种意外之变，风景不免恐怖。于是给太宗上了一封密奏，请朝廷尽快派心腹近臣“可以弹压王师”的人物，来川中分别屯扎师旅。

张咏的优秀往往体现在这些地方。他思考问题不仅仅是“知益州”职责范围，而是帝国职责范围。他总是在替帝国思考问题。

诏按其罪与封驳诏书

淳化四年（993）九月，王小波已经起事，张咏与向敏中已经被朝廷重用。张咏进为给事中，是秦汉时的职官，历代沿续，但功能略有变化，要旨是“封驳”。五代宋以来，不仅有“给事宫禁，以备顾问”的意思，更隶属于门下省，也即宰辅管理部门，其责任是分判本省日常事务，对国家政令、所谓“圣旨”有审议封驳的权力，也即皇帝颁下诏敕，大臣上有奏章，给事中如果不同意，有异议，可直接批改或驳还。这是帝制时代职官设计中的圣贤思路，但具体执行中往往因人而异。人，因制度而异；制度，亦因人而异；这是历史经验。太宗要张咏做给事中，所有诏令、敕令，都要他与向敏中预先审定，而后颁行。

当月，就有一事要张咏审定。

雍熙北伐失利之后，太宗任命了一批元老做节度使，其中之一是宿将张永德。他在代州做都部署，也即北边前线总司令。这时，有个小校官犯法，张永德鞭笞他，最后导致小校死亡。太宗知道后，“诏按其罪”，下诏，按律法给张永德定罪。但这份诏书到了张咏这里被按下，理由是：“永德方任边寄，若以一小校故摧辱主帅，臣恐下有轻上之心。”他担心的是因此会养成士卒更为骄悍的习气。五代以来，不是士卒怕藩镇，而是藩镇怕士卒。谁也无法预知哪里会冒出一个不怕死的士卒，为了一票富贵，铤而走险，杀死主帅，或是拥戴主帅。张咏担心的是这个方向。五代乱世，藩镇割据，种种野蛮风景，长久地让关心帝国前途的人忧心忡忡。太宗总结太祖防患未然的智慧是“事为之防，曲为之制”，这里说的“事”，主要就是藩镇割据之“事”；这里说的“防”，也主要就是裁制藩镇割据之“防”。大宋帝国三百年,历代帝王都懂这个，成为“赵宋祖宗家法”。而历代“社稷臣”也懂这个，成为“曲突徙薪”的大智者。

从现代法理学考察，太宗“诏按其罪”是符合法制严肃性的；而张咏的意见施行，虽然破坏了法制的严肃性，却赢得了代州边境的平安，也很可能消弭了难言的不测。有意味的是，太宗接纳了他的意见之后不久，就发生了士卒胁迫军侯的事件。这证明张咏的预见是准确的。

如何令军侯守法，又不至于士卒骄悍，这是一种军政紧张。处理这类事,并不容易。各类死守法条,不通权变,而又振振有词的“小清新”思维模式、行为模式,并不适合于责任伦理背景下的军政管理。

空白任免诏书

张咏省略陕西粮草转运，是为帝国减轻国力负担；预防意外之变，是为帝国防患未然。他少时经历过后晋、后汉、后周，对藩镇割据有感觉，读史，更让他懂得藩镇之所以割据的起因。陈桥兵变事后，他更懂得“权反在下，阴谋拥戴”的种种可能性。不久前，一个职官不大的指挥使张璘，还有逐鹿巴蜀的念头，那些手握重兵的大将军们又当如何？且，巴蜀史上就是一个“天府之国”，一旦割据，剑门、夔州，天险所在，地利所在，进可攻，退可守，比昔日南唐、吴越、北汉更有独立资质。张咏在替帝国谋划长治久安，所谓“社稷臣”，与寻常“循吏”“能吏”的区别在此。

太宗赞同张咏意见。于是命枢密直学士张鉴、西京作坊副使冯守规一道前往川中。临行前，召二人到后苑，面授方略，大意要他们安排军队调动，不要让骄兵悍将擅自做主。

张鉴知道此行是个苦差，就对太宗说：“益州刚刚收复，军旅之中往往不和。如果忽然听说朝廷使者到了，又替换他们的部队，臣担心他们会有猜疑恐惧。那样将变生不测。请给我们‘安抚’的名义。”

太宗答应了他，甚至还给他们一个特权：可以随时调遣将领，重新任命。

为此，太宗给了他们空白任免诏书，让他们可以根据实际局势，填写被任免人姓名，随时颁布。

张鉴等人到成都后，王继恩不以为意，还是一如既往的傲慢。他以为朝廷不一定知道他在川中的肆意放纵。他当初拥立太宗，自以为有泼天大功一件，一般人不放在眼里；但他忘记一个人情事实：这个世界，不存在任何值得傲慢的理由，除非面对傲慢。当他傲慢时，他已经被人所轻鄙。

张鉴不动声色，与张咏一道，研究填写空白诏书的任免者名单，根本不向王继恩打招呼。二张一时间成为川中军政主要负责人，所有戍守、作战的派出将军名单，都出自二人之手。而王继恩麾下的使臣，也大多被遣返回京。同时还以太宗诏书的名义，督促王继恩继续“讨贼”。

王继恩这才知道大权已经旁落。

二张更从容施行安抚政策，招诱变民，安定反侧，防患未然，蜀民燥火之气渐消，脑袋可以安稳地靠在枕头上，睡个踏实觉了，史称“蜀民始奠枕矣”。“奠枕”者，安枕也。君王“奠枕”，是忠臣愿景；而庶民“奠枕”，是君王、宰臣的共同愿景。

朝廷做法开始越来越得人心。

大将宿翰从眉州引军向嘉州而来，未战，“大蜀国”嘉州知州王文操献城投降。宿翰入城，晓谕士庶。张馀出城，投奔邛州。

但在邛州，张馀势力已成强弩之末，一战，败北。张馀无所归附，辗转于邛州、嘉州之间，至道元年（995）二月，宿翰擒获张馀，将其正法，首级放入木盒中，送到成都大本营。史称“余党悉平”——但这话并不准确，直到半年多以后，还有变民藏匿山谷之中，据险顽抗，并四处剽掠。

这时已经是至道二年（996）的十一月。太宗令峰州团练使上官正、右谏议大夫雷有终，并为西川招安使，替代王继恩，要王继恩回汴梁。

平定川中，张咏功绩最高。他主张派遣能臣入川，预防可能的兵变，更属于“拔本塞源”“防微杜渐”“未雨绸缪”“曲突徙薪”“防患于未然”的智者意见。这个意见很可能免去了一场“陈桥兵变”。

乖崖之名，聊以表德

如张齐贤一样，张咏也是一个很有故实的人物。看看他的故实，有助于理解大宋廊庙与江湖的种种生态。

张咏自号“乖崖”，为何起这么个名号？他自己说：“乖则违众，崖不利物，乖崖之名，聊以表德。”“乖”与“和”为反义，意思就是“不和”，所以有“乖离”“乖戾”之语词。“崖”，本指山崖、悬崖，引申为“傲慢而孤高”之义，汉语语词是“崖岸”。说一个人与他人交往，自以为正确，他人不正确，界限分明，标识高悬，可称“崖岸甚深”。张咏以此为号，就是看到这两种不正常的人性弱点，用以自警。但还不止于此。他甚至还有一种“我就乖！我就崖！”的意思在内。这也是古来富有独立品格的士人自我标榜或自我嘲讽的一种模式，如唐代僧人陈宝通自号“大颠和尚”，明末画家朱耷号“驴屋驴”等。

不过他性情中也确有“乖”“崖”的一面。

他本来就是急性子，脑袋后面还生了个大疮，病重时，常常疼痛难忍，一吃饭，更疼痛加剧。这个病也让他有了“性情乖张”“自立崖岸”的一面。

他知益州时，盛暑吃馄饨，头顶发髻，发髻有发巾，发巾有一带子，从头顶到耳边到下颔处打结系住。打结后，带子两端往往垂下。

吃馄饨俯就间，这带子就总是掉到碗里捣乱。张咏不断地用一只手往外捞这带子，烦透了。于是大怒，将发巾一把抓下，直接摁到馄饨碗里，一面说："但请吃！"

他因为有脑后大疮，自己不愿意跪拜，也不愿意别人给他跪拜。每次有宾客来，典客也即司仪都要预先告诫，不要跪拜。但宾客中有人过于重视这个礼节，以为不可省略。张咏遇到这种情况，要不就跟着对方连拜不已，要不就粗野地劈着两腿大骂不止。

知崇阳县时，他看到农民有到城里买菜的，就将人召来训斥道："城里居住的人，没有地种菜，买菜倒也罢了；你这个村民都有自己的土田，为何不自己种菜而要费钱来买菜？嗯？"于是上"笞刑"，用竹板子拍打了人一顿后背，放了。这农民也是，从此以后自己种菜吃。据说直到沈括写《梦溪笔谈》时代，当地还把菜园子种的芦菔也即萝卜称为"张知县菜"。

但张咏在"乖崖"之外，也有格外动人的通情达理。

秋光却似宦情薄，山色不如归兴浓

他在知益州时，在成都府开府办公，按规定，各级地方官都要"庭参"，也即按礼拜见知州。拜见时，自己要宣唱自家官名姓名。即使是带着京官身份，但只要在州府差遣，就要"庭参"。有一个书生，是京中官署的干事，在成都府任录事参军，负有监督和管理官员档案的职责。他就不"庭参"，有司就责备他，他坚决说不。张咏知道后，也发火，叫人传话给他："唯致仕，乃可免。"这是规定，除非你提前退休，可以免掉"庭参"，否则不能免。书生当即写了辞职报告，请求"致仕"，退休。报告后面还赋诗一首，末两句是："秋光却似宦情薄，山色不如归兴浓。"这个秋天不咋的，秋味淡淡的，像官场人情一般又寡又薄；满眼的山色也淡淡的，远远不如我回家的兴味浓厚。张咏也是有诗情的才子，一见之下，大为称赏，自己走下台阶来拉着这位倔强书生的手说："部内有诗人如此而不知，咏之罪也！"咱这系统内有这么棒的诗人，而竟没有人知道，这是我张咏的过错啊！说罢，将辞职报告还给他，从此待他为上客。

还有一事。说张咏公事处理完毕后，退下，看到有个小吏在堂边昏睡，不禁心下一动，就叫醒他问："你们家里有什么事了吗？"小吏很惶恐，答道："我母亲病了很久了，我哥哥在外地做客不知，很久没有回来。"张咏派人去调查，小吏所言属实。第二天就派一个场务工人给他，帮他料理家务。张咏对人解释说："我办公的地方，有人敢睡觉，一定是有隐情，忧闷，困极了才这样的。"

此事证明张咏对人情人心不乏感同身受的洞察力和同情心。

张咏是今属山东的濮州鄄城人，太平兴国五年（980），在濮州被举为进士，当时州郡议论应该首推张咏，但张咏知道本郡有老儒名张覃，始终未能中举，就向州郡举荐了张覃，认为他应该首推。这是张咏能"让老"，年轻时，就有"温良恭俭让"的儒家修养。

但他放出辣手来，也不含糊。这方面，他做得太过，有失正道。

辣手张咏

张咏年轻时学过击剑，为人慷慨，好出大言，乐为奇节。

有一年他到长安，在旅馆里，听到邻居一家夜半聚在一起哭泣，声音很悲酸，就去问怎么回事。主人忍不住告诉他："我做官不自谨慎，常私用官钱。结果被家仆所挟持，想娶我家女儿。拒绝他吧，我们害怕惹祸上身；服从他吧，则女儿就要失身。日期就在近期，所以全家很悲哀，不知该怎么办。"张咏第二天到门边上等着，看到这个仆人出来，就对他说："我跟你家主人说了，要借你到一亲旧家做点事。"仆人不很情愿，张咏用办法强迫他上路。到了城外一个悬崖边，下马，张咏数落他一番罪过，仆人还来不及答对，张咏挥剑将其砍落崖下。回来后，告诉邻居说："你家那个仆人不会再来了，赶紧回家吧你们。以后要谨慎做事啊！"

这事与柳开在驿站中杀恶仆的事类似。

有可能是一件事分别安在俩人头上，也有可能当时恶仆较多，各有各的段子。此事考查起来，恶仆实恶，用这类黑色手段处理，虽然于法不合，但好歹也算是"原始正义"一把，故对张咏可以不必过多指责；但后面几件事，则透露了张咏"草菅人命"的一面，实难为他回护。

他知益州时，成都忽然有了民间流言，说有个东西叫"白头翁"，是兽是鸟，是人是怪，全不知；知道的是这个东西到了午后，就要吃人家的儿女。流言一起，州郡不安，甚至到了晚上，街上都没人敢再走路。有人主张请道士方士之类来作法"压胜"。但张咏不同意。

他设法捉住了这个流言的制造者，当即将其正法，一城皆安。他对人说："之所以有'妖讹'兴起，是因为有灾害不祥之气作怪。妖有形，讹有声，流言就是讹言。终止讹言的办法，在于能够识别、判断它，而不在于所谓'压胜'之类的巫术。"

但这个"讹言"制造者，按法当诛吗？

史称张咏"刚方自任"，以严正、刚猛自诩自任。治理僚属往往威断。

他在做崇阳县令时，有一个小吏从仓库出来，鬓角边的头巾下有一个小钱露出。问他这钱哪儿来的。小吏瞒不过，告诉他是"库钱"。张咏命令给以杖刑。小吏倔强，回复道："一钱何足道，即能杖我，宁能斩我耶？"张咏当即拿出笔来，写了一个判词："一日一钱，千日一千，绳锯木断，水滴石穿。"于是就给了这个小吏一个立即执行的死刑，而且是自己拿着剑，在台阶下将小吏杀掉。完事后，上表申述，自己作检讨。

知益州时，又有一小吏，因为某事触怒了他，一怒之下，他给这位小吏戴上了枷锁。小吏心不服，又发牢骚，顶撞这位"益州"的"省长"说："哼，给我上枷容易，拿下来就没有那么容易了。你不拿我的脑袋，我还就不脱这个枷锁了！"张咏对他的"悖逆"很恼火，当即说一句："脱亦何难！"脱掉这个枷锁，又有什么难处！当即将他戴枷斩首，枷锁拿下来了。

凭好恶喜怒发落部下，且杀人，实属大恶。两个小吏都罪不当死。

他最令人发指的辣手，是一桩灭门案。

他还没有"释褐"时，曾经在汤阴一带游历。县令喜欢他，赠给他一束帛，一万钱。他就让驴子驮着，带着一个小僮回山东老家。有人跟他说：“从这里往北，有丘陵湖泽，人烟稀少，可以等有了同行的伴侣再走不迟。”张咏说：“天气凉了，家中有老亲，还没有给他们准备过冬的衣服，哪里敢再停留！”于是临时打制了一柄利剑上路了。

行走约三十里，天色已晚，在一个孤零零的小店投宿。店中只有一个老翁和俩儿子，看到他来，露出很高兴的样子。张咏生疑，后来就听到仨人悄声密语：“今夜有好买卖啦！”张咏当即心动，陡然而生一股恶念。于是睡觉前打了一捆柳枝，有一抱粗，放在房间内。小店老翁来问：“弄这个作甚？”张咏答：“明天天没有亮就要走，用它来举火照明。”张咏的意思是：你们这帮恶人，要动手，就早一点，别让我睡过头了！果然，午夜才过，老翁就让他的大儿子来叫：“鸡都叫了，秀才可以走啦！”张咏听到，装睡，不答腔。这大儿子就来推门。张咏预先用房间内家具顶住了左边那扇门，大儿子就推右边这扇。张咏先顶着右扇门，然后一松手，退立一旁，大儿子即踉跄而入。张咏抓着他的头发，将其刺死。随后将尸体拽进屋里。一会儿，小儿子又来，像刚才一样，也被张咏杀掉。等到他提着剑去找老翁，发现老翁正在烧火做饭挠痒痒。当下就将其斩杀。

然后，叫上小僮，牵驴，出门，纵火，北去。

走出二十里路，天才开始亮起来。渐渐有后来者说起：“前边有一个小店失火，全家都被烧死了。”

此事实难评说。但能下得如此辣手，也是朗朗乾坤下的一个忍人。

后来张咏也知道自己有这个恶习，于是对人说：

“张咏幸生明时，读典坟以自律，不尔，则为何人邪？”我张咏幸亏出生在大宋这个文明时代，可以读圣贤经典，用以自律；如果不是这样，我要是生活在五代那样的乱世，会是个什么样的人呢？

从这话可以看到，他对大宋有一种由衷的敬意、温情。所以他也曾对友人讲：“事君者廉不言贫，勤不言苦，忠不言己效，公不言己能，斯可以事君矣。”为君王服务，廉洁而不能说自己贫穷；勤敏而不能说自己劳苦；忠诚而不能说自己效力；公正而不能说自己能干；做到这样，就可以为君王社稷服务了。

这话说得不错，但他诛杀讹言制造者和倔强的小吏，将野店一家灭门，不能算“公”。

超脱于仁愚、贤不肖之上的智者

张咏治蜀有办法。治蜀，就离不了审案。审案，他有一句名言：

> 询君子得君子，询小人得小人，各就其党询之，则无不审矣。

要想了解君子的作为，就找他周围的君子来调查；要想知道小人的作为，就找他周围的小人来调查。各就其友朋党羽来调查，没有弄不清楚的案件。

他审理的案件中，有一个特别富有“春秋决狱”的性质。

说有一个民家子与姐夫有家财分配的纠纷。姐夫辩解说：“我岳父临终时，我这小舅子才三岁，所以由我来掌管岳父家的财产。岳父还留有遗书，说他日小舅子长大，要以十分之三给他，而我留十分之七。”

张咏看罢遗书后，长叹不已，还找来一壶酒向地上浇酹，然后对他说：

“你岳父真是一个智者啊！因为他的儿子太小，只有三岁，所以不得不托付给你。如果遗书中说十分之七不是给你，而是给儿子，这个儿子会早早死在你手里！”

于是判决：十分之七给民家子，十分之三给这位姐夫。

士庶闻听如此判案，都服气张咏判断明白。

理解这个故实，须勘透人性之“恶”；尤须勘透人性之“善”。按“春秋决狱”考量本案，岳丈有遗书，即为立约，修辞立其诚，各方当信守不移；但财产本来是岳丈家的，理应传子，即使按今天的法理考量，儿子也应该是第一继承人，故儿子应该至少得十分之七；女婿当初接受这个本末倒置的遗书，就是人性之贪，也违背了法理逻辑。本案张咏如此判决，事实上是回归了事件本身的逻辑。在善恶之外，张咏明智。

此类事，古今一体，大宋距今不远。

张咏，是那种超脱于仁愚、贤不肖之上的智者。宋人张舜民撰写的笔记小说《画墁录》说：“张乖崖浴为猿。”张咏洗澡的时候现原形，是一只猿。这故实说他原来是猴子变的。此说背后也含有世人对他不乏机智这一特点的调侃。

治蜀时，兵火之余，人情不安，各种“反侧”不断。宋师有不少人投降了“大蜀国”，投敌是死，造反也是死，难保没有人动这脑筋。这是特别容易出现“阴谋拥戴”的多事之秋。

有一天阅兵，军队刚刚出城，张咏从军队东北方向骑马走过。军人们忽然冲着他高喊“万岁”。张咏毫不犹豫，当即跳下马来，也冲着东北方向，三呼“万岁”。完事后，上马，揽辔继续缓缓而行。众人也不敢喧哗。这事就过去了。如果他问：“你们喊谁‘万岁’呢？”这事就大了。如果他逮捕带头喊“万岁”的，后面会有很多事说不清。任何一种处理方法都不如他这种“假痴不癫”，这一招几乎就是《三十六计》中“浑水摸鱼”“金蝉脱壳”“李代桃僵”“隔岸观火”“暗度陈仓”“釜底抽薪”“反客为主”“偷梁换柱”“无中生有”“声东击西”，最后“瞒天过海”的天才杂糅。

大宋名相寇准跟张咏是一生的朋友，寇准也曾遭遇过类似经历，他处理得就远不如张咏漂亮。说寇准跟一个朝官张逊有矛盾。有一次寇准与宰辅温仲舒一块在街上骑马走路，路上遇到一狂人，迎着马儿高呼“万岁”。寇准没有反应。不久张逊就指使一个叫王宾的朝官参了寇准一本，无非是说有人喊他“万岁”，定是寇准唆使，乃是有叛逆之心之类。寇准感到这个事太大，赶紧引温仲舒来做证，意思是说我根本不知道这个事，事发偶然等等。解释得要多笨有多笨。说来说去，张逊也参与进来，与寇准在堂上有了口角，互相指斥短处，形同街头吵架，全没有了那种持重得体的尊严。太宗大怒，将二人同时贬黜。

不仅寇准处理不当，事情过去多少年后，张咏的孙婿赵济，说给名相韩琦听时，韩琦也感叹："当是时某亦不敢措置！"就是我韩琦赶上那个时候那个事，也不敢处理！韩琦乃是仁宗时有担当、断大事，最负盛名的"社稷臣"，连他也自认这事难于措置。

张咏治蜀，从大处着眼。何为大？在张咏那里，是"文治"。这就再一次与帝国力图恢复道义天下的努力不谋而合。

从太祖时代开始，大宋就有四大主题，也是四大难题：契丹问题、藩镇问题，以及由此而引发的民生问题、道义问题。太祖太宗瞩目于此，致力于此。张咏知道自从汉代文翁开始，治蜀就开始兴办教育。于是，他也在这方面下了功夫。他看到蜀人虽然愿意读书、向学，但不乐于科举、出仕。他认为这事需要一种激励机制，于是考察下来，发现几个为乡里称赏的读书人，就勉励他们参加科举考试，后来这几个人都登科，做了地方官。蜀民从此知道自我努力。这就为帝国输送文职人才，源源不断地提供了为圣贤理念所熏陶的读书种子。

这是继文翁之后，又一次为蜀地文明展开做出的官方推演。

秦李冰、汉文翁、蜀孔明、宋张咏，都是社会学意义上的"巴蜀文化英雄"。

李顺死生之谜

李顺守成都，城破，很有可能没有死，跑出城去了。

《宋史》《续资治通鉴》都记录说：淳化五年五月，西川行营破贼十万众，斩首三万级，收复成都，获贼李顺。……丙子，将李顺同党八人，在凤翔处死。

但这么大的一场民变，擒获其党酋，押送到凤翔，而不押送到京师正法，这个可能吗？城破之际，确实抓获李顺了吗？如果没有抓获李顺，他是如何逃脱的？谁在广州抓获了他？李顺的最终结局是什么？

宋人王明清《挥麈后录》、沈存中《梦溪笔谈》、陆游《老学庵笔记》，以及传为明人杨慎所著《全蜀艺文志》等记载李顺逃脱事，很详细。综合诸书，可以约略复原几个细节。

第一个细节：时人怀疑李顺未死。

平定李顺之变后，当月，就有一个官员名叫张舜卿，他奏事说："臣闻顺已遁去，诸将所获非也。"臣听说李顺已经逃跑，诸将所谓抓获并正法的那个人不是李顺。太宗闻言道："平贼才数日，汝何从知之？徒欲害人功尔！"平定蜀贼这才几天啊，你是从哪里知道的？你只不过想害人立功罢了！

太宗不信，或故意不信这个传闻。他甚至想当场将造谣惑众的张舜卿推出去斩了，但是看在他父亲曾经做过节度使，有功于宋的分儿上，没有动真格。

这事证明，李顺是否被抓获被正法，时人是有议论的。

第二个细节：李顺可能"失踪"。

"失踪"，可以有多种猜测，其中之一是：死于乱兵。那个曾经被太宗让人扇了几千个耳光的刘锡，在平蜀战争中，以工部侍郎身份做西川随军转运使。他应该是亲临成都的官员。事后，他曾经写过一篇《至道圣德颂》，歌颂太宗和太宗时代。内中说到宋师平蜀，有言："李顺力屈势穷，藏于群寇，乱兵所害，横尸莫知，既免载于槛车，亦幸逃于枭首。"说李顺战斗到最后，支撑不住，藏在变民中，被乱兵所害，到处都是尸体已经无法辨认谁是李顺。这样，他既免予被抓获后囚车押送，也避免了最后被砍头的结局。

如果这个记录是可能的，那么被王继恩在凤翔正法的那八个人里，就不应该有李顺。

第三个细节：李顺乔装僧人出城。

说李顺在城破之前，忽然召集城中数千僧人施舍斋饭，说是祈福。而后又剃度童子数千人为僧，都在府中削发，穿僧衣。午后让这些僧人从东西两个城门全部走出。李顺也不知哪里去了，很有可能也剃了头发逃遁。

第四个细节：抓获者，不是李顺。

说王师入城后，听说李顺是一大胡子，就抓了一个大胡子，状貌很像，于是被杀，但很可能不是李顺。张舜卿所奏事，有根据。

第五个细节：真李顺在南方被抓。

说在真宗天禧年间，一说景祐年间，在岭南或广州被抓。这时人们才意识到，当初张舜卿所奏的事，是真的，不是造谣。于是有人主张典明正身，在闹市正法，名臣吕夷简认为不可，就将其在狱中杀死。

当时抓获李顺真身的是原漳泉节度使陈洪进的儿子陈琏。陈琏时任广州巡检使。据说那时李顺已经七十余岁，推验明白，此人就是李顺。又用槛车送到京师，覆按明白，确是李顺。但朝廷认为平蜀将士功赏已经颁行，这时如果说过去正法的是假李顺，会有很多人不自在。于是就直接秘密斩杀李顺，再赏陈琏。

据说陈琏家有《李顺案款》文件，叙说本末很详细。

按《李顺案款》说法：李顺本来是蜀江王小波之妻弟，当王小波反于蜀中时，不能有效统御徒众，于是众人推举李顺为主。李顺召集乡里富人大姓人家，命令他们申报财产，然后根据家中人口，留下足用之外，一切都调发给大军和贫民。起事后，又能录用才能，存恤良善，号令严明，有秋毫无犯的军纪。当时川中大饥，十天之间，归附李顺的贫民有数万人。所到州县，都开门迎纳。传檄所到之处，没有一个完整的城垒，全被攻破。到他失败时，人们常常怀念他，所以李顺得以顺利逃走。直到三十多年后，才被俘就刑。

民变领袖，往往有“不死”的传闻。

黄巢，这位唐末民变领袖，据说直到后梁后唐时，还有人在洛阳看到过他。还有人说黄巢留下一首传颂甚广的诗：“三十年前草上飞，铁衣著尽著僧衣。天津桥上无人问，独倚危栏看落晖。”天津桥，乃是洛阳著名的一座桥梁。

五代时，有一“巨寇”明马儿，后周时不知所踪。汴梁有封禅寺，陈桥兵变时，赵匡胤的母亲杜太后曾在此处藏身，得到一个主僧的照顾。说太祖践祚后，对这个主僧给予优厚待遇。主僧八十多岁时，临终对弟子们说：“吾即泽州明马儿也。”

明末李自成，也有脱身为僧的传说。

这类故实，或真或假，但就人间的黑色智慧而言，我宁肯相信它们都是真实的。大盗之狡黠，容或有常人不及处。

无论这些大盗在起事后，有多少劣迹——根据对人性的考察，他们是一定会有劣迹的，但他们最重要的功绩在于：用一种暴烈手段，向执政者的欺凌与不公说不。传统圣贤有言："抚我则后，虐我则仇"，安抚我们，就是我们的领袖；虐待我们，就是我们的寇仇。这是天地不易之理。

当两川"博买务"在"榷茶"时剥夺了茶农生存的权利，茶农们是有理由要一个说法的。

宋太宗下《罪己诏》

淳化五年（994），"李顺之变"后，大宋王朝给出了两个说法。

第一个说法，宋太宗下《罪己诏》。

意味深长的是，这个《罪己诏》颁发在张咏知益州之前。

《罪己诏》由翰林学士钱若水起草，太宗看后，亲自改动，内容多为引咎自责，语气深切。很多材料保留了这份《罪己诏》。文字大略为：

> 朕委任非当，烛理不明，致彼亲民之官，不以惠和为政，筦榷之吏，惟用刻削为功，挠我蒸民，起为狂寇。念兹失德，是务责躬。改而更张，永鉴前弊，而今而后，庶或警予！

朕任命巴蜀的地方官不合格，是因为自己看人不明，结果导致本来应该是“亲民”的官吏，反而不能行惠政、施和气；而那些税务官员们，只知道刻薄侵削百姓，以此作为政绩，结果是损害了百姓利益，让庶民成为叛逆。想想这种“失德”，原因都在朕一个人身上。朕要改过，重新做起，并永远记着这个沉痛的前车之鉴！而今而后，希望能以此自我警戒！

文中最大的亮色有两个：一个说巴蜀民变，原因是地方官的作恶；而地方官的作恶，是由于我赵炅用人不明；另一个说我赵炅“失德”，但我会改，并以此为深刻教训。

这类《罪己诏》，是帝国秩序与圣贤教诲的双重产物。它对认识大宋政治秩序以及帝国治理的文明运作，不失为一个经典案例。无论帝国还是酋长国，都会犯错误，但犯错误肯认罪、认错，这个罪错就可以得到天道人心的原谅；如果不能认罪认错，那就恒定的是一种罪恶或错误。圣贤有言：“人孰无过？过而能改，善莫大焉。”又言：“知耻近乎勇。”又言：“过而不改，是谓过矣。”

张咏记住了太宗的《罪己诏》，在治蜀时，成就卓著。

也可以把这份《罪己诏》看作是王小波、李顺用自己的方式，逼迫大宋帝国做出的“说法”。

改良“榷茶”制度

第二个“说法”，大宋帝国开始改良“榷茶”制度。

当时，名臣陈恕负责三司工作，这是帝国最重要的经济管理部门。国家盐铁税收，主要由三司负责。这个工作也有内在的紧张，合理又合情，个中自有平衡之道，做好这个平衡，就是称职，否则就是不称职。陈恕称职。太宗曾表彰他，亲自在殿中柱子上题写“真盐铁陈恕”五个大字。

两川因“榷茶”而有民变之后，陈恕开始着手处理茶法。

他不是坐在“计省”也即三司办公室闭门设计，而是采用了非常现代的做法，搞“听证会”。

他召来茶商数十人，让他们各自陈说茶法的利弊所在，一条条说，他一条条记。然后商讨一个合理的“茶法”。根据茶商的意见，整理为“上中下三等办法”。他详细推演了“三等”的规则，最后，他对三司僚属说：

“吾观下等固灭裂无取，上等取利太深，此可行于商贾，不可行于朝廷。惟中等公私皆济，吾裁损之，可以经久。”

我看这上中下三等办法，“下等”实在无利可言，朝廷一旦实行，等于瞎忙；“上等”办法则取利太多，这样的赚钱，商人可以干，但朝廷不能干；只有“中等”之法，可以做到公私兼顾，我再做一做裁损，让它更趋于合理，这样也许可以长久推行。

于是，开始推行新的茶法，史称“货财流通”。

新的茶法对于巴蜀茶民当是一个利好消息。但也可以把“新茶法”看作是王小波、李顺用暴烈的方法逼迫大宋帝国做出的“自我更化”也即“改良”。

大宋的优秀在于：认错；讲理。

玖

太宗之死

太宗赵炅，在大唐帝制继承制度紊乱之后，在经历了五代乱世之后，与寇准协议定立太子，为大宋第三代帝王的顺利交接做出了基础性安排，最后在大臣吕端的决断之下，保证了这个安排的顺利施行。于是，大宋没有乱，没有回到乱唐，更没有回到五代。

向契丹“请和”

契丹问题，让太宗与臣辅头痛。大宋满朝精英已经知道：契丹，也即大辽，是一个有力量的存在。它的力量不比大宋弱。“岐沟关之战”后，大宋停止了对契丹的战略进攻。公元989年，端拱二年以后，大宋更没有主动向契丹发起过攻击。契丹也渐渐有了收敛。淳化年间五个年头没有大的战事。想起太祖时代与契丹的和约，太宗认为，如果可能，就与契丹再次签订和约，而后，修德，未来的事，交给神。

于是，淳化五年九月，大宋开始主动请和。史上明白记录：

> 帝再遣使如辽约和，弗许。

太宗再一次派遣使者到契丹去请求恢复太祖时的和约，契丹不答应。

太宗当初“惟有战耳”“径指西楼之地，尽焚老上之庭”，这样的狠话放出，已经成为契丹的“民族创伤”，契丹不能忘。“乘胜取幽蓟”也是一句狠话，在占领敌方土地的战事中，“克”是指费力拿下；“取”是指不费力拿下。传统“春秋笔法”有此一说。欧阳修做《新五代史》就特别注意此类“笔法”。当大宋放出话来，要“取”幽蓟，几乎等于是对契丹的一场羞辱。所以，终太宗一世，契丹没有原谅他。

南宋史论家吕中有一段话，说大宋与契丹的和战，颇有见地：

> 和非中国得已之计也。然和出于彼则和可坚，和出于我则和易败。太祖当南征北伐之始，而契丹复与太原相援，以汉高帝处此，必有平城之忧；唐太宗处此，必有借助之举。惟太祖专任边将，来则拒之，去则御之。且未尝遣一骑以出境，亦未尝命一使以通和，必待其边臣贻书而后命边臣以答之，必待其来聘有礼而后遣通和之使以报之，其得中国之体矣。景德之和所以久而宣和之和所以败者，以景德之和在彼，而宣和之和在我也。

与契丹和好，是中原不得已的办法。但即使如此，如果和好的要求出于契丹方面，则和约可以巩固；出于我这一方，则和约难成。太祖时，正当南征北战之际，而契丹与河东的北汉互相有军事同盟，即使以汉高帝面对这样的政治环境，也会有被匈奴在平城包围的忧虑；唐太宗处此，也会有不得不借助突厥的举动。只有太祖专任边将，契丹来，就抗拒之；契丹走，就防御之。而且不派遣一个骑兵出境骚扰契丹，也不派遣一个使臣与契丹通和。一直到契丹的边臣有了向大宋求和的书信，而后命令边臣回答他们；必要等待契丹来使行聘礼，而后派遣使者到契丹去回报。这种做法，很得中原大国之体。真宗景德年间的和约之所以长久，而徽宗宣和年间的和约之所以失败，就是因为景德之和，是契丹提出来的；而宣和之和，是大宋提出来的。

太祖时，契丹涿州的刺史耶律琮曾经致书大宋雄州知州孙全兴，认为二国可以不必打仗，长久为邻国。孙全兴请示太祖，太祖命孙全兴给耶律琮写信，认为可以。于是，与契丹有了“修好”的来往。太祖一朝，除了石岭关一战，何继筠打退契丹来援一战外，和约之后，没有战事。

契丹来“求和”事在大宋开宝七年（974）十一月。但《续资治通鉴》又记录说，早在此前半年，也即开宝七年三月，太祖曾经“遣使如辽，辽使涿州刺史耶律昌珠加侍中来聘，议和”。这样，似乎是大宋首先与契丹议和，而不是契丹首先与大宋议和。

此事不确。因为如果这一条记录是真实的，那么十一月间耶律琮与孙全兴的书信来往就没有了着落，而且以此为契机，后面的一系列展开，也都没有了着落。所以，宋人吕中的议论有根据，而“太祖于开宝七年三月‘遣使如辽’”说，是一种传闻异词，不足凭信。

御戎三策

且说太宗，见契丹没有和意，就再一次动了战争的念头，“于是募人泛海，赂女真及乌实等部叛之，二部不从”，招募精干人士，从海上到契丹后方，贿赂女真部落及乌实部落，让他们背叛契丹。但是这两个部落也不听从。

此前三年，女真一直在与中原通好，甚至向大宋“朝贡”。他们朝贡的路线是跨越渤海到泥姑口（今属天津滨海新区）以南，或跨越黄海到山东登州上岸。但契丹对此很不爽，于是在距离海岸四百里处下寨，增设军事堡垒三处，每一处有三千兵守卫，隔绝女真与中原的联系。于是女真再次艰难渡海，与大宋研究军事同盟，至少先把契丹三处堡垒铲除，女真愿意集合全国三十首领来做这一场战事。如果大宋确定日期，女真将首先集合兵众在北部等待。

这是一个机会，但大宋经历了“岐沟关之战”，已经没有必胜信念。史称“帝但降诏抚谕，不为出师”，太宗只降下诏书，安慰女真一番，不同意出师。从此以后，女真只好死心塌地归附了契丹。

此时，再去约会契丹起兵，为时已晚。

就在淳化五年（994）五月，在大宋向契丹请和四个月前，高丽也曾无法忍受契丹的欺凌，试图与大宋恢复和好，要求大宋出师，与高丽夹击契丹，太宗也没有允许。从此以后，高丽也死心塌地归附了契丹。

契丹已经没有了后顾之忧，几乎可以全力对付大宋，而大宋还要对付西夏，此际，川蜀也乱起来。

在如此严峻的战争环境下，太宗一朝，赵普、宋琪、张洎、田锡、李昉、薛居正、王禹偁、张齐贤等大臣无人认为可以“取幽蓟”，更不做“犁庭扫穴”之想。以张洎的说法为代表，御戎之道有三策：

下策是：“练兵选将，长驱深入，拥戈而肆战，决胜负于一时”，训练士卒，拣选将帅，长驱直入，带上各种武器快意一战，与契丹决胜负于一场战事。

中策是：“偃革櫜弓，卑辞厚礼，降王姬而通其好，输国货以结其心，虽屈万乘之尊，暂息三边之戍”，马放南山刀枪入库，谦卑言辞，准备厚礼，以和亲政策与其通好，输送国货与其结好，虽然陛下身份有所屈辱，但却可以停息边境战争之劳。

上策是：“缮修城堡，依凭险阻，训戎聚谷，分屯塞下，来则备御，去则勿追”，整制修缮沿边城堡，依靠凭借天然险阻，训练武备，广积粮草，分兵屯聚边塞，契丹来就防御，契丹退也不追。

朝廷大臣，十世纪的中国精英，无一例外地选择了“上策”。太宗赵炅也选择了“上策”。

于是，“缮修城堡，依凭险阻，训戎聚谷，分屯塞下，来则备御，去则勿追”，成为大宋帝国淳化年间之后的基本战略防御政策。

但契丹在大宋主动求和之后，另外就部署了三场局部战争，侵扰大宋。

第一场战事，可称“契丹攻宋子河汊之战”，大宋胜。

第二场战事，可称“契丹攻宋雄州之战”，大宋胜。

第三场战事，可称“契丹攻宋永安军之战”，大宋胜。

三场战事，都发生在至道元年（995），而且都在边境发生，而且有两场都在府州也即折御卿镇守的陕北北部发生，而且大宋都取得了胜利。这样，太宗在群臣推演下制定的积极防御战略，已经奏效：只要不主动攻取契丹守地，契丹奈何不了大宋。虽然想起“燕云十六州”来，就心痛心酸，但力量达不到，这个事实是必须在屈辱中承认的。

太宗晚年已经知道：必须“屈己”，“黩武”不是时机。

抚我则后，虐我则仇

太宗最后一个年号是“至道”，自正月改元，到“至道”三年三月，太宗驾崩，只有两年三个月时间。这也意味着，在太宗晚年，赢得了三场抗击契丹的保卫战胜利，但攻取契丹，已经不做梦想。

就在淳化五年九月，当月与契丹主动请和不成，太宗立赵元侃为开封尹，改封寿王，这是册立太子的前奏。太宗对寿王说了一番话，特别能见出他苍凉的心境，但也是成熟的心思：

> 政教之设，在乎得人心而不扰之；得人心莫若示之以诚信，不扰之无如镇之以清静。推是而行，虽虎兕亦当驯狎，况于人乎！书云：“抚我则后，虐我则仇。”信哉斯言也，尔宜戒之！

政治教化之设计，核心是得人心而不是扰人心。得人心最好的做法是诚信；不扰人心最好的做法是以“清静”而镇守内心。将这个法则推演开去，即使是凶恶的猛兽也会驯良，何况人呢！《尚书》有言：安抚我们，就是我们的领袖；虐待我们，就是我们的寇仇。这话说得很是精允。你要时刻警戒自己啊！

也在这个月，太宗为巴蜀之乱下了《罪己诏》。

到了十月，又将青州的“平卢军”改为“镇海军”，而杭州的“镇海军”则改为“宁海军”。由“平定”之义改为“镇守”之义，由“镇守”之义改为“宁静”之义，都在一步步收敛杀气。

十一月，太宗到国子监，看到大儒孙奭，就让他讲《尚书·说命》。

《说命》总三篇，也是“梅赜伪书”，但也流行了一千六百年之久，至少，太宗时期相信它的真实性。这一篇《尚书》文献，讲述了殷商第二十二代君王武丁时的大臣傅说（二字音“副越”）的思想。太宗天性中似乎存有愿意效法古人的倾向，更对殷商历代明君有向往。《说命》中有言：

> 事不师古，以克永世，匪说攸闻。

这是傅说的名言，大意是：做事不效法古典经验，而能够长久立世，还没有听说过。

儒者孙奭讲《尚书》，就重点讲述了这句话。

赵炅听后，甚为激赏，赞叹道：

“此至言也！羡慕殷商的君王武丁能得到这么优秀的贤相！”说罢，叹赏了好久。还有一种记录说：太宗有意要激励臣辅，于是对跟从他的辅臣们说："天以良弼赉商，朕独不得邪！"上天以优秀的宰辅佐治殷商，朕怎么就独独得不到这样的人呢！

效法古人，在政治论域内，以儒学为思想资源的说法就是"法先王"。这是传统中国政制治理的非常重要的政治价值观。

"先王"，狭义指尧舜，广义指尧舜以来的所有圣王，包括本朝逝去的圣王。在后世看来，殷商的汤王就是三代时期的圣王之一。赵炅曾经祈雨，甚至"欲自焚"，就是一种自觉的"法先王"行为。

"法先王"，与现代政治哲学中的保守主义理念相近，都是承认人类政治经验具有积累的价值，值得回顾。在中国，这类经验曾长久地得到朝野肯认，直到近代以来流行种种激进思潮，才对"法先王"说法有了敌意十足的痛贬。

太宗在国子监，听孙奭讲解武丁和傅说的故实，意味深长，具有"大宋家法"的性质，所以真宗要仿效，仁宗要仿效，后代帝王纷纷仿效，都要听取"师傅"的儒学义理讲述，于是形成了制度化的"经筵"。

但不止于此。细细阅读这一段记录，也可以约略考见太宗当下心境的苍凉，他也意识到大宋此际，不仅没有可以辅佐他"达致三代之治"的人才，似乎也没有可以辅佐他"恢复汉唐疆域"的人才。他对大臣们有点失望……

求才

就在这个月，天降大雪，似有瑞雪丰年之兆，近臣开始向太宗称贺。但他似乎一点也不高兴。他想的还是人才。他说:“多士盈朝，求一材堪转运使、三司判官者，了不可得。”这么多士大夫在朝廷，朕想求一个胜任转运使、三司判官的人才，居然都得不到！于是，下诏，要宰辅吕蒙正以下直到知制诰，都要举荐可以任事的人才，每人要举荐一个人。

太宗晚年，求才若渴。

吕蒙正上奏说:“臣备位宰相，以进退百官；今独举一二人，恐示天下不广也。”臣，作为宰相，主要是在百官中建议推荐和建议罢免，现在只推举一二人，恐怕在向天下显示宰辅之量不够广大。

吕蒙正的意思是：举荐一二人，这活不是宰相干的。

吕相一生做事，此事最无格局。略通逻辑，即可明了他这种塞责之语，连自圆其说都没有可能。春秋责备贤者，吕蒙正此际大约昏了头，往日的明断一丝不见，仿佛说此话的几乎就不是那个随身带着“夹袋”,准备推荐人才的吕蒙正。史上这类记录,往往令人慨叹：人的复杂性远不是标签可以界定的。

太宗很温和地说:“前代亦合有宰相举官故事，可令史馆检讨之。”前代各朝，也应该有宰相推举官员的案例，可让史馆官员到史册中去找一找。

于是史馆将历代宰相推举官员的案例拿来给太宗。

太宗再次召吕蒙正等人说:“虞丘子举孙叔敖，崔祐甫举吏八百，狄仁杰自举其子光嗣，何谓无也？”昔日楚国宰臣虞丘子推举了孙叔敖，大唐宰臣崔祐甫推举了各级官吏近八百人，另一个宰辅狄仁杰还推举了自己的儿子狄光嗣，等等，很多宰辅推举人才的故实，怎么能说没有呢？

然后，太宗还书写了一幅文字给吕蒙正等人。文字内容是当年楚国清官孙叔敖死后，儿子清贫，艺术家优孟扮演孙叔敖，感动楚王，赏赐孙叔敖后人的故实。

于是吕蒙正等人开始各自举荐人才给朝廷。

举荐人才，在《宋史》中，凡有必书。这个故实也可以看出，不是人人都愿意，并有能力举荐人才的。这事一方面源于举荐者确实没有发现的眼光，另一方面，大宋有制度性规定：被举荐的人才如果一旦有罪，举荐者要负连带责任，有时处罚还很严厉。这就使举荐者心怀畏惧，多一事实在不如少一事。大宋，以及历朝历代，持此姿态者，太多。

太宗晚年，对此有感觉。但如何解决，终大宋一朝，没有有效措施。不能，或不愿意举荐人才，是传统中至为沉闷、平庸之流弊。但惟其如此，对比中，更可以见出能够并愿意举荐人才，不计个人得失，敢以天下为己任者的圣贤气象。

到了转年，至道元年（995）八月，太宗更以开封尹寿王赵元侃为皇太子，改名赵恒，大赦天下。大宋如何对付契丹这个北方的强敌？使命已经开始向继任者真宗大帝转移。

文明竞赛

至道元年初，与契丹的三场战事之后，太宗一朝与契丹再无战事。相互之间好像已经不再比武力，而在比文明。

契丹的文明，与耶律阿保机、耶律德光时代比较，有了长足进步。现在的萧太后与耶律隆绪受中原文明浸染，很多地方与大宋比较，似并不逊色。将这两年大宋契丹的“文治”作一比较，似不难看出二者的“文化竞赛”意味。

至道元年八月，大宋册立太子，大赦天下。

契丹命人修山泽的祠宇、先哲的神庙，准备祭祀——这样，契丹国境内，诸州的孔子庙、黄帝祠、大舜祠，都得到修缮。契丹是信奉孔子学说、承认黄帝谱系、接受尧舜传统的。所以，以今日文化整合大系统考察,契丹,是“我国”在公元十世纪前后的北方政权，而不是“外国”政权。

这个月，大宋，以尚书右丞李至、礼部侍郎李沆并兼太子宾客，要太子见二人如见师傅之仪，太子见，必先拜。李至等上表恳让，太宗下诏不许。太宗对李至、李沆说：“太子仁孝贤明，正仰赖爱卿等以正道辅佐。太子如果做事有不当之处，你们一定要尽力给他指出，不要顺从他啊！”

到了九月，契丹认为南京也即燕京太学生员越来越多，特意赐给水硙庄一区，供太学生居住使用。契丹也是有太学的。

冬十月，契丹还下诏，令诸道要设置“义仓”，每年的秋天，按照各地收获多少，拿出一部分来充实“义仓”。有关部门要监察、检查。到了年岁不佳时，就用“义仓”放粮赈济灾民。契丹也是有“荒政”的，荒年救济灾民之政制，契丹显然是从大宋“常平仓”得到的启发。

十二月，大宋群臣奉表要给太宗加上尊号曰“法天崇道上圣至仁皇帝”，连上五次，太宗不允许。这一年，大宋制作了铜金属的天文气象仪器：浑仪、候仪。制造者是秋官正韩显符。太宗下诏，在司天监建筑一个高台置放，以此展开天文气象观测活动。

此前，高丽连续多年向契丹朝贡，契丹派遣翰林学士张幹等人，册封高丽王治为高丽国王。王治派遣童子十人，到契丹留学，学习契丹语。契丹所属的铁骊部落，向契丹进贡猎鹰、战马。

至道二年（996），高丽国王王治向契丹请求联姻，契丹以东京（今属辽宁辽阳）留守萧恒德女与高丽订婚，高丽为此向契丹送去了彩礼。但不久高丽王治死了，契丹将彩礼奉还。这一年，契丹还安置了朔州的流民。

大宋则在夏天五月时，令开封府判官杨徽之等按行考察管内诸州的民田，遇到旱情严重的地方，要蠲免当年租税。

这时四川又发生民变，继李顺之变后，有乱党首领名王鸬鹚再次聚集变民四处剽掠，自称“邛南王”。西川都提举、大臣石普上奏说：“蜀之乱，由赋敛急迫，使农民失业，不能自存，并入于贼。望一切蠲其租赋，令自为生，则不讨自平矣。”蜀民之乱，是因为赋敛太急，迫使农民失业，不能继续生存，所以有人就加入到盗贼之中。期望朝廷能蠲免当年一切租税，让农民能够各自为生。如此，不必讨伐，民变自会平息。太宗答应了。石普到四川将朝廷意旨传达给变民，史称“蜀民无不感悦”，整个巴蜀安定下来。

大宋这边有人认为凤州（今陕西凤县）出产铜矿，定州（今属河北）出产银矿，准备收归国有，派遣官员执掌开矿事宜。太宗说：“大地并不爱惜宝藏，肯于出土；朝廷应该与众庶共享。”不允许官营。

这一年契丹则认为南京（燕京）一道新订的税法太重，做了减免处理。

太宗之死

到了至道三年（997），太宗在世的最后一年，只有三个月时间了，太宗还在部署边帅防御反复无常的西夏，而契丹在河西，也有党项人开始背叛契丹，契丹安排边将讨伐党项。

太宗已经病重，还下诏免除京畿死罪的囚犯，流罪以下全部赦免。

与此同时，契丹下诏给南京（燕京）要求解决常年不决的“滞囚”问题。还蠲免了多项税收，如四方的流民免租税；募民耕滦州荒地，免租赋十年；南京一道的欠租，全免等等。还命诸道抓住春天的时机，鼓励民众种树；并禁止诸军官在违背农时的季节田猎。

大帝太宗赵炅，临终前听到的来自契丹的消息是：西夏李继迁再一次背叛大宋，投靠契丹，被契丹封为西平王；契丹大将韩德威击破党项，党项请求归附契丹；于是，契丹向西开拓疆域更为辽远。

至道三年三月壬辰，史称“帝不视朝”，太宗病重，已经不能在朝堂会见诸臣。第二天，癸巳，帝崩于万岁殿。

这一天是公元 997 年 5 月 8 日。

太宗遗制

太宗赵炅，在大唐帝制继承制度紊乱之后，在经历了五代乱世之后，与寇准协议定立太子，为大宋第三代帝王的顺利交接做出了基础性安排，最后在大臣吕端的决断之下，保证了这个安排的顺利施行。于是，大宋没有乱，没有回到乱唐，更没有回到五代。

但这件大事，险些坏在宦官王继恩手上。

王继恩即使有多少恣横之过，如果不是最后试图改变太宗册立太子之事，也许他这一生会有另外的功过评价。

太宗由“金匮之盟”的“兄终弟及”模式，回归于“宗法大礼”的“嫡子继承”制度，为帝制时代的权力再分配，承担了巨大的道德风险。当这种遗制作为天下已知的规则出台后，再试图破毁这种规则，就要承担更大的道德风险。事后看，王继恩试图改变太宗遗制，拥立宋真宗赵元侃以外的亲王入继大统，那是绝大的政治冒险，同时也是对天下、对士庶、对社稷、对皇室、对赵元侃与赵元佐，都缺乏责任担当的悖逆之举。

此案，王继恩很愚蠢。

他以为当初可以决定由谁出任第二代帝王，也就能够决定由谁来出任第三代帝王。他不明白的是：第三代帝王已经由宋太宗赵炅、社稷臣寇准君臣商议决出，已经昭告天下，已经行使了册立太子的大典，已经经由程序规则告知天地宗庙神灵士庶，形势与当初太祖留下权力空白全然不同。势变，而伎俩不变，利欲熏心下的程序变更，必是祸及自身的愚蠢。

赵元侃被册立太子之前，还在做襄王时，已经有不低的“人望”。像太祖太宗践祚前后，坊间开始流布神奇传说一样，赵元侃也有自己的传说。

“来和天尊”的神秘流言

有一位屯田员外郎名叫杨砺，几十年前，曾梦见一位“来和天尊”。端拱元年（988）二月，杨砺又为库部员外郎，并到襄王府做记室参军。他初到襄王府吃了一惊，原来他看到的襄王赵元侃很像几十年前他梦中所见的那位“来和天尊”。

杨砺乃是宋太祖建隆元年（960），大宋建国第一年的状元。由此人来推演宋真宗的“神迹”，在士庶中，影响颇大。

此人很像太祖时“善天文占候之术”的神秘家苗训。陈桥兵变前的黄昏，苗训仰观天象，发现“日上复有一日，久相摩荡”。太阳上边还有一个太阳，久久地互相叠加摇荡。军中“权反在下”的“阴谋拥戴”开始时，“天有二日”成为一种蛊惑力量。

杨砺关于“来和天尊”的神秘流言，在真宗皇帝做襄王时就有了江湖传闻，杨砺是始作俑者。这类说法固然有“创作”的可能，但也预表了士庶对真宗的期待和拥戴。所以，真宗一朝待杨砺很优厚，犹如太祖一朝待苗训很优厚一样。

但真宗皇帝并不了解杨砺的履历，他做了皇帝后，有一次问杨砺：“爱卿你是哪年及第的啊？”杨砺“唯唯”不回答。后来知道他是大宋帝国开国以来的第一位状元，真宗不免有点“自悔”，认为不应有此一问。但对杨砺不愿意自吹自擂也甚为钦佩，所以，对他更为敬重。

杨砺年六十九岁时，病逝，真宗甚为哀痛，他对群臣说：“杨砺耿直廉介而又清苦，朕正要大用，不料忽然谢世。”于是冒雨前往杨砺家中吊唁。到了他家住的小胡同，车驾没法进入，真宗就下车，踩着泥泞小道，曲里拐弯地进入杨砺家中，叹息哀悼了很久。

太宗要册立太子，也是经由了反复斟酌。但是有人提议早立太子时，他又发怒。很多人以为他留恋皇权，不愿让渡。但事实是，斯事体大，他在从诸王中慎重选择，还没有最后拿定主意。淳化二年（991），他曾与近臣说：“总是有人上疏讨论建立皇储之事。朕还是很读了一些书的，又亲眼见到前代的治乱兴衰，怎么会不将这么重要的大事放在心上呢？不过是因为近世以来，世风浇漓，人心难测，如果立太子，那必须要让百官认同，太子从东宫到践祚，要有程序，就像百官升迁。现在诸子年轻，还没有成人的性情。所以我给他们各自安排了良善之士作为辅佐，乃至于他们的僚属，我都要亲自拣选，目的就是不让奸巧险佞之辈在皇子左右。他们的读书、听讲，都有课程安排。等到他们成长起来，朕自有裁制。为何讨论这个事的人就不懂我这番心思呢？”

三年后，有一位崇仪副使名王得一，他是一位道士，常到禁中与太宗讨论国事，往往就到夜半。他敢说话，说到外面的舆情，有一次就赞誉襄王有“人望”，请太宗立他为太子。太宗心动，不久，又与寇准经过一番商议，定下太子。于是以襄王赵元侃为开封尹，改封寿王，这就是大宋皇子升迁为帝王的一道标准程序：改封王，做京师令尹，以此历练从政经验。

到了至道元年（995）八月，正式册封赵元侃为皇太子，改名赵恒。

从唐代天祐年间以来，中原多故，乱世中，没有时间来施行册立皇储之礼，于是这个大礼停废几乎有一百年了。太子礼施行隆重而又简捷。太子赵恒处处守礼，甚至在做了太子后，还上书要求一如既往地与诸兄弟一起朝见父皇。诸臣参贺时，赵恒也总是走下台阶答礼。温文尔雅，谦逊冲和，他的做派为人所赞赏，史称“中外胥悦”，朝廷内外都很欣慰。

王继恩试图改变“人望”如此之高的皇位继承人，等于在做一件他做不到的事，实属于“德薄而位尊，知（智）小而谋大，力少而任重”。

吕端大事不糊涂

至道三年(997)二月,太宗病重,文武百官都到崇政殿问候起居,从皇太子、亲王,到诸臣,都到佛寺去修斋,为太宗祈福。

就在这个期间,宣政使王继恩决计谋立太宗长子赵元佐。他实在担心现任皇太子赵恒的"英明"。于是找到参知政事李昌龄、知制诰胡旦来商议"大事"。几个人就经常说一些太子的坏话。恰巧太宗的李皇后也不怎么喜欢太子,而喜欢赵元佐。赵元佐和太子赵恒都不是她的亲生儿子,而是李贤妃的亲生儿子,李贤妃已经死去,李皇后大约是看到赵元佐的疯癫,动了女人家家的恻隐之心,所以心理天平总是倾向于赵元佐。这个微妙的情感被王继恩捕捉到,他以为这也许就是一个机会。于是在太宗病重期间,与李皇后故意不安排赵恒在太宗身边。

但这个微妙的安排,却被"大事不糊涂"的吕端到禁中问安时看在眼里。他承认并赞赏寇准推动赵恒为太子的宏猷。现在太宗病重,太子却不在身边,此事蹊跷,于是就在笏板上写了两个字"大渐",令亲吏送给赵恒。"大渐"的意思是"病重,病危"。吕端传导的信息是:父皇弥留之际,太子务必前来问安侍奉。但这位太子还是有了疏忽。

太宗在亲王诸臣的祈祷中没有痊愈,反而病情加重,无法推测太宗患有何病,他的直接死因,一般认为是昔日箭疮发作。

太宗死时,赵恒不在身边。

王继恩跟李皇后商议后,决计到中书去召宰辅来议论继承人问题。这本来不是个问题，但现在李皇后和王继恩要将问题提出来，是期待侥幸获得宰辅支持。而当时最富名望的宰辅就是吕端。他们要议论继承人问题，吕端是绕不过去的巨大存在，必须重视。于是，王继恩硬着头皮来找吕端，说是要“议所立”，讨论一下立什么人做皇帝。

根本无须“议”的事，王继恩要“议”！吕端顿时感到“严重的时刻”来临了。他也顿时明了了眼下的格局。于是将王继恩带到书房，说是让他看看太宗以前赐给他的种种“墨诏”，亲笔诏书。而后，将他锁在书房中，派人看住不得外出。自己匆匆赶入宫中。

李皇后见宰辅来到，对他说：

> 宫车宴驾，立嗣以长，顺也。今将奈何？

皇上驾崩啦，按照宗法规定，长子应该有第一继承权，这是合乎礼范礼法顺理成章的事。现在，您看怎么办？

李皇后的这十四个汉字，分量不轻。她试图按照个人喜好，在王继恩的推动下，“立长”，也即拥立太宗长子赵元佐。从宗法继承视角看问题，不为无理。但赵元侃也即赵恒已经成为制度规定的继承人；赵元佐则已经疯癫，或假作疯癫，常年没有军政作为；更重要的是，赵元佐并不希望践祚——他对四叔赵廷美之死一直耿耿于怀；更对父亲所作所为而导致的大伯赵匡胤后裔无缘于帝位心怀不满。在这样的背景下，拥立赵元佐，实属多事。

但吕端的回应分量更重，他说：

先帝立太子，正为今日，岂容更有异论！

先帝太宗之所以生前册立太子，正是为了今天这个入继大统问题。哪里还容得下有其他不同的册立意见！

李皇后闻言，知道宰辅这一关过不去，那就没有了希望。于是，默然不语。

当天，赵恒在灵柩前即位。

但灵柩停在大殿上，皇后与皇帝一起临朝接受诸臣拜贺，前面置放了一道门帘。吕端在阶下肃立不拜，请求将帘子卷起来，让百官看到赵恒。他担心王继恩等人会将生米做成熟饭，万一帘后不是赵恒而是其他人，诸官拜贺后，再试图改变格局，又是一番凶险难测的麻烦。李皇后（此时应是李太后了）答应了吕端，卷帘。吕端走上台阶辨认，确认帘后的继承人就是赵恒，这才走下台阶，率领群臣“拜呼万岁”。

于是，大宋有真宗皇帝。

赵元佐不见宋真宗

有意味的是赵元佐。

真宗很敬重这个大哥。几个月后，以赵元佐为左金吾卫上将军，再次被复封为楚王，并允许他在家养病，可以不上朝。但真宗要去赵元佐府上看望他时，赵元佐说自己有病，坚决推辞不见，并说：“虽来，不敢见也。”即使是皇帝你真的要来，我也不敢见你的！从此以后，兄弟二人终生没有再见。

赵元佐如此反对太宗、反对真宗，都是涉及皇位的大事，但是太宗也不过将他贬黜，真宗则不但不贬，更多次存问。在后来几十年的岁月中，赵元佐一直很安全，活到仁宗时代。卷入权力问题后还能平安生存，这在历朝历代中是很罕见的。大宋帝国三百年，是仇恨较少、戾气较少的时代，皇室、大臣、士大夫、庶民，各类人等，生存在这个时代，很有免予恐惧的自由。

王继恩自知阴谋不成，局面危险，于是又秘密委托大臣胡旦，在朝廷上为自己开脱，并做了一番褒扬之词，还组织了文人给他写“颂诗”。但真宗与吕端等人已经知道了他们往日的阴谋，这事不能装糊涂，于是组织了“王继恩专案组”，调查他的种种劣迹。

王继恩遇能吏

王继恩遇到了一个能吏，名叫魏廷式。

此人自年少时就对“法学”深有体会，太平兴国五年（980）中第后，“释褐”为地方的司法官员“法曹掾”。太宗晚年，他被召入判大理寺，成为国家最高法院的院长。真宗初立，即命他为吏部员外郎，后改为刑部。王继恩的案子就由他来审讯。魏廷式有“严明”的口碑，他刚果敢言，但性情也有“倾险”的一面，喜欢中伤诽谤。所以士君子都怕他的利口而鄙视他的行为。由此人来审讯，王继恩想推脱，难度太大。所以审讯很顺利，史称“逾宿而狱具”，一个晚上审理结果就出来了。王继恩的罪责当然就有“谋逆”一项。

这罪过，要是在秦汉隋唐元明清，王继恩之流就是一个大罪，必遭“族诛”，但真宗皇帝只给予贬官、贬黜的惩罚。王继恩降职，责授右监门卫将军，逐出京城，到均州安置，而“中外臣僚曾与继恩交结及通书疏者，一切不问”，朝廷内外的大臣僚属，曾经与王继恩有交结、密通过书信者，一律不调查不审问。这事可以做成一场大狱，但在真宗时代，啥事没有，就这么过去了。

帝国有惊无险。

王继恩被贬后，家产被没收。清理他的财产时，发现了很多从巴蜀带回来的“僭拟之物”，也即不应该属于他使用的皇室器具。

王继恩第二年死在均州。

真宗派遣使者，将其家属接回京师，借给他们官舍居住。又过了二年，允许家属将王继恩灵柩按照他们的意愿归葬。又过了十来年，到了大中祥符三年（1010），真宗还特意下诏，追复了王继恩原来的官职，并给他的家属后人白金千两。王继恩的养子王怀珪，这一年也转入内高班，成为有高级职衔的宦官。

有一部书名《挥麈录》，总四部，其中一部称《挥麈余话》，记载了王继恩试图拥立的不是赵元佐，而是赵匡胤的孙子、赵德昭的儿子赵惟吉。

说太宗时，司天监苗昌裔奉命前往洛阳之郊，为太祖赵匡胤的陵寝选择风水宝地。等到安葬太祖完毕，苗昌裔带着陵寝的总管王继恩登上山巅，指画周边风水形势，并对王继恩说：“太祖之后，当再有天下。”意思就是，别看现在太宗在位，但以后皇位还会回到太祖一系。王继恩记住了这句话。等到太宗“大渐”之后，他就与参知政事李昌龄、枢密使赵镕、知制诰胡旦、布衣潘阆谋立太祖之孙赵惟吉。后来事发，诸人遭遇贬黜。

据说到了神宗时代，李昌龄的孙子李逢知道苗昌裔的预言，还在煽动赵匡胤的后裔赵世居谋反。那是一场大狱，容当后表。甚至到了靖康年间，赵德昭的五世孙赵子崧还在“剽窃”这个说法，与门人歃血同盟，准备恢复太祖一系的帝位。后来知道宋高宗赵构在江南入继大统，这才不情愿地罢休。宋高宗不忍心暴露这种事，找了个别的借口，将他贬黜。

太宗的忧心与焦劳

太宗在位二十一年，民生问题，是他最重要的关注方向，甚至，抑制藩镇问题、抵御契丹问题、推演道义天下问题，也都是以关注民生为目标的。

我有一个意见：史上所有关注民生的君臣士大夫，都有资格进入圣贤行列。在权力巅峰和掌握更多话语权力的读书人，理应向民生倾斜。共同体文明吉相在此。一切“反民生”，也即以加重赋敛、寻租贪赃、掠夺私有财产为手段的“君臣士大夫”，是文明之敌。

文明之展开，是“众缘和合”的“耦合”力量之结果。但在军政事业中，“众缘”之中，“民生”是核心之“缘”。宋太宗一生在为民生问题“焦劳”。读太宗一朝史料，看到很多为民生而忧心、焦劳的记录。

太宗自己说：“每着一衣，则悯蚕妇，每餐一食，则念耕夫。”每穿一件衣服，就怜悯养蚕妇女的辛苦；每吃一顿饭，则念想耕地农民的劳累。

他亲自审判刑事案件，更是“夙夜焦劳”，日夜焦虑劳作，不敢“惮于焦劳”，不敢因为焦虑劳作而有所烦畏。

蝗虫从天上飞过，太宗看到，就对宰辅说：“朕素不识此虫，群飞而过，其势甚盛，必恐害及田稼，朕忧心如捣。”朕一向不认识这种飞虫，但看到它群飞过去，遮天蔽日的样子很吓人，一定会祸害庄稼。朕这忧愁之心，像有东西在捶打。又说：“朕孜孜听政，所望日致和平……日夕焦劳，略无宁暇。”朕专心处理政事，从不敢懈怠，就是期待有一天能达致天下太平……日夜焦虑劳作，没有一点闲暇之时。

看到京师连月下雨，物价上涨，路有饿殍，太宗一面设法救助，一面忍不住对大臣说：“百姓嗷嗷然。朕为其父母，居亿兆之上，位尊责重，莫遑宁处。每日与卿等相见，虽不形于颜色，然而中心忧念，无须臾之安！……米盐细事，朕亦不惮劳苦，并躬亲裁断。”百姓处于苦难中，如嗷嗷待哺的婴儿，朕作为他们的父母，居于万民之上，位置尊贵，责任重大，没有一刻安宁之时。每天与爱卿等见面，虽然不形于色，但我心中的忧虑挂念，没有须臾之间的安宁！……米面食盐这样的细致之事，朕也不怕劳作之苦，也要亲自去裁断，求得解决。

开封尹赵元僖说：“陛下君临万宇，焦劳庶政，宵衣旰食，以民为心。”陛下君临天下，为政事而焦虑劳作，天不亮就起床穿衣，天很晚才想起用餐吃饭，真是“以民为心”。

大臣也说：“去年寇敌侵边，生灵受弊。万乘轸焦劳之虑。”去年契丹侵扰边境，圣灵受难，皇上您同情百姓，焦虑劳作不已。

因为干旱无雨，大臣们都看到了“圣虑焦劳”。太宗亲自去祈雨，几乎各个寺庙“祠祷皆遍”，所有的神庙都祷告遍了，“有以见仁主忧民之旨，圣人恤物之心”，可以看到仁慈的君主忧民的心思，英明的圣人爱惜民力的心意。“近霖霪百余日，陛下焦劳惕厉，忧形于色”，近来阴雨连绵达到一百多天，陛下焦虑劳作，自我警戒，已经忧形于色啦。“臣伏见陛下忧民太过，视事太勤”，臣等看到陛下忧虑民事太过啦，管理具体事务太多啦。“臣伏闻去岁或霖潦作沴，或疠疫为灾，陛下忧劳太切”，臣听说去年连绵淫雨为害，又有疫情为灾，陛下忧思劳作太辛苦啦。为了祈雨，太宗甚至要用“自焚”的方式去回应“天谴”。

史官也记录：“会春旱，太宗焦劳甚”，正赶上春旱，太宗非常焦虑劳作。“岁旱艰食，民多为盗，上忧之”，年岁干旱，庶民吃不饱，很多人做了盗匪，皇上很忧虑。“时多阴雨，上以河决未塞，深忧之”，当时很长时间有雨，太宗认为大河决口没有堵塞，深深地感到忧虑。“上以久愆时雨，忧形于色”，太宗因为老天迟迟没有落雨，不免忧形于色。

……

官员贪腐，祸及民生，大宋不能允。

太祖太宗乃至于两宋诸帝，对官员贪腐几乎采取了“零容忍”的姿态。各类惩治贪腐故实，正史、野史，比比皆是。

塞浊乱之源

贪腐，在大宋君臣看来，是五代乱世的根源之一，必须有一套消弭机制，那就是重典。《宋史·太祖本纪》记载赵匡胤严加惩治贪官污吏，赞他：“绳赃吏重法，以塞浊乱之源。”将贪官污吏用重法惩治，目的就是堵塞五代以来的浊世变乱之源。清代史论家赵翼《廿二史札记》，有一专条《宋初严惩赃吏》，也说：“宋以忠厚开国，一般的犯罪尽量从轻或减免，但独独治理赃官罪很严厉。这是因为太祖亲自看到五代时贪吏的恣横，导致民不聊生。所以践祚之后，用重法惩治赃官。这样做，就是为了塞浊乱之源。”

“塞浊乱之源”，成为大宋的基本国策。

这个基本国策，用太宗评价太祖的话说，就是：“事为之防，曲为之制”。

太平兴国六年（981）十一月，有个监察御史张白，在知蔡州（今属河南）时，“假官钱籴粜”，借用官方钱财批量买入粮食而后加价批量卖出。这是挪用公款玩期货或炒股的节奏，被“弃市”，在街头被正法。

有一次太宗与名臣赵普在一起讨论“纳谏”事说：“朕每读书，

见古帝王多自尊大，深居简出，严肃得一脸风霜，这样谁还敢犯颜言事？帝王如果不能降情接纳，乃是自蔽聪明。或喜赏怒刑，岂能归天下之心哉！”赵普回应：“帝王若赏罚无私,内外无间,上求天理,下竭诚意，达到天下太平，不为难事。”

太宗高兴，就接着讨论民生问题。太宗问赵普：“治民之道复有何术？”治理天下还有什么好的办法？赵普说：“陛下恤念生民，每闻利病，无不即日施行。古圣人爱民之心，止于此矣。”陛下体恤生民之艰，每当听到有利于改善生民之苦的措施，当日就施行，不拖延，尧舜以来的古人“爱民之心”，也不过就是如此。

夭折的封禅大典

雍熙元年（984）夏四月，泰山父老千余人络绎不绝地来到朝廷，多次要求太宗举行封禅大典。群臣也高兴，多次上表要求封禅，并表示愿意带领泰山父老修筑汴梁到泰山的道路。太宗下诏，决定用半年时间准备，到十一月可以“有事于泰山”，也即到泰山封禅。

封禅，是天命改变也即改朝换代之后，天子践祚答谢天地神恩的祭祀天地仪式。泰山，在古人看来是一座神山，因此要到泰山封禅。秦始皇、汉武帝都有封禅的记录。泰山之民和大臣们认为太祖太宗功德很高，可以上告天神地祇。这是士庶对君王诚心拥戴的一种表示。

太宗答应了，下诏让大臣扈蒙、贾黄中、徐铉等共同议定封禅大典的仪式。随后，又派出了朝廷官员组织力量修建京师到泰山的道路,不惊动泰山父老来修路。还任命了宰相宋琪为“封禅大礼使”，全面负责此事；翰林学士宋白为“卤簿使”，负责封禅典章的制定和实施；大臣贾黄中为“仪仗使”，负责所有封禅的仪仗队伍指挥和器械准备。这些工作要按期汇报，有一次太宗看到宋琪等人上报的仪仗导驾等规模过于宏大，就说：

“朕此行盖为苍生祈福，过自严饬，非朕意也。”

于是，又下诏：只在“告庙”也即祭告祖庙以及到达泰山之后用仪仗，一路上不需要仪仗等陈设。

到了五月，麦熟季节，按礼，太宗到城南“观刈麦”，观看农人割麦,还赐给了割麦人一些钱帛。回来时,到玉津园皇家园林观鱼、射箭、宴饮。然后，发表了一通意见:“朕观五代以来，帝王开始还能勤俭，后来就忘掉了得国的艰难，结果很快就覆亡了。这都是自己造孽的结果。在人上者,当以为戒！”这番话表明,他对封禅大典,有了反思。

不久，宫中两座大殿乾元殿、文明殿遭遇了火灾。

火灾事不久，太宗又下诏“求直言”。几天后，再次下诏:“天下各地方的幕职、州、县官员，上书言事，凡是有关于民俗利害，政令善恶，都可以在本州将意见文书交由驿站车马，传到京师给朝廷。”这是因为过去只有转运使及知州、通判可以上书，而州县的地方小官则很难经驿传上书。太宗担心“下情壅塞”，下面的情况不能上达，所以特意再次降诏“求直言”。

随后，又有了让各路转运使监察各地方的刑狱，避免冤滥。为解决地方刑狱责任问题，下诏令诸州必须十天检查一次。

这些事，渐渐让太宗意识到：中原还有很多问题，民生依旧艰苦。于是，决定停止封禅大典。他对宰辅说：

“封禅之废已久，今时和年丰，行之固其宜矣。然正殿被灾，遂举大事，或未符天意。且炎暑方炽，深虑劳人。”

古来的封禅大典已经废除很久了。现在天时好，年头也好，施行封禅固然是比较合适的时机。但是宫中两座大殿被火烧毁，如果就这样举办封禅这么大的事，恐怕不符合天意。况且天气这么炎热，我很担心人们的劳苦。

史称“乃诏停封禅”，于是正式下诏，终止封禅大典。到了冬天，需要向天神地祇祷告时，只做了“郊祀”，也即到南郊举办了一场活动。

封禅，是一场浩大工程，出于“民生”考虑，太宗不办了。就这件事看，太宗比真宗更体恤民情。宋真宗后来的一场封禅大典，被人们讥评了一千年。

汴水抗洪

淳化二年（991）六月，汴水在浚仪县决口，冲毁了堤坝，洪水泛滥到民田。

浚仪县就在开封辖境之内，距离京师很近。太宗很是忧虑，一大早就乘坐步辇出了乾元门去察看险情。宰辅、枢密使都在路上迎着谒见，说水势太大，劝太宗“回銮”。

太宗说："东京养甲兵数十万，居人百万家，转漕仰给在此一渠水，朕安得不顾！"京师汴梁供养甲兵数十万人，居民有上百万家，转运漕运，都要仰仗汴水这一条大河！朕怎么能不管不顾！

说着，车驾进入泥泞之中，太宗干脆下来步行，走了一百多步，跟从的大臣人人震惊畏惧，害怕出事。殿前都指挥使戴兴亲手将步辇从泥淖中捧出来。步辇，是一种担架形制的代步工具。担架是抬躺着的人，步辇是抬坐着的人，故步辇比担架要宽大。太宗在泥水中下诏：督促步卒数千人堵塞汴水决口。太宗在现场，士卒奋勇，百官砥砺，天还没有黑，堤岸就已经筑好了，大水回到河床，水势平定。

这时候，君臣才开始按礼讲究次序，官员们开始进膳。大家互相打量时，发现人人都一身泥水。浚仪县的知县宋炎，想到地方出事，皇上亲自来抗险救灾，吓得不敢出来。有人建议给宋炎治罪，太宗特意下诏赦免他的渎职罪。

海东青与白花鹰

帝王之节俭，关系"民生"，在帝制时代也是一件大事。

身居权力巅峰，真实的节俭，也即非表演式的节俭，就是一种"克己"行为。不仅减少宫禁开支，减轻庶民税负，更因此而影响近臣、朝臣以及地方官吏，形成一个以"天下为公"为帝国总诉求的道义邦国暨廉洁政府。如果不是这样，帝王的穷奢极欲，必将加大宫禁开支，并“带动”一批贪腐官员，形成一个掠夺性团伙，沆瀣一气，加重赋敛，剖克民众。这样，帝国的合理性、合法性与正当性就开始流失，于是，流血中的“君主易位”“社稷倾覆”“改朝换代”就成为一幕惨厉活剧。任何一个有道邦国，君臣士庶，都不愿意看到这类风景。

太宗像太祖一样，个人生活厉行节俭。

各州郡都有向京师“进贡”的行为。太宗在端拱元年（988）二月九日下诏，令诸道、州、军，诸色人等，正常“进贡”之外，“不得以珍禽异兽来充贡奉”。“珍禽异兽”之类，非帝国急需，且远距离运输，劳民伤财。

夏州赵保忠向太宗贡献一种鹰隼，号“海东青”，太宗说：“朕久罢游畋，无事此也。保忠时出捕猎，今当还赐之。”朕已经放弃游猎很久了，已经不用猎鹰这类东西了。赵保忠在西北时常外出捕猎，现在还是退还赐给他吧。

不久府州观察使折御卿又来贡献白花鹰，太宗命令当着折御卿的来使，将名贵的猎鹰放掉，并再一次诏令不要再来贡献珍禽异兽。

太平兴国八年（983）十一月的一天，太宗在长春殿为名相赵普饯行，枢密使王显等人也在，宴饮时，他们忍不住多次看太宗穿的“袴”，就是像裤子但分裆的御寒“腿衣”。太宗很奇怪，就问：“你们看啥啊？”王显等人说：“陛下穿的衣袴，那上面刺绣的纹缕都倒了。”太宗笑着说：“朕很少穿新衣服。这可能是洗的次数太多了的缘故。”又说：“这衣服虽然破旧得很，但想起织妇们机杼之劳苦，就想展示敦朴的本色，为天下带个头。”

史称“上性节俭”，太宗有节俭之德，上朝要穿礼服，但退朝后，常常戴一“华阳巾”，这是普通布料制作的道士帽子，帽底是圆形，帽顶前后有两个坡状，像一座房屋那样。内衣多为“绢”，也即稍次的丝织品，而且都是旧的，多次洗濯过的。外出乘舆，给用之物，就按常规安排，从来没有增益。有时要吃药，如果药方建议温酒或淡盐水“送服”，太宗往往要选择淡盐水。

淳化元年（990）八月的一天，太宗下令：要将国库中所藏的金银器皿之类，全部毁掉。这意思就是要用金银充作国用。“有司”也即有关部门汇报说：“金银器皿中有不少制作很精巧，希望能留下，作为御用之物。”太宗说：“哪里用得到这些玩意！你们以奇巧为贵，朕以慈俭为宝。”最后还是将这些五代诸国遗留下来的金银工艺品全部毁掉了。大臣谢泌祝贺说：“圣意如此，天下幸甚！”

“慈俭”，确是太宗本色。

太平兴国二年（977）三月，太宗刚刚践祚，很想增加收入，于是，有个香药库的管理员给太宗上书建议：设置一个“榷场局”，也即国营专卖公司，将仓库中外国进贡的各类香药、宝货，略增一点价格，允许商人以金帛来买。估计一年可以得到三十万贯，以此来周济国家用度，也可以“使外国物有所泄”，让外国货物有所流通。这就相当于皇室放弃外国奢侈品用度，在京师汴梁开辟了一家“洋货市场”。太宗答应了这个请求，后来果然得到三十万贯国用钱。

吴越国王钱俶死后，他的夫人向帝国进贡珍稀犀牛角、通犀带、赭玉带、水精佛像、黄金白银等，太宗碍于往日对吴越国的“羁縻政策”，接受了这些礼物；但对钱俶夫人进贡来的“女乐十人”，“帝不纳”，太宗没有接受，并赐给这些“女乐”每人三十段锦彩，遣送回了吴越。太宗并不好色，这在帝王中比较少见。

说到太宗“不好色”，必有一干朋友要拿太宗“调戏花蕊夫人”“强奸小周后”两个段子说事。但这两个段子都属于齐东野语，不可信。我在《赵匡胤时间》中已经做了澄清，此处不再赘述。

帝王后宫中的宦官、宫女人数，历代不一样。大宋，除了宋徽宗赵佶一朝，一般都控制在几百人之间。

雍熙元年（984）正月一天，太宗对侍臣说：“朕读《晋史》，见武帝司马炎平定吴国之后，沉溺于内宠后宫，宫女达到数千人，这实在是太过烦费，太有失帝王之道啦！朕常以此深深戒惕。现在宫中，各种职掌，以至于所有干粗活的，宦官宫女都算上，不过四百人。但这样，朕还是认为太多了。”

到了淳化四年，经多次外放宫人，宫中人数减少到不足三百人。

破解“后宫方程”

按我对时下读书人的认知，我有理由判断：当我以一种“温情理解”姿态，讲述大宋后宫问题时，有可能遭遇各种类型的“讥评”。

后宫，其存在，按今日之道德哲学衡定，自有其丑陋与罪恶之处。但就广义“历史主义”视角思考问题，可以将帝制时代以君主、宦官、嫔妃、宫女为主体的问题概言为“后宫方程”，纳入政治论域，它需要一个解决方案。展开来讲述这个方案的解决历程，也即预先回应读书人可能的“讥评”，是不可能的。但我愿意用最简洁的一点文字，略说此事。

我愿意相信，人类的命运按照有趣而又合乎逻辑的设计，应该或最好有一个神秘推手，我以为这可能是往事也即“历史”真相，也是人类的“实在”真相。但我知道命运那种模糊不清的“历史”或“实在”面目，不是迄今为止的人类自己可以清晰勾画的。换一句话说：人类理应谦卑一点，如何认识自我，还有太过漫长的“认识论”需要解决。在这方面，我宁肯相信荷马而不相信费尔巴哈，宁肯相信波普尔而不相信黑格尔。

我愿意相信的波普尔哲学，反对为存在的权力权威提供道德合理解释的“道德实证主义”。如此，“后宫”就是不道德的。但波普尔也反对“道德保守主义”和“道德未来主义”，也即过去之传统、未来之实在，二者的道德预设也不是合理的。因为，道德，如历史一样，不可被决定。决定历史走向与预设道德存在，是神干的活儿，不是人干的活儿。中性一点说：它是自然的产物。按照哈耶克的意见，在人类的命运中，存在着一种“自发秩序”。这种秩序的变更（儒学的意见是“更化”），需要知识的积累。在没有原子裂变知识之前，即使是孙武子、诸葛亮或克劳塞维茨、里根，也不可能设计“核平衡”或“核讹诈”战略；在没有比特信息知识之前，即使是沈括、张衡或伽利略、乔布斯也不可能设计“鼠标”或“苹果”之类。

道德知识亦然。

没有人能决定道德走向，就像没有人能决定历史走向一样。

但吾土圣贤与西土圣哲，不停止道德伦理的讲述，其至为深沉的功能，就是为后人点点滴滴累积道德知识（由此也可以看到：所谓“反传统”，其实质是“反知识积累”，因此是“反智”的）。更化，就在这样的知识积累中，开始推进。康德相信普世的历史，那也是因为人类运用独有的理性，而实现“注定的目的”。这个目的，不是人经由设计而“决定”的，而是理性演绎也即知识积累的结果。康德认为这个“注定的目的”是公民社会，福山所谓“历史终结论”，事实上就是换一种说法的“注定目的”论。也可以换另外一种说法，譬如：吾土圣贤关于历史之“注定目的”或“终结”，就是“天下为公”。这是比“公民社会”更具抽象解释力量的说法。

“后宫方程”，抛开道德知识积累，直接批评它的“不道德”，是一种思想的偷懒或幼稚，太简单了。

惭德与大功

太宗赵炅一生，有“惭德”四：

太祖开宝年号当年未尽，着急改元，是一；

赵廷美大案无可奈何中的处理，是二；

由“雄猜”之言，不慎逼死赵德昭，是三；

没有为太祖皇后送葬成礼，是四。

但他又有“大功”四：

抑制藩镇种种苗头或可能性，没有让立国几十年的大宋帝国回到乱世，确定太子，回到古制，完成权力和平交接，是第一大功。

平定北汉，收复清源、吴越，获取中原尽可能辽阔的活动空间，是第二大功。

至于与契丹和战二十年，有胜有负，算不得大败。高梁河、岐沟关两场战役失利，最后失去了收复燕云十六州的雄心，但总算守住关南之地。从战略意图而言，双方算打了一个平手。但在战争中，开始令帝国精英有了“战争与和平”的思考，这样，就让中国（大宋与契丹）在纯粹的丛林角力状态中有了理性展开。从人类战争史考察，太宗朝与契丹的和战，为地缘政治提供了至为珍贵的人类智慧，那是通往“澶渊之盟”的沉重而又必要的铺垫。中国人在政治实践中的理性一旦得到意味深长的展开，和平，是可能的。而和平，对人类福祉而言，怎样估计都不会过高。故与契丹战和功过相抵。

第三大功是文治。

太宗一朝推演科举、编修大书、奖掖人才，在“偃武修文”方向上成就更为卓著。这是万世不朽之文化基业。

太宗本色是文人。

在所有这一切之上，太宗对中国文明最了不起的贡献是他恪守了太祖订立的种种制度，坚守“仍旧贯”之保守主义理念，以《誓碑》为“祖宗家法”大宪章，延续了大宋帝国的光荣。越是理解中唐以迄于五代的乱世，越是理解太祖、太宗的光荣。他们在军政方向上，为中原在地缘管辖方向上的统一，以及在圣贤理念照临下的治理，做出了前所未有的创造性贡献。

这应该算作太宗的第四大功。

与太祖一样，太宗也是大宋帝国三百年的“立法者”；但太宗的“立法”，更多是承认太祖赵匡胤的《誓碑》，并将其接续下来，成为帝国最为重要的一种政治程序。如萧规曹随一般，赵炅的率由旧章，事实上成就了赵匡胤《誓碑》的正当性、合理性、合法性。太宗践祚第二天，诏书说到“五条意见”的最后一条：“先皇帝创业垂二十年，事为之防，曲为之制，纪律已定，物有其常，谨当遵承，不敢逾越”，这里的“纪律”，就意味着他对《誓碑》的肯认。我甚至有理由猜测：公元976年，农历冬十月癸丑，那一个大雪的深夜，赵家老二、老三，这两个皇上在宫中密谈的内容，很可能包括了《誓碑》。这是理解“金匮之盟”暨“兄终弟及”之后，大宋政策连续性的线索之一。

太祖一朝，没有一个因为“上书言事”而被杀的士大夫。

太宗一朝呢？有一个近似的案例，鲜少为人提及。

太平兴国末年，孟州有一人名张两光，考进士殿试不合格，落第，于是“纵酒大骂”，热闹的街衢中，围观者很多。他越骂越不像话，逐渐开始“言涉指斥”，也即直呼皇上名字而加以责骂。被巡官发现，抓捕，汇报到朝廷。史称“上怒”，结果张两光被杀。

《誓碑》规定的是“不得杀士大夫及上书言事人”。这个张两光如此开骂，已经不是“士大夫”，而是“癫狂文人”“犯法文人”。这样的“文人”与“士大夫”不是一个概念。《誓碑》从法制上保障言论自由，并没有包括犯法自由。张两光不是“上书言事”，而是“犯法”。至于他所犯之法，是否当斩，是另外一个问题，与《誓碑》无关，因为他不是“士大夫”。

太宗求才心切。雍熙二年（985），科举考试，已经录取进士一百七十九人。有人说:“下第中甚有可取者。”没有录取的下第之士也有很多是可取的人。太宗求才心切，于是下令复试，又得到七十六人，其中一个叫洪湛的人，史称“文采遒力”，文章写得漂亮、遒劲，特升为正榜第三。端拱元年（988），礼部录取二十八人，有一进士叶齐打鼓，认为不公，于是再试，又得到三十一人。诸科因此而得到官职的人达到七百人。史称“一时待士可谓至矣”，一时间对待士大夫可谓很优厚了。

但太宗求人才，求的是德才兼备之人。因为人才早晚要做官，如果德行有缺，做地方官就会为害地方，做朝官就会为害社稷。这是太宗赵炅不愿意看到的。张两光没有被录取，就大骂，违背了公序良俗，已经有失士子体统，又“言涉指斥”，更是违反当时的刑律规定。此人如何可以做官？此事应该令太宗失望。一时施出辣手。但张两光罪不当诛，是事实。

因此，这件事还不足以证明太宗违反《誓碑》的约定。

由于太宗恪守了《誓碑》的大宪章精神，所以他在位二十一年，成为有道义有格局的一代贤君。

《宋史》盖棺定论

太祖《誓碑》有两个版本，都值得重温：

第一个版本：

一云："柴氏子孙，有罪不得加刑，纵犯谋逆，止于狱内赐尽，不得市曹刑戮，亦不得连坐支属。"

一云："不得杀士大夫及上书言事人。"

一云："子孙有渝此誓者，天必殛之。"

第二个版本：

一、保全柴氏子孙；

二、不杀士大夫；

三、不加农田之赋。

太宗一朝，不仅周世宗的后人得到保全，其他降王，如刘继元、陈洪进、钱俶等，也得到了很好的安排。

而士大夫一如既往地畅言国策，不必担心因言获罪。

国计民生始终在太宗及臣辅的关注之下，逢灾必救，有饥必赈，赋重必减，税滥必除。

《誓碑》规定的圣贤理念，大宋帝国"至仁应道神功圣德睿烈大明广孝"太宗皇帝赵炅先生，做到了。

"贤君"太宗赵炅，虽然整体上说还无法达致"圣君"太祖赵匡胤的成就，但就其恪守《誓碑》规定，成就大宋光荣而言，他与赵匡胤并列而称为"太祖太宗"，其所发布的大诏令，以及《太宗实录》所载太宗语录，已经与赵匡胤所发布的大诏令，以及《太祖实录》所载太祖语录，一起成为大宋帝国三百年间的"祖宗家法"，他们与士大夫共治天下，那种瞩目于“天下为公”的努力，已经成为中国传统的一部分。

《宋史》讲述帝王事迹，最后都有一篇盖棺论定的文字《赞》。我就以《宋史》中的《太祖本纪》和《太宗本纪》两篇《赞》来结束本书。这两篇《赞》，以今日的眼光看，或有不同于时论之处，但就太祖、太宗二人功过而言，套用一句话——“虽不中，当也不远”。

《宋史·太祖本纪·赞》：

> 昔者尧舜以禅代，汤武以征伐，皆南面而有天下。四圣人者往，世道升降，否泰推移。当斯民涂炭之秋，皇天眷求民主，亦惟责其济斯世而已。使其必得四圣人之才，而后以其行事畀之，则生民平治之期，殆无日也。五季乱极，宋太祖起介胄之中，践九五之位，原其得国，视晋、汉、周亦岂甚相绝哉！及其发号施令，名藩大将，俯首听命，四方列国，次第削平，此非人力所易致也。建隆以来，释藩镇兵权，绳赃吏重法，以塞浊乱之源。州郡司牧，下至令录、幕职，躬自引对。务农兴学，慎罚薄敛，与世休息，迄于丕平。治定功成，制礼作乐。在位十有七年之间，而三百余载之基，传之子孙，世有典则。遂使三代而降，考论声明文物之治，道德仁义之风，宋于汉唐，盖无让焉。乌呼，创业垂统之君，规模若是，亦

可谓远也已矣！

过去，尧舜用禅让之法完成权力交接，汤武用征战之法诛除暴戾，都坐北朝南有了天下。四位圣人以来，世道有盛有衰，治乱推移。当生灵涂炭之年，皇天殷切寻求天下共主，也是给他拯救世人的使命和责任。四位圣人这样的人不常有。如果一定要得到四圣这样的人物，而后才让他施行救世，那么士庶期待的太平治世，恐怕遥遥无期了。五代已经乱到极点，宋太祖起于军旅，登上皇位，探究他得到邦国的原因，与后晋、后汉、后周几乎没有什么不同。但是等到他一发号施令，各大藩镇将帅，都能俯首听命；四方诸国，挨个收复。这不是人力容易达到的成就。宋初建隆以来，解除藩镇的兵权，重法纠治赃官，以此来堵塞浊乱之源。州郡的官员，下至县令录事、幕府职员，赴任前，他都亲自询问对答。务农兴学，谨慎刑罚，减免赋税，让人民休养生息，终于达致太平。治理之功成就之后，又制礼作乐。在位十七年，有了三百年大宋基业，传给子孙，世世代代有宪章法则。这样来考察从三代以来，论声教文明、礼乐制度之治理，论公道仁德之风尚，大宋与汉、唐比较，毫不逊色。呜呼，开创帝业留传代代的君主，规模做到这样，可以说是远大了。

《宋史·太宗本纪·赞》：

赞曰：帝沈谋英断，慨然有削平天下之志。既即大位，陈洪进、钱俶相继纳土。未几，取太原，伐契丹，继有交州、西夏之役。干戈不息，天灾方行，俘馘日至，而民不知兵；水旱螟蝗，殆遍天下，而民不思乱。其故何也？帝以慈俭为宝，服浣濯之衣，毁奇巧之器，却女乐之献，悟畋游之非。绝远物，抑符瑞，闵农事，考治功。讲学以求多闻，不罪狂悖以劝谏士，哀矜恻怛，勤以自励，日晏忘食。至于欲自焚以答天谴，欲尽除天下之赋以纾民力，卒有五兵不试、禾稼荐登之效。是以青、齐耆耋之叟，愿率子弟治道请登禅者，接踵而至。君子曰："得乎丘民而为天子"，帝之谓乎？故帝之功德，炳焕史牒，号称贤君。若夫太祖之崩不逾年而改元，涪陵县公之贬死，武功王之自杀，宋后之不成丧，则后世不能无议焉。

太宗沉着善谋，英明而有决断力，慷慨而有平定天下之志。践祚后，陈洪进、钱俶等先后纳土归宋。不久，又取太原、伐契丹，随后还有交州、西夏之役。战争不能停息，天灾也在流行，俘虏每天都有，但人民却几乎不知道有战事。水旱虫灾，几乎遍天下，人民却不想着借机作乱。其中的缘故是什么？太宗以仁慈节俭为国家之宝，穿着不断浣洗的旧衣服，毁坏奇巧豪华的奢侈品，退却各地美女乐伎的贡献，抑制符命祥瑞，同情农民生活，考核治理功效，又讲究学问学术以增加知识，对狂悖之人上言也不治罪，就为了鼓励进谏。哀怜民间的不幸，怀有恻隐之心，用勤劳来自我惕励，以至于常常因为读书或工作到了黄昏而忘记进食。甚至要自焚来回应上天流行灾情的惩罚。最后做到停止战争，庄稼丰收。因此青州、齐州的老人们相继来到朝廷，表示愿意率领子弟修路，请皇上到泰山封禅。君子有言:“得民心者得天下。”这说的就是太宗吧。所以太宗的功德，在史册中光彩焕发，史称“贤君”。至于太祖去世不过年就改元太平兴国，涪陵公赵廷美被贬而死，武功王赵德昭自杀，宋皇后葬礼不够隆重，这些事，是后人不能没有议论的。

2005 年 12 月初稿于京师安贞桥

2011 年 10 月二稿于津门体院北

2014 年 11 月三稿于海盐江湖居

FONGHONG
凤凰联动出品